ACTIVITY BOOK

DISCOVERING FRENCH

BLANC

Reprise - *Mini-tests*

- LISTENING/ SPEAKING ACTIVITIES
- WRITING ACTIVITIES
- READING AND CULTURE ACTIVITIES

Jean-Paul Valette

Rebecca M. Valette

D.C. Heath and Company

Lexington, Massachusetts/Toronto, Ontario

HEATH

Overview

The **Discovering French–Blanc** Activity Book is an integrated workbook that provides additional practice to allow students to build their control of French and develop French proficiency.

The activities provide guided communicative practice in meaningful contexts and frequent opportunity for self-expression.

D.C. Heath and Company, a Division of Houghton Mifflin Company

Printed in the United States of America

International Standard Book Number: 0-618-04709-3

4 5 6 7 8 9 –BAW– 06 05 04 03 02

Contents

Contents, continued

WRITING ACTIVITIES

READING AND CULTURE ACTIVITIES

To the Student

Your Activity Book is divided into four parts.

Reprise–Mini-Tests

The Mini-Tests in the *Reprise* section will help you check what you already know in French and find out where you may need to brush up a little.

Listening/Speaking Activities

The Listening/Speaking Activities have the pictures and printed cues you will need to complete the recorded activities. The 36 lessons correspond to the 36 lessons in the student text. When you work with the Cassette Program, you will need your textbook as well as your Activity Book with you, so that you can follow along for the vocabulary sections, the *Vidéo-scènes,* and the *À votre tour* sections.

Writing Activities

The Writing Activities will give you the chance to develop your writing skills and put into practice what you have learned in class. The 36 lessons correspond to the 36 lessons in the student text. The exercises are coded to correspond to a particular *part* of the lesson. For example, **A** at the beginning of an exercise means that the material is related to the structures or vocabulary presented in Section A of that lesson. The last activity is called *Communication* and encourages you to express yourself in various additional communicative situations.

Reading and Culture Activities

The Reading and Culture Activities contain a variety of selections geared to help you improve your reading skills and increase your awareness of various aspects of French culture. There is one set of activities for each unit in the student text. Within each unit, there are five sections:

- ❏ The **Aperçu culturel** section helps you see how much you remember from the *Aperçu culturel* section in the first lesson of the unit. There is also a *Flash culturel* that presents new information about some aspect of French life.

- ❏ The **Documents** section contains several pieces of realia (illustrations and objects from real life from French-speaking countries) accompanied by short comprehension questions.

- ❏ The **C'est la vie** section contains several activities that allow you to explore and make decisions about various real-life situations in French-speaking countries (such as choosing a pen pal, selecting a restaurant, going to a museum, and so on).

❑ The **Textes** section gives you the opportunity to read longer articles about various aspects of life in the French-speaking countries. Each selection is accompanied by short comprehension questions.

❑ In the final section **(Interlude: Le jeu des 5 erreurs)**, you read a short passage based on the Interlude in the student text. You are challenged to find and explain five errors in the story.

Vocabulaire pratique

This French–English vocabulary lists words and expressions that appear in the Reading section of the Activity Book.

Reprise - *Mini-tests*

Introduction to the students:

How much French do you remember? Probably more than you think! To help you check what you know and find out where you may need to brush up a little, take this series of mini-tests.

If you find certain parts difficult, you may want to review the material in the corresponding sections of the *Reprise* chapter and Appendix A in your textbook. (The page numbers are indicated in a box next to each mini-test.)

Rappel ◆1◆ Les nombres, l'heure, la date et le temps

1. Les nombres

REFERENCE: Appendix A, p.R2

A. Write the corresponding numbers.

1. _22_ vingt-deux   4. _18_ dix-huit   7. _5_ cinq   10. _43_ quarante-trois

2. _31_ trente et un   5. _15_ quinze   8. _7_ sept   11. _30_ treize

3. _9_ neuf   6. _56_ cinquante-six   9. _4_ quatre   12. _19_ dix-neuf

B. Identify the following numbers by circling the corresponding French equivalent.

1. **94**
   a. quatre-vingts
   b. quatre-vingt-quatre *(circled)*
   c. quatre-vingt-quatorze

4. **573**
   a. quinze cent quatre-vingt-trois
   b. cinq cent soixante-trois
   c. cinq cent soixante-treize *(circled)*

2. **77**
   a. soixante-sept
   b. soixante-dix-sept *(circled)*
   c. quatre-vingt-dix-sept

5. **884**
   a. quatre cent quatre-vingts
   b. huit cent quatre-vingts
   c. huit cent quatre-vingt-quatre *(circled)*

3. **111**
   a. cent un
   b. cent onze *(circled)*
   c. onze mille

6. **235**
   a. deux cent trente-cinq *(circled)*
   b. trois cent vingt-cinq
   c. deux cent cinquante-trois

2. L'heure

REFERENCE: Appendix A, p.R2

A. Quelle heure est-il?

1. Il est _une heures et quart_   4. Il est _trois heures moins dix_

2. Il est _Quart heures et danie_   Il est _dix heures vingt cinq_

3. Il est _huit heures vingt_

B. Quelle heure est-il maintenant? _Il est ~~neuf~~ dix heures moins dix_

3. La date

REFERENCE: Appendix A, p.R2

A. Les jours de la semaine sont:

lundi, _mardi_, _mercredi_, ~~jeudi~~ _jeudi_,
vendredi, _samedi_, _dimanche_

B. Les mois de l'année sont:

janvier, _février_, _mars_, _avril_
mai, _juin_, _juillet_, _août_
septembre, _octobre_, _novembre_, _décembre_

C. Quelle est la date aujourd'hui? _mardi_

D. Give the French equivalents of the following dates:

1. June 15th ~~fait~~ _le quinze juin_   3. April 1st _le un Avril_

2. August 6th _le six août_   4. January 22nd _le vingt deux janvier_

4. Le temps

REFERENCE: Appendix A, p.R2

According to the map, what is the weather like in the following cities?

Lille

Paris

Grenoble

Bordeaux

Nice

Quel temps fait-il?

1. À Paris, _Il ~~fait~~ pleut._

2. À Bordeaux, _Il fait mauvais._

3. À Nice, _Il fait du soleil._

4. À Grenoble, _Il ~~fait~~ Neige._

5. À Lille, _Il fait beau_

Rappel ② Les objets et les endroits

5. Qu'est-ce que c'est?

Identify the following pictures

A. Les objets

REFERENCE: Appendix A, p.R4

1. C'est _voiture_

2. C'est _véle_

3. C'est _ordinateur_

4. C'est _appareil-photo_

5. C'est _crayon_

6. C'est _chaise_

7. Ce sont _lunettes desoleis_

8. C'est _montre_

REFERENCE: Appendix A, p.R5

B. Les vêtements

1. C'est _weste_

2. C'est _chemisier_

3. C'est _manteau_

4. Ce sont _chaussettes_

5. C'est _cravate_

6. C'est _robe_

7. Ce sont _chaussure_

8. C'est _maillot scben dubath bain_

C. Les endroits

REFERENCE: Appendix A, p.R6

1. C'est _Cinéma_

2. C'est _école_

3. C'est _piscine_

4. C'est _bibliothèque_

5. C'est _Magasin_

6. C'est _musée_

7. C'est _Stade_

8. C'est _maison_

REFERENCE: Appendix A, p.R4–R6

6. Les articles et les adjectifs démonstratifs et interrogatifs

Complete the following sentences with the appropriate forms of the underlined words.

1. J'ai <u>une</u> chaîne stéréo. J'ai aussi _tes_ _ma_ disques. Je n'ai pas _ma_ cassettes de musique classique.

2. Paul aime <u>la</u> musique. Sophie préfère _la_ sports. Son sport préféré est _le_ tennis.

3. Alice va acheter <u>cette</u> veste et _ce_ pantalon blanc. Moi, je vais acheter _ce_ imper bleu et _ces_ chaussures noires.

4. Dans <u>quel</u> magasin est-ce que tu vas aller? _quel_ disques et _quelles_ cassettes est-ce que tu vas acheter?

5. Eric parle <u>à la</u> fille américaine. Moi, je parle _au_ garçon français et _aux_ filles canadiennes.

6. Je n'ai pas l'adresse <u>de la</u> cousine de Pierre, mais j'ai le numéro de téléphone _du_ copain d'Antoine. As-tu l'adresse _des_ amis de Christine?

REFERENCE: Appendix A, p.R6

7. Les adjectifs possessifs

Everyone is bringing a friend or a relative to the party. Complete the sentences below with the appropriate possessive adjectives.

▶ J'invite _ma_ cousine.

1. Sabine amène _son_ copain.

2. Nous arrivons avec _notre_ cousin.

3. Tu viens avec _ta_ soeur.

4. Frédéric et Julien invitent _leurs_ amies.

5. Vous allez à la boum avec _vos_ copines.

6. Philippe invite _sa_ cousine.

Rappel ③ Les activités

8. Les verbes réguliers en *-er*

REFERENCE: Appendix A, p.R8–R9

Look at the pictures and describe what the following people are doing and not doing.
Complete the sentences with the appropriate forms of the suggested verbs.

1. Oui, je ___joue___ au tennis.
   Non, mes copains ___ne joue pas___ au tennis.

2. Oui, nous ___etudions___.
   Non, vous ___dansez___.

3. Oui, tu ___nages___ bien.
   Non, Marc ___ne nages pas___ très bien.

4. Oui, Sandrine ___telephone nt___ à ses copains.
   Non, Paul et Philippe ___retrouent___ à leurs amis.

9. Les questions avec *est-ce que*

REFERENCE: Appendix A, p.R10
and Reprise, p. 21

You have just met a French exchange student at a picnic. Her name is Nicole and you want
to know more about her. Ask her the following questions in French. (Address Nicole as **tu**).

1. Do you speak English? ___Est ce que tu parler anglais ?___
2. Where do you live? ___Est ce que tu habites?___
3. What do you study? ___Est ce que tu editier?___
4. How are you travelling? ___Comment est-ce que bien vouage.___
5. Why are you visiting this country (ce pays)? ___Pourquoi est ce que tu
   visiter ce pays.___

10. Les verbes réguliers en *-ir* et *-re*

REFERENCE: Appendix A, p.R10

Complete each of the following sentences with the
appropriate form of a verb from the box. Be logical!

perdre	attendre	réussir	choisir	grossir	rendre visite

1. Tu es en vacances. Tu ___rendansvisite___ à tes grands-parents.
2. Vous êtes dans un magasin de vêtements. Vous ___choisisez___ la chemise bleue.
3. Ils mangent beaucoup. Ils ___grossis___.
4. Christine joue mal. Elle ___perds___ son match.
5. Les élèves étudient. Ils ___réussis___ à l'examen.
6. Marc est patient. Il ___attends___ ses copains au café.

11. Préférences personnelles

REFERENCE: Appendix A, p.R8–R11

Describe the various things you like to do (and <u>not</u> do!) by completing the statements below. Use a different expression for each statement.

1. À l'école, j'aime _faire à l'ecde_ .

   Je n'aime pas _étudier_ .

2. À la maison, j'aime _faire rester à la maison_ .

   Je n'aime pas _retraser ma copine_ .

3. Avec mes copains, j'aime _____ .

   Je n'aime pas _____ .

4. Pendant les vacances, j'aime _____ .

   Je n'aime pas _____ .

12. Les pronoms

REFERENCE: Appendix A, p.R23

Rewrite the sentences below, replacing the underlined nouns with corresponding pronouns.

1. <u>Philippe</u> joue au tennis avec <u>Sandrine</u>.

   _____

2. <u>Mes cousins</u> travaillent pour <u>Monsieur Martin</u>.

   _____

3. <u>Béatrice</u> dîne chez ses <u>amis</u>.

   _____

4. <u>Catherine et Isabelle</u> vont chez <u>leurs copines</u>.

   _____

13. L'impératif

REFERENCE: Appendix A, p.R24

Tell a friend what to do and what not to do, using the imperative (affirmative or negative) of the verbs in parentheses.

	OUI	NON		
▶ (choisir)	☐	☑	<u>Ne choisis pas</u>	cette veste!
▶ (écouter)	☑	☐	<u>Écoute</u>	ce compact!
1. (finir)	☑	☐	_____	l'exercice!
2. (préparer)	☑	☐	_____	la leçon!
3. (parler)	☐	☑	_____	anglais en classe!
4. (réussir)	☑	☐	_____	à ton examen de français!
5. (répondre)	☑	☐	_____	à ma question!
6. (perdre)	☐	☑	_____	ton temps!

Listening/Speaking Activities

Reprise: *Entre amis*

A. Faisons connaissance!

Allez à la page 4 de votre texte. Lisez et écoutez.

B. Avez-vous compris?

	vrai	faux			vrai	faux
1.	☐	☐		5.	☐	☐
2.	☐	☐		6.	☐	☐
3.	☐	☐		7.	☐	☐
4.	☐	☐		8.	☐	☐

Unité 1

Leçon 1 Le français pratique: Je me présente

Section 1	Culture

A. Aperçu culturel: Qui suis-je?

Allez à la page 30 de votre texte. Écoutez.

Partie A

	vrai	faux
1.	☐	☐
2.	☐	☐
3.	☐	☐
4.	☐	☐

Partie B

	vrai	faux
5.	☐	☐
6.	☐	☐
7.	☐	☐
8.	☐	☐

Partie C

	vrai	faux
9.	☐	☐
10.	☐	☐
11.	☐	☐
12.	☐	☐

Section 2	Vie pratique

B. Scènes et vocabulaire

A. L'identité

Allez à la page 32 de votre texte.
Vocabulaire: La nationalité

B. La famille et les amis

Allez à la page 34 de votre texte.

C. La profession

Allez à la page 36 de votre texte.
Vocabulaire: Quelques professions

D. Les présentations

Allez à la page 38.

E. Au téléphone

C. La réponse logique

▶ Comment t'appelles-tu?

a. Je suis belge.   **b.** **Jean-Philippe.**   **c. Il s'appelle Éric.**

1. a. J'ai un frère.   b. Je suis anglais.   c. J'ai quinze ans.

2. a. Non, nous sommes suisses.   b. Nous parlons français.   c. Je suis né en France.

3. a. Je suis né à Genève.   b. J'habite à Paris.   c. Je suis mexicain.

4. a. C'est lundi aujourd'hui.   b. Le 3 mars 1981.   c. C'est le 04.42.22.30.51.

5. a. Oui, j'ai un beau-père.   b. Il a deux petits-fils.   c. Non, j'ai une soeur et deux frères.

6. a. Non, elle est cubaine.   b. Non, elle est mariée.   c. Non, elle ne travaille pas.

7. a. Il est vendeur.   b. Il a deux filles.   c. Il est plus âgé.

8. a. Oui, elle est dentiste.   b. Oui, elle est infirmière.   c. Oui, elle est comptable.

9. a. Je voudrais être informaticien.   b. Je voudrais être médecin.   c. Je voudrais être artiste.

10. a. Enchanté!   b. Merci, je rappellerai plus tard.   c. Je suis désolée. Elle n'est pas ici.

Qui: *Marc Blomet*

Quand: *samedi 18 h 30*

Numéro de téléphone: *04. 42. 22. 65. 31*

Message: *Confirme rendez-vous de demain après-midi.*

Qui: *Brigitte Duchemin*

QUAND: *ce matin / 11 h*

NUMÉRO DE TÉLÉPHONE: *02. 35. 67. 12. 49*

MESSAGE: *Boum chez elle samedi à 16 h. Répondre avant vendredi.*

D. Le bon choix

▶ — Est-ce qu'il s'appelle Pierre ou Jean-Paul?
  — Il s'appelle Jean-Paul.

E. Dialogues

DIALOGUE A

Pierre regarde l'album de photos de Valérie.

PIERRE: Qui est-ce, la fille sur la photo?

VALÉRIE: C'est la _____ de mon copain.

PIERRE: Ah bon? Comment _____-t-elle?

VALÉRIE: Erika.

PIERRE: Elle est _____?

VALÉRIE: Non, elle est _____. Elle est de Zurich.

PIERRE: Tiens, c'est la ville où est _____ le _____ de ma tante.

DIALOGUE B

Juliette parle à François.

JULIETTE: Comment s'appelle ton _____?

FRANÇOIS: Il s'appelle Monsieur Lachenal.

JULIETTE: Qu'est-ce qu'il _____?

FRANÇOIS: Il est _____ dans une compagnie d'assurance.

JULIETTE: Et sa _____, elle travaille aussi?

FRANÇOIS: Mais Monsieur Lachenal n'est pas marié. Il est _____.

F. Répondez, s'il vous plaît!

▶ A. Quelle est la nationalité de Catherine?   **Elle est anglaise.**

▶ B. Que fait la tante de Pierre?   **Elle est photographe.**

Questions personnelles

? 11	? 12	? 13	? 14

G. Situation: La fiche d'inscription

ACADEMIE COMMERCIALE DE PARIS
FICHE D'INSCRIPTION

NOM _____

PRÉNOM _____

NATIONALITÉ _____

DATE DE NAISSANCE _____ *1978*

LIEU DE NAISSANCE _____

Leçon 2   Armelle a un nouveau copain

| Section 1 | **Vidéo-scène** |

A. Compréhension générale

   Allez à la page 42 de votre texte. Écoutez.

B. Avez-vous compris?

	vrai	faux			vrai	faux
1.	☐	☐		5.	☐	☐
2.	☐	☐		6.	☐	☐
3.	☐	☐		7.	☐	☐
4.	☐	☐		8.	☐	☐

C. Dialogues authentiques

Écoutez la conversation de la vidéo-scène.

| Section 2 | **Langue et communication** |

D. Samedi après-midi

	▶	1	2	3	4	5	6	7	8
A									
B	✓								
C									
D									

DISCOVERING FRENCH - BLANC

E. Comment sont-ils?

▶ Jérôme est [(grand) / petit].

1. Armelle est [contente / triste].

2. Pierre est [blond / brun].

3. Corinne est [drôle / pénible].

4. Monsieur Clochard est [riche / pauvre].

5. Madame Delaporte est [polie / impolie].

6. Mademoiselle Charlotte est [jeune / vieille].

▶ — Jérôme est petit.

— **Mais non, il est grand.**

F. Dominique Lebeau et Dominique Labelle

		▶	▶	1	2	3	4	5	6	7	8
A. Dominique Lebeau	🧍	✓									
B. Dominique Labelle	🧍		✓								

G. Descriptions

▶ A. — Est-ce que ce garçon est heureux ou malheureux?

  — **C'est un garçon malheureux.**

▶ B. — Est-ce que cette voiture est petite ou grande?

  — **C'est une petite voiture.**

Section 3   *À votre tour!*

H. Situation

📖 Allez à la page 50 de votre texte.

Charlotte parle à Patrick de son ami(e). Patrick veut savoir qui est l'ami(e) de Charlotte.

Leçon 3   Allons dans un café!

| Section 1 | Vidéo-scène

A. Compréhension générale

   Allez à la page 54 de votre texte. Écoutez.

B. Avez-vous compris?

	vrai	faux			vrai	faux
1.	☐	☐		5.	☐	☐
2.	☐	☐		6.	☐	☐
3.	☐	☐		7.	☐	☐
4.	☐	☐				

C. Dialogues authentiques

Écoutez la conversation de la vidéo-scène.

| Section 2 | Langue et communication

D. Quel âge ont-ils?

▶ Pierre

1. moi

2. vous

3. nous

4. toi

5. Marc et Nathalie

6. Madame Thomas

▶ Pierre   **Pierre a quinze ans.**

Listening/Speaking

UNITÉ
1

E. Vrai ou faux?

▶ vrai faux

1. vrai faux

2. vrai faux

3. vrai faux

4. vrai faux

5. vrai faux

6. vrai faux

F. Qu'est-ce qu'ils font?

▶ Qui fait ses devoirs?   **Michelle fait ses devoirs.**

| nous | toi | Éric et Nathalie | Olivier | Michelle | vous | moi |

G. Où et quand?

▶ Mélanie travaille.   **Où travaille-t-elle?**

▶ Georges travaille.   **Quand travaille-t-il?**

| **Section 3** | *À votre tour!* |

H. Situation: Au café

Allez à la page 61 de votre texte.

Jean-Claude et Alice sont dans un café. Écoutez.

Nom _____

Classe _____ Date _____

Leçon 4   Ça, c'est drôle!

| Section 1 | Vidéo-scène

A. Compréhension générale

 Allez à la page 64 de votre texte. Écoutez.

B. Avez-vous compris?

	vrai	faux			vrai	faux
1.	☐	☐		5.	☐	☐
2.	☐	☐		6.	☐	☐
3.	☐	☐		7.	☐	☐
4.	☐	☐		8.	☐	☐

C. Dialogues authentiques

Écoutez la conversation de la vidéo-scène.

| Section 2 | Langue et communication

D. Logique ou pas logique?

	▶	▶	1	2	3	4	5	6
A. logique	✓							
B. pas logique		✓						

E. D'où viennent-ils?

▶ A.   Est-ce que Pierre vient du stade?   Oui, il vient du stade.

▶ B.   Est-ce que Catherine vient du musée?   Non, elle vient du lycée.

F. Quand reviennent-ils?

▶ Charlotte _____

```
1993 JUILLET
☉ 3h53 à 19h56
1  J  S. Thierry
2  V  S. Martinien
3  S  S. Thomas        ☺
4  D  S. Florent
5  L  S. Antoine
6  M  Sᵉ Mariette
7  M  S. Raoul
8  J  S. Thibaut
9  V  Sᵉ Amandine
10 S  S. Ulrich
11 D  S. Benoît          ☾
12 L  S. Olivier
13 M  SS. Henri, Joël
14 M  FÊTE NATIONALE
15 J  S. Donald
16 V  N.D.Mt-Carmel
17 S  Sᵉ Charlotte
18 D  S. Frédéric
19 L  S. Arsène          ●
20 M  Sᵉ Marina
21 M  S. Victor
22 J  Sᵉ Marie-Mad.
23 V  Sᵉ Brigitte
24 S  Sᵉ Christine
25 D  S. Jacques
26 L  SS. Ann., Joa.    ☽
27 M  Sᵉ Nathalie
28 M  S. Samson
29 J  Sᵉ Marthe
30 V  Sᵉ Juliette
31 S  S. Ignace de L.
```

1. Nicolas
2. Nous
3. Moi
4. Toi
5. Vous
6. Mes cousins

▶ **Charlotte revient le trois juillet.**
  Elle ne revient pas aujourd'hui.

G. Depuis quand?

a.   b.   c.   d.

▶ Valérie joue au tennis.
1. Claire habite à Annecy.
2. Jean-Michel attend le bus.
3. Sylvie téléphone à Alain.
4. Michelle travaille à Paris.
5. Nicolas étudie l'espagnol.
6. Vincent joue au basket.

e. AVR / MAI
f. MARS / AVR / MAI
g. FÉV / MARS / AVR / MAI

Section 3 *À votre tour!*

H. Conversation dirigée

Allez à la page 71 de votre texte.

Vincent rencontre sa cousine Florence dans un café. Écoutez leur conversation.

**DISCOVERING
FRENCH - *BLANC***

Unité 2

Leçon 5   Le français pratique: Les activités du weekend

Section 1 | Culture

A. Aperçu culturel: Le weekend

 Allez à la page 94 de votre texte. Écoutez.

	vrai	faux
1.	☐	☐
2.	☐	☐
3.	☐	☐
4.	☐	☐
5.	☐	☐
6.	☐	☐

Section 2 | Vie pratique

B. Scènes et vocabulaire

A. Un weekend en ville

Allez à la page 96 de votre texte.

B. Un weekend à Paris

Allez à la page 98.

C. Un weekend à la campagne

Allez à la page 100.

MUTRONICS

RocKinfo
3615

Dans chaque région :
La Fête de la Musique
Les Festivals de l'été
Mais aussi: les Concerts
l'Actualité - les Fanzines
les Radios - les Assoc....
Code d'accés économique en 3614.

C. La réponse logique

▶ Qu'est-ce que tu vas faire à la piscine?

a. Je vais étudier.   **b. Je vais jouer au foot.**   **c. Je vais nager.**

1. a. En ville.   b. Au stade.   c. À la maison.

2. a. Oui, je vais retrouver mes copains.   b. Non, je vais faire mes devoirs.   c. Non, je vais sortir.

3. a. Une comédie.   b. Un match de foot.   c. Un concert de rock.

4. a. Oui, je vais en ville. Et toi?   b. Oui, j'aime jouer au flipper.   c. Oui, j'aime prendre des bains de soleil.

5. a. Je vais louer la voiture.   b. Je vais ranger mes affaires.   c. Je vais bronzer.

6. a. Oui, je vais voir un film.   b. Oui, j'adore marcher.   c. Oui, je fais une promenade à vélo.

7. a. Je monte à Opéra.   b. Je descends à Concorde.   c. Je n'ai pas de ticket.

8. a. Je fais des achats.   b. Je reste chez moi.   c. J'aime aller à la pêche.

9. a. C'est un poisson.   b. C'est une rose.   c. C'est une prairie.

10. a. C'est un canard.   b. C'est un écureuil.   c. C'est un lapin.

D. Le bon choix

▶ — Est-ce que Jean-Paul est au ciné ou au café?

— Il est au café.

E. Dialogues

DIALOGUE A

Nous sommes samedi après-midi. Philippe parle à sa soeur Véronique.

PHILIPPE: Tu vas _____ cet après-midi?

VÉRONIQUE: Oui, je vais aller _____.

PHILIPPE: Tu vas faire _____?

VÉRONIQUE: Non, je vais _____ un film.

PHILIPPE: Je peux venir avec toi?

VÉRONIQUE: Oui, si tu aimes _____.

PHILIPPE: Comment, tu ne vas pas _____ le bus?

VÉRONIQUE: Mais non, j'ai besoin d'exercice . . . Et toi aussi!

PHILIPPE: Bon, alors dans ce cas, je vais _____ à la maison.

DIALOGUE B

Nous sommes vendredi. Jérôme parle à Isabelle.

JÉRÔME: Tu vas rester chez toi demain?

ISABELLE: Non, je vais faire une _____ avec un copain.

JÉRÔME: Où allez-vous aller?

ISABELLE: À la _____.

JÉRÔME: Est-ce que tu vas prendre ton appareil-photo?

ISABELLE: Bien sûr! Il y a beaucoup d'_____ intéressants là où nous allons.

JÉRÔME: Ah bon? Quoi?

ISABELLE: Des _____, des écureuils et des _____ de toutes sortes.

Nom _____

F. Répondez, s'il vous plaît!

▶ — Que fait Christine?

   — **Elle fait des achats.**

Questions personnelles

? 9	? 10	? 11	? 12	? 13

G. Situation: Le calendrier de Mélanie

8 mars *SAMEDI*
après-midi
_____
_____
soir
_____
_____

9 mars *DIMANCHE*
après-midi
_____
_____
soir
_____
_____

Leçon 6   Pierre a un rendez-vous

| Section 1 | Vidéo-scène |

A. Compréhension générale

Allez à la page 102 de votre texte. Écoutez.

B. Avez-vous compris?

	vrai	faux			vrai	faux
1.	☐	☐		4.	☐	☐
2.	☐	☐		5.	☐	☐
3.	☐	☐		6.	☐	☐

C. Dialogues authentiques

Écoutez la conversation de la vidéo-scène.

| Section 2 | Langue et communication |

D. Samedi dernier

	▶	1	2	3	4	5	6	7	8
A									
B	✓								
C									
D									

Listening/Speaking

UNITÉ
2

E. À la maison

▶ — Avez-vous aidé vos parents?

— **Oui, nous avons aidé nos parents.**

F. Pas de chance

▶ CAROLINE: Tu as joué au volley?

VOUS: **Non, je n'ai pas joué au volley.**

G. Oui ou non?

▶ A. — Est-ce que Robert a perdu son argent?

     — **Oui, il a perdu son argent.**

▶ B. — Est-ce que Juliette a grossi?

     — **Non, elle n'a pas grossi.**

A. Robert

B. Juliette

1. Paul

2. Sophie

3. M. Dupois

4. Béatrice

5. Jean-Paul

6. Stéphanie

Listening/Speaking

UNITÉ 2

H. Une visite au Musée du Louvre

▶ **Pierre prend [le métro / le bus].**

1. Vous prenez [un taxi / la voiture].

2. Nous prenons [le métro / le bus].

3. Je prends [ma moto / ma voiture].

4. Tu prends [ton vélo / ton scooter].

5. Anne prend [son vélomoteur / son scooter].

6. Marc et Paul prennent [le métro / un taxi].

▶ — Pierre prend le bus.
   — **Non, Pierre prend le métro.**

| **Section 3** | *À votre tour!* |

I. Situation: Un voyage au Canada

  Allez à la page 111 de votre texte.

Pauline a passé la semaine dernière au Canada. Jean-Claude lui pose quelques questions.
Écoutez la conversation entre Pauline et Jean-Claude.

**DISCOVERING
FRENCH - *BLANC***

Leçon 7 Les achats de Corinne

| Section 1 | Vidéo-scène |

A. Compréhension générale

 Allez à la page 114 de votre texte. Écoutez.

B. Avez-vous compris?

	vrai	faux			vrai	faux
1.	☐	☐		4.	☐	☐
2.	☐	☐		5.	☐	☐
3.	☐	☐		6.	☐	☐

C. Dialogues authentiques

Écoutez la conversation de la vidéo-scène.

| Section 2 | Langue et communication |

D. À la campagne

▶ **Alain voit [une vache / un cheval] dans les champs.**

1. Vous voyez [un écureuil / un oiseau] dans l'arbre.

2. Je vois [une poule / un lapin] dans la forêt.

3. Nous voyons [un canard / un poisson] dans la rivière.

4. Tu vois [des chevaux / des fleurs] dans la prairie.

5. Jérôme et Juliette voient [des canards / des poissons] sur le lac.

6. Sylvie voit [un cochon / une poule] près de la ferme.

▶ — Alain voit un cheval dans les champs.
  — **Non, Alain voit une vache.**

E. Hier après-midi

	▶	1	2	3	4	5	6	7
A								
B								
C								
D	✓							

F. Le weekend dernier

au café?	à la piscine?	au stade?	au ciné?	en ville?	à la bibliothèque?

▶ Marc a joué au flipper.   **Il est allé au café.**

G. Mon calendrier

LUNDI 10	MARDI 11	MERCREDI 12	JEUDI 13	VENDREDI 14	SAMEDI 15	DIMANCHE 16
20h assister à un concert de rock		9h laver la voiture / 13h30 aller à un match de foot / 21h voir un film à la télé	14h nettoyer ma chambre / 20h retrouver mes amis au café	16h aller à la pêche	randonnée à vélo	

Aujourd'hui nous sommes jeudi, le treize juillet.

▶ — Qu'est-ce que tu vas faire cet après-midi?

— **Cet après-midi, je vais nettoyer ma chambre.**

▶ — Qu'est-ce que tu as fait hier matin?

— **Hier matin, j'ai lavé la voiture.**

Section 3	*À votre tour!*

H. Situation: Au cinéma

Allez à la page 121 de votre texte.
Le weekend dernier, Sandrine est allée au cinéma avec un copain.
Jean-Jacques veut savoir ce qu'ils ont fait. Écoutez.

**DISCOVERING
FRENCH - *BLANC***

Listening/Speaking

UNITÉ
2

Leçon 8 Tu es sorti?

Section 1 Vidéo-scène

A. Compréhension générale

Allez à la page 124 de votre texte. Écoutez.

B. Avez-vous compris?

	vrai	faux
1.	☐	☐
2.	☐	☐
3.	☐	☐
4.	☐	☐
5.	☐	☐
6.	☐	☐

C. Dialogues authentiques

Écoutez la conversation de la vidéo-scène.

Section 2 Langue et communication

D. Nous partons

▶ A. — Marie part à midi.
   — **Oui, elle part à midi.**

Marie

▶ B. — Vous partez à deux heures.
   — **Non, vous partez à trois heures.**

VOUS

1. moi

2. nous

3. Pauline

4. vous

5. toi

6. mes cousins

E. Le lièvre et la tortue

Allez à la page 126 de votre texte.

1. LE LIÈVRE ET LA TORTUE SONT PARTIS ENSEMBLE.
2. IL EST DESCENDU CHEZ UN COPAIN.
3. ELLE EST ALLÉE DIRECTEMENT AU BUT.
4. IL EST RESTÉ POUR DÉJEUNER.
5. IL EST SORTI APRÈS LE DÉJEUNER.
6. IL EST MONTÉ DANS UN ARBRE POUR VOIR OÙ ÉTAIT LA TORTUE.
7. IL EST TOMBÉ.
8. ELLE EST PASSÉE DEVANT L'ARBRE AVANT LE LIÈVRE.
9. LE LIÈVRE EST ARRIVÉ LE DERNIER.
10. LA TORTUE EST ARRIVÉE LA PREMIÈRE.

F. Activités

	1	2	3	4	5	6	7	8	9	10	11	12
vrai												
faux												

G. Weekend à Paris

► PIERRE: Est-ce que tu as passé le weekend à Paris?

VOUS: **Oui, j'ai passé le weekend à Paris.**

► PIERRE: Est-ce que tu es resté(e) à l'hôtel?

VOUS: **Non, je ne suis pas resté(e) à l'hôtel.**

Section 3 *À votre tour!*

H. Situation: Lundi matin

Allez à la page 131 de votre texte.

Aujourd'hui, nous sommes lundi matin. Éric et Chantal parlent de leur weekend.

Nom _____

Classe _____ Date _____

Unité 3

Leçon 9   Le français pratique: La nourriture et les boissons

Section 1 | **Culture**

A. Aperçu culturel: Où faites-vous les courses?

Allez à la page 142 de votre texte. Écoutez.

	Partie A			**Partie B**	
	vrai	faux		vrai	faux
1.	☐	☐	7.	☐	☐
2.	☐	☐	8.	☐	☐
3.	☐	☐	9.	☐	☐
4.	☐	☐	10.	☐	☐
5.	☐	☐	11.	☐	☐
6.	☐	☐	12.	☐	☐

Section 2 | **Vie pratique**

B. Scènes et vocabulaire

A. Les repas

Allez à la page 144 de votre texte.

B. Au café

Allez à la page 146.

C. Un repas

Allez à la page 148.

D. Les courses

Allez à la page 150.

C. La réponse logique

▶ Où vas-tu dîner ce soir?

a. Au marché.   (b.) **Au restaurant.**   **c. Au petit déjeuner.**

1. a. À la cantine.   b. À midi et demi.   c. À sept heures.

2. a. C'est l'omelette aux champignons.   b. C'est le petit déjeuner.   c. Oui, je veux une assiette.

3. a. Pour la glace.   b. Pour le steak.   c. Pour le jus d'orange.

4. a. Oui, monsieur. Voici l'addition.   b. Oui, voici un sandwich au jambon.   c. Oui, le service est compris.

5. a. Oui, j'ai soif.   b. Oui, j'ai faim.   c. Non, madame.

6. a. Le poulet.   b. Le fromage.   c. La sole.

7. a. Une pomme.   b. Des pommes de terre.   c. Un jus de pomme.

8. a. Une tarte aux fraises.   b. Des frites.   c. Un thé glacé.

9. a. Les oeufs.   b. Les cerises.   c. Les haricots verts.

10. a. Des poires.   b. Le poivre et le sel.   c. Des petits pois.

D. Le bon choix

▶ — Est-ce que Pierre dîne à six heures ou à sept heures?

— **Il dîne à sept heures.**

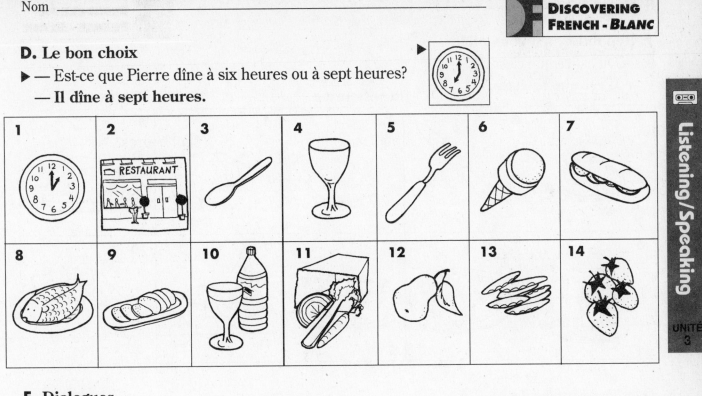

E. Dialogues

DIALOGUE A

Éric et Stéphanie sont au café. Le serveur arrive.

LE SERVEUR: Vous _____, mademoiselle?

STÉPHANIE: Un sandwich _____, s'il vous plaît.

LE SERVEUR: Et comme _____?

STÉPHANIE: Un jus de _____.

LE SERVEUR: Et pour vous, monsieur?

ÉRIC: Une _____ au chocolat.

LE SERVEUR: Et _____?

ÉRIC: C'est _____.

LE SERVEUR: Merci.

DIALOGUE B

Il est midi. Jean-Paul rencontre Caroline dans la rue.

JEAN-PAUL: Dis, Caroline, où est-ce que tu vas _____?

CAROLINE: Dans un restaurant japonais.

JEAN-PAUL: Tu aimes la _____ japonaise?

CAROLINE: Oui, j'adore! Tu veux venir avec moi?

JEAN-PAUL: Tu sais, j'aime le _____, mais je déteste le _____!

CAROLINE: Mais il y a aussi des _____ de _____.

JEAN-PAUL: Alors, d'accord. Je viens avec toi!

F. Répondez, s'il vous plaît!

▶ — Qu'est-ce que c'est?
— C'est une assiette.

Questions personnelles

?	?	?	?	?	?
11	12	13	14	15	16

G. Situation: Un repas

RESTAURANT LA PERGOLA

TABLE Nº _15_

HORS - D'OEUVRE _____

PLAT PRINCIPAL _____

_____

DESSERT _____

BOISSON _____

Leçon 10 Au supermarché

Section 1 | Vidéo-scène

A. Compréhension générale

 Allez à la page 154 de votre texte. Écoutez.

B. Avez-vous compris?

	vrai	faux			vrai	faux
1.	☐	☐		5.	☐	☐
2.	☐	☐		6.	☐	☐
3.	☐	☐		7.	☐	☐
4.	☐	☐		8.	☐	☐

C. Dialogues authentiques

 Écoutez la conversation de la vidéo-scène.

Section 2 | Langue et communication

D. Allons au café!

▶ Marc

1. Nous

2. Moi

3. Corinne

4. Vous

5. Jérôme et Bernard

6. Toi

▶ Marc doit étudier.
   Il ne peut pas venir.

Nom _____

E. Nourriture

▶ **A.**   B.

1. A.   B.

2. A.   B.

3. A.   B.

4. A.   B.

5. A.   B.

6. A.   B.

F. Au restaurant

▶ — Vous désirez?

— Je voudrais du pain, s'il vous plaît.

1   2   3

4   5   6

G. Non, merci.

▶ — Vous voulez de la soupe?

— Pas de soupe pour moi, merci.

Section 3   *À votre tour!*

H. Les repas d'hier

Allez à la page 161 de votre texte.

Corinne pose des questions à Pierre sur les repas d'hier.

Nom _____

Classe _____ Date _____

Leçon 11   Jérôme invite ses copains

Section 1   Vidéo-scène

A. Compréhension générale

Allez à la page 164 de votre texte. Écoutez.

B. Avez-vous compris?

	vrai	faux			vrai	faux
1.	☐	☐		5.	☐	☐
2.	☐	☐		6.	☐	☐
3.	☐	☐		7.	☐	☐
4.	☐	☐		8.	☐	☐

C. Dialogues authentiques

Écoutez la conversation de la vidéo-scène.

Section 2   Langue et communication

D. Boissons

▶ Corinne ——————

1. Moi

2. Nous

3. Les enfants

4. Vous

5. Pierre

6. Toi

▶ Corinne boit du thé glacé.
Elle ne boit pas de limonade.

UNITÉ 3, Leçon 11 ■ Listening/Speaking Activities   **39**

E. Un pique-nique

▶ A. des magazines   B. des invitations   C. des sodas

1. A. à mes copains   B. à mes copines   C. à mes cousins

2. A. ma cousine   B. ma copine   C. ma soeur

3. A. dans le jardin   B. près du lac   C. à la campagne

4. A. du saumon   B. du jambon   C. du saucisson

5. A. la glace au café   B. la glace à la vanille   C. la glace au chocolat

6. A. chercher la salade   B. faire la vaisselle   C. préparer des sandwichs

F. Les courses

▶ JULIETTE: J'aime la glace.

SON PÈRE: **Alors, achète de la glace.**

G. À la cantine

▶ — Qu'est-ce que Sophie va prendre?

— **Elle va prendre des spaghetti, de la salade et du lait.**

Sophie — Nicolas — Julien — Barbara — Caroline

Section 3 — *À votre tour!*

H. Une invitation à dîner

Allez à la page 171 de votre texte.

Sophie invite son camarade Julien à dîner.

Leçon 12   L'addition, s'il vous plaît!

| Section 1 | Vidéo-scène |

A. Compréhension générale

 Allez à la page 174 de votre texte. Écoutez.

B. Avez-vous compris?

vrai   faux   vrai   faux

1. ☐   ☐   5. ☐   ☐
2. ☐   ☐   6. ☐   ☐
3. ☐   ☐   7. ☐   ☐
4. ☐   ☐   8. ☐   ☐

C. Dialogues authentiques

Écoutez la conversation de la vidéo-scène.

| Section 2 | Langue et communication |

D. Combien est-ce que je prends?

▶   ARMELLE: Combien de beurre est-ce que je prends?
   SA MÈRE: **Prends une livre de beurre.**

LISTE DES COURSES

Listening/Speaking

UNITÉ
3

E. Dialogues

	A trop	B beaucoup	C assez	D un peu	E peu
▶		✓			
1					
2					
3					
4					
5					

▶ PIERRE: Est-ce que tu as des cousins?

   VOUS: **Oui, j'ai beaucoup de cousins.**

F. Jérôme et ses copains

▶ PIERRE: Alors, Jérôme, toi et tes copains, vous avez mangé le pain?

   JÉRÔME: **Oui, nous avons mangé tout le pain.**

G. Qu'est-ce qu'il faut faire?

1. A. Il faut avoir quelques bons amis.   B. Il faut avoir beaucoup d'argent.

2. A. Il faut avoir de la chance.   B. Il faut travailler.

3. A. Il faut être intelligent.   B. Il faut apprendre la leçon.

4. A. Il faut être généreux.   B. Il faut être amusant.

5. A. Il faut aller à l'université.   B. Il faut parler français.

6. A. Il faut faire des exercices.   B. Il faut manger moins.

| Section 3 | *À votre tour!* |

H. Le pique-nique

Allez à la page 181 de votre texte.

Armelle et Pierre vont organiser un pique-nique pour leurs copains.

Unité 4

Leçon 13   Le français pratique: Allons au spectacle

| Section 1 | Culture |

A. Aperçu culturel: Le monde des spectacles

 Allez à la page 192 de votre texte. Écoutez.

Partie A

	vrai	faux
1.	☐	☐
2.	☐	☐
3.	☐	☐
4.	☐	☐
5.	☐	☐
6.	☐	☐

Partie B

	vrai	faux
7.	☐	☐
8.	☐	☐
9.	☐	☐
10.	☐	☐
11.	☐	☐

stade 2
Ski • Tennis •
Sports d'Equipe •
Equitation
78250 Meulan 01 34 74 53 47

LE PASSEPORT
—SPECTACLES—
Théâtre • Opéra • Concert •
Danse • Cinéma • Musique
MOINS CHER
S.O.S. SPECTACLES
7 rue Neuve – 69001 LYON
Tél. 04.78.28.83.50

| Section 2 | Vie pratique |

B. Scènes et vocabulaire

A. Les spectacles

 Allez à la page 194 de votre texte.

B. Au cinéma

Allez à la page 196.

C. Les invitations

Allez à la page 198.

C. La réponse logique

▶ Quels films est-ce que tu préfères?

| **a. Les pièces de théâtre.** | **b. Les chansons.** | ⓒ **Les westerns.** |

1. a. Oui, je suis libre.   b. Oui, il y a un ciné dans mon quartier.   c. Oh non, une ou deux fois par an. C'est tout!

2. a. Oui, j'aime cette chanson.   b. Non, je n'aime pas l'art moderne.   c. Oui, c'est un bon musée.

3. a. Oui, je vais au concert.   b. Non, j'ai perdu.   c. Non, je vais le regarder à la télé.

4. a. Oui, c'est un très bon film.   b. Oui, les acteurs sont très, très bons.   c. Oui, j'aime cette chanson.

5. a. Les Red Sox.   b. Ricky Martin.   c. Shaquille O'Neal.

6. a. Une comédie américaine.   b. Une exposition.   c. Une pièce de théâtre.

7. a. Oui, nous jouons dans un orchestre.   b. Oui, nous avons acheté nos billets.   c. Non, nous n'aimons pas les films policiers.

8. a. Il va au ciné.   b. Il aime les dessins animés.   c. Il regarde les expositions.

9. a. Non, je suis libre. Et toi?   b. Oui, je te remercie.   c. Je regrette, mais je n'ai pas le temps.

10. a. Enchanté.   b. Oui, volontiers.   c. Oui, j'ai aimé la pièce.

Monsieur Zèbre   le Rex

Les aventures des Cybernautes   le Cyrano

Roméo et Juliette   le Théâtre Français

CONCERT DE MANU CHAO   L'OLYMPIA

Exposition Cézanne   le Musée d'Orsay

MATCH de FOOTBALL France-Italie   le Parc des Princes

D. Le bon choix

▶ — Est-ce que Nicole va au ciné ou au concert?

— Elle va au ciné.

E. Dialogues

DIALOGUE A

Isabelle parle à son cousin Olivier.

ISABELLE: Dis, Olivier, est-ce que tu veux aller au _____ avec moi?

OLIVIER: Ben, ça dépend! Qu'est-ce qu'_____?

ISABELLE: *Le retour de Jo Lagachette.*

OLIVIER: C'est quel _____ de film?

ISABELLE: C'est un film _____.

OLIVIER: Bon, d'accord! Mais c'est toi qui paies les _____!

ISABELLE: Non, mais dis donc, tu exagères! Je t'ai déjà invité _____ cette semaine!

DIALOGUE B

Thomas téléphone à sa copine Valérie.

THOMAS: Allô, Valérie! Ici Thomas. Dis, qu'est-ce que tu fais samedi soir?

VALÉRIE: Je suis _____.

THOMAS: Tu veux voir *Othello* avec moi?

VALÉRIE: Je suis _____, mais j'ai vu cette _____ la semaine dernière.

THOMAS: Ben alors, est-ce que tu veux aller voir Mano Negra au Zénith?

VALÉRIE: Ah oui, _____! J'adore leurs _____.

F. Répondez, s'il vous plaît!

▶ — Qu'est-ce que tu vas voir?

— Je vais voir un film.

Questions personnelles

? 8	? 9	? 10	? 11	? 12

G. **Situation: Une invitation au cinéma**

nom du cinéma _____

nom du film _____

genre _____

acteur principal _____

prix des billets _____

heure du film _____

Leçon 14   Un petit service

| Section 1 | Vidéo-scène |

A. Compréhension générale

Allez à la page 202 de votre texte. Écoutez.

B. Avez-vous compris?

vrai   faux
1. ☐   ☐
2. ☐   ☐
3. ☐   ☐
4. ☐   ☐
5. ☐   ☐
6. ☐   ☐
7. ☐   ☐
8. ☐   ☐

C. Dialogues authentiques

Écoutez la conversation de la vidéo-scène.

| Section 2 | Langue et communication |

D. Le contraire

▶   SYLVIE: Mon frère m'invite au cinéma.

   CHARLOTTE: **Mon frère ne m'invite pas.**

E. Le concert de Mano Negra

▶ CÉCILE: S'il te plaît, invite-moi dimanche.

BERNARD: **D'accord, je t'invite dimanche.**

F. Voyage en Italie

▶ Je peux vous donner . . .   mon dictionnaire d'italien

1. Je peux vous présenter . . .   un peu d'argent italien

2. Je peux vous prêter . . .   l'adresse de mes cousins à Florence

3. Je peux vous donner . . .   des photos de Venise

4. Je peux vous montrer . . .   à mon oncle Luigi

5. Je peux vous apporter . . .   un livre sur Rome

▶ PIERRE: Je peux vous donner l'adresse de mes cousins à Florence.

ARMELLE: **Oui, donne-nous l'adresse de tes cousins.**

G. Dialogues

▶ A. demain soir   (B.) demain

1. A. après la classe   B. après l'examen

2. A. demain matin   B. demain soir

3. A. après la classe   B. après l'examen

4. A. à midi   B. à minuit

5. A. cet après-midi   B. ce soir

▶ — Ne me téléphone pas ce soir.

— **D'accord, je vais te téléphoner demain.**

Section 3   *À votre tour!*

H. À Québec

Allez à la page 209 de votre texte.

C'est la première fois que Mélanie rend visite à son cousin Gérard à Québec.

Leçon 15 Dans une boutique de disques

Section 1	Vidéo-scène

A. Compréhension générale

Allez à la page 212 de votre texte. Écoutez.

B. Avez-vous compris?

	vrai	faux			vrai	faux
1.	☐	☐		5.	☐	☐
2.	☐	☐		6.	☐	☐
3.	☐	☐		7.	☐	☐
4.	☐	☐		8.	☐	☐

C. Dialogues authentiques

Écoutez la conversation de la vidéo-scène.

Section 2	Langue et communication

D. Tu connais Dominique?

▶ PIERRE: Tu connais Dominique?

ARMELLE: **Mais oui, je la connais.**

▶ Dominique — René — Joël — Claude — Gabriel — André — Michel

Dominique — Renée — Joëlle — Claude — Gabrielle — Andrée — Michèle

DISCOVERING
FRENCH - BLANC

E. Préférences

▶ A. ARMELLE: Tu aimes les films policiers?

PIERRE: **Oui, je les aime.**

▶ B. ARMELLE: Tu aimes la pièce de théâtre?

PIERRE: **Non, je ne l'aime pas.**

▶ A. ♡   1. ♡   3. 🖤   5. 🖤   7. 🖤

▶ B. 🖤   2. 🖤   4. ♡   6. ♡

F. Voyage organisé à Paris

▶ Est-ce que nous allons visiter la Tour Eiffel?　　**Oui, nous allons la visiter.**

▶ Est-ce que nous allons visiter le Centre Pompidou?　　**Non, nous n'allons pas le visiter.**

G. Paul Pertout

▶ SOPHIE: Tu as oublié la date du concert?

PAUL: **Oui, je l'ai oubliée.**

▶ SOPHIE: Tu as trouvé ton argent?

PAUL: **Non, je ne l'ai pas trouvé.**

Section 3　　*À votre tour!*

H. Quelques activités récentes

Allez à la page 220 de votre texte.

Juliette parle de ses activités récentes à son copain Nicolas.

Leçon 16   La voisine d'en bas

Section 1   Vidéo-scène

A. Compréhension générale

 Allez à la page 222 de votre texte. Écoutez.

B. Avez-vous compris?

	vrai	faux		vrai	faux
1.	☐	☐	5.	☐	☐
2.	☐	☐	6.	☐	☐
3.	☐	☐	7.	☐	☐
4.	☐	☐	8.	☐	☐

C. Dialogues authentiques

Écoutez la conversation de la vidéo-scène.

Section 2   Langue et communication

D. Lecture

▶ Armelle

1. Pierre

2. Nous

3. Toi

4. Moi

5. Mes soeurs

6. Vous

▶ Armelle lit.
   Armelle lit une lettre.

DISCOVERING
FRENCH - BLANC

E. Communications

▶ Est-ce que Corinne téléphone à Armelle?　　**Oui, elle lui téléphone.**

Pierre

Corinne

Armelle
Jean-Jacques
Bernard
Sophie

Nathalie
Zoé
Olivier
Claire

Annecy
Toulouse

▶ Est-ce que Pierre et Corinne écrivent à Sophie?　　**Non, ils ne lui écrivent pas.**

F. En famille

▶ ARMELLE: D'abord, parlons de Jérôme.
　　　　　Est-ce que tu lui prêtes tes cassettes?
　PIERRE: **Oui, je les lui prête.**

▶ ARMELLE: Maintenant parlons de tes parents.
　　　　　Est-ce que tu leur montres tes examens?
　PIERRE: **Oui, je les leur montre.**

G. Madame Martin

▶ je sais　　(je connais)

1. je sais	je connais		5. je sais	je connais
2. je sais	je connais		6. je sais	je connais
3. je sais	je connais		7. je sais	je connais
4. je sais	je connais		8. je sais	je connais

Section 3　*À votre tour!*

H. Une soirée musicale

Allez à la page 231 de votre texte.

Sylvie parle à Robert d'une soirée musicale qu'elle doit organiser.

NOTE: **faire des claquettes** = *to tap dance*

Unité 5

Leçon 17 Le français pratique: Le sport, c'est la santé

Section 1 Culture

A. Aperçu culturel: Le sport en France

Allez à la page 254 de votre texte. Écoutez.

Partie A			Partie B	
vrai	faux		vrai	faux
1. ☐	☐	7.	☐	☐
2. ☐	☐	8.	☐	☐
3. ☐	☐	9.	☐	☐
4. ☐	☐	10.	☐	☐
5. ☐	☐	11.	☐	☐
6. ☐	☐	12.	☐	☐

Section 2 Vie pratique

B. Scènes et vocabulaire

A. Les sports individuels

Allez à la page 256 de votre texte.

Vocabulaire: Quelques sports individuels

B. Un peu de gymnastique

Allez à la page 258.

Vocabulaire: Les parties du corps

C. La santé

Allez à la page 260.

C. La réponse logique

▶ Quel sport est-ce que tu pratiques?

    (a.) **Je fais du jogging.**   b. **Je vais bien.**   c. **Oui, c'est pratique.**

1. a. Je fais de l'équitation.
   b. J'aime marcher.
   c. Je suis en retard à mon rendez-vous.

2. a. Dans la rue.
   b. À la plage.
   c. Sur le lac.

3. a. Oui, j'adore courir.
   b. Oui, j'ai un VTT.
   c. Oui, mais je préfère le ski nautique.

4. a. De la marche à pied.
   b. Du patinage.
   c. De la voile.

5. a. Un crayon.
   b. Un rhume.
   c. Je plie les jambes.

6. a. Je vais au ciné.
   b. J'ai fini.
   c. Oui, je suis en forme.

7. a. Oui, il a la grippe.
   b. Oui, il est en bonne santé.
   c. Oui, il est en forme.

8. a. Oui, ça va mieux.
   b. Oui, il a mangé trop de chocolat.
   c. Oui, il va chez le dentiste.

9. a. J'ai joué de la guitare.
   b. J'ai regardé la télé.
   c. J'ai fait du jogging ce matin.

10. a. Je ne me sens pas bien.
   b. Je plie les jambes.
   c. Je suis en bonne santé.

D. Le bon choix

▶ — Est-ce que Sandrine fait du vélo ou du jogging?
— **Elle fait du vélo.**

E. Dialogues

DIALOGUE A

Juliette rencontre Christophe à la plage.

JULIETTE: Dis, Christophe, tu es _____?

CHRISTOPHE: Ben oui, je fais _____.

JULIETTE: Ben, alors, est-ce que tu veux faire de la _____ avec moi?

CHRISTOPHE: Oh là là, non, je suis trop _____!

JULIETTE: Qu'est-ce que tu as fait?

CHRISTOPHE: J'_____ dix kilomètres ce matin.

JULIETTE: Alors, je comprends. Tu dois avoir _____!

DIALOGUE B

Mélanie veut savoir pourquoi son petit frère n'est pas bien.

MÉLANIE: Et Marc, ça va?

MARC: Euh non, je ne me _____ pas bien.

MÉLANIE: Qu'est-ce que tu _____?

MARC: Je suis _____.

MÉLANIE: Où est-ce que tu as mal?

MARC: J'ai mal _____.

MÉLANIE: Tu as _____!

MARC: Non . . . j'ai mangé un kilo de chocolats!

F. Répondez, s'il vous plaît!

▶ — Que fait Cécile?
— Elle fait du ski.

Questions personnelles

? 9	? 10	? 11	? 12

G. Situation: Chez le médecin

FICHE PERSONNELLE

NOM DU PATIENT _____

ÂGE _____

RAISON DE LA VISITE _____

ÉTAT DE SANTÉ GÉNÉRAL _____

SPORTS PRATIQUÉS _____

Leçon 18   Un vrai sportif

| Section 1 | Vidéo-scène |

A. Compréhension générale

Allez à la page 262. Écoutez.

B. Avez-vous compris?

	vrai	faux			vrai	faux
1.	☐	☐		5.	☐	☐
2.	☐	☐		6.	☐	☐
3.	☐	☐		7.	☐	☐
4.	☐	☐		8.	☐	☐

C. Dialogues authentiques

Écoutez la conversation de la vidéo-scène.

| Section 2 | Langue et communication |

D. Les activités de Jérôme

	souvent	quelquefois	de temps en temps	parfois	rarement
▶			✓		
1.					
2.					
3.					
4.					
5.					

▶ ARMELLE: Est-ce que Jérôme va à la piscine?

  PIERRE: **Oui, il y va de temps en temps.**

E. Les activités d'Armelle

▶ A.   JÉRÔME: Est-ce qu'Armelle fait du ski?
      PIERRE: **Bien sûr, elle en fait.**

▶ B.   JÉRÔME: Est-ce qu'elle fait du ski nautique?
      PIERRE: **Non, elle n'en fait pas.**

F. Oui et non

▶   ARMELLE: Jérôme, est-ce que tu fais du parapente?
   JÉRÔME: **Oui, j'en fais.**

▶   ARMELLE: Jérôme, est-ce que tu fais du ski nautique?
   JÉRÔME: **Non, je n'en fais pas.**

G. Le parapente

▶ Armelle   a. amusant
1. Jérôme   b. beau à regarder
2. Nous   c. dangereux
3. Toi   d. difficile
4. Vous   e. facile
5. Les Français   f. intéressant
6. Moi   g. passionnant (exciting)

Section 3   *À votre tour!*

H. Situation: Vacances à la Martinique

Allez à la page 269 de votre texte.

Corinne vient de passer ses vacances à la Martinique.
Armelle veut savoir ce que Corinne a fait là-bas.

DISCOVERING
FRENCH - *BLANC*

Leçon 19   Jérôme se lève?

Section 1 | Vidéo-scène

A. Compréhension générale

 Allez à la page 272 de votre texte. Écoutez.

B. Avez-vous compris?

	vrai	faux			vrai	faux
1.	☐	☐		5.	☐	☐
2.	☐	☐		6.	☐	☐
3.	☐	☐		7.	☐	☐
4.	☐	☐		8.	☐	☐

C. Dialogues authentiques

Écoutez la conversation de la vidéo-scène.

Listening/Speaking

UNITÉ
5

Section 2 | Langue et communication

D. Le matin

Nom _____

DISCOVERING FRENCH - *BLANC*

E. Qui se couche à minuit?

▶ Pierre

▶ — Qui se couche à sept heures?

— Pierre se couche à sept heures.

1. les enfants   2. toi   3. Marie   4. nous   5. vous   6. moi

F. Logique ou illogique?

	▶	▶	1	2	3	4	5	6
logique		✓						
pas logique	✓							

G. Promenade en VTT

▶ — Qui se lave la figure?

— Marc se lave la figure.

▶ Marc

1. nous   2. vous   3. moi   4. toi   5. Éric et Olivier   6. Catherine et Alice

Section 3 *À votre tour!*

H. La routine quotidienne

Allez à la page 279 de votre texte.

Armelle veut savoir quand Pierre fait certaines choses. Écoutez bien et écrivez les réponses de Pierre dans le tableau.

Leçon 20 J'ai voulu me dépêcher

| Section 1 | Vidéo-scène |

A. Compréhension générale

Allez à la page 282 de votre texte. Écoutez.

B. Avez-vous compris?

	vrai	faux			vrai	faux
1.	☐	☐	5.		☐	☐
2.	☐	☐	6.		☐	☐
3.	☐	☐	7.		☐	☐
4.	☐	☐	8.		☐	☐

C. Dialogues authentiques

Écoutez la conversation de la vidéo-scène.

| Section 2 | Langue et communication |

D. Chez les Duval

	Pierre	Pierre et Jérôme
▶		✓
1		
2		
3		
4		
5		
6		

E. Corinne et ses cousins

▶ Marc, tu dois te reposer après le déjeuner.

Repose-toi après le déjeuner.

1. Olivier
2. Marie
3. Nicolas
4. Christine
5. Julien
6. Sandrine

Listening/Speaking

UNITÉ
5

F. À la réunion de famille

▶ **A. Corinne**

1. moi

**2. la grand-mère
de Corinne**

3. vous

▶ **B. Pierre et Paul**

4. toi

5. les enfants

6. nous

G. L'heure de se lever

▶ Qui s'est levé à six heures?
   Nicolas s'est levé à six heures.

▶ **Nicolas**

1. les enfants   **2. Babette**   **3. toi**   **4. moi**   **5. nous**   **6. vous**

H. Dimanche après-midi

▶ A. Les enfants sortent.
       Ils vont se promener.

▶ B. La grand-mère de Corinne va se reposer.
       Elle ne va pas se promener.

Section 3	*À votre tour!*

I.   Un sondage

Allez à la page 288 de votre texte.

*Corinne veut savoir à quelle heure ses
amis se sont couchés hier soir et à quelle
heure ils se sont levés ce matin. Écoutez
ses questions et marquez les réponses
dans votre cahier.*

Armelle		
Jérôme		
Bernard		

Nom _____

Classe _____ Date _____

DISCOVERING
FRENCH - *BLANC*

Unité 6

Leçon 21   Le français pratique: La maison

Section 1	Culture

A. Aperçu culturel: Chez nous

Allez à la page 298 de votre texte. Écoutez.

Partie A
	vrai	faux
1.	☐	☐
2.	☐	☐
3.	☐	☐
4.	☐	☐
5.	☐	☐

Partie B
	vrai	faux
6.	☐	☐
7.	☐	☐
8.	☐	☐
9.	☐	☐
10.	☐	☐

Section 2	Vie pratique

B. Scènes et vocabulaire

A. La résidence

Allez à la page 300 de votre texte.

B. La maison

Allez à la page 301.

C. Le mobilier et l'équipement de la maison

Allez à la page 302.

C. La réponse logique

▶ Tu aimes Paris?

    (a.) **Oui, c'est une belle ville.**   b. **Non, je n'habite pas là.**   c. **Oui, j'adore la campagne.**

1. a. Dans la salle à manger.   b. Sur le toit.   c. Dans la banlieue de Paris.

2. a. Dans un beau quartier.   b. Au rez-de-chaussée.   c. Dans la cave.

3. a. Oui, il y a cinq chambres à coucher.   b. Oui, il y a une cuisine moderne.   c. Oui, c'est un grand immeuble.

4. a. Oui, il fait la vaisselle.   b. Oui, il dort.   c. Oui, il y a une cuisinière.

5. a. Sur le lavabo.   b. Sur les étagères.   c. Sous le tapis.

6. a. Dans ce placard.   b. Dans la baignoire.   c. Dans le grille-pain.

QUARTIER LATIN
chambre d'étudiant
avec s.d.b.
possibilité cuisine
230€
Tél. 04-42-21-35-64

MONTMARTRE
dans immeuble rénové
bel appt.
2 ch., s.d.b., w.c.
cuisine équipée
grand living
770€
Tél. 03-44-61-12-49

NATION
immeuble moderne
studio, s.d.b.
kitchenette
385€
Tél. 04-42-28-54-85

PARC MONCEAU
immeuble ancien
2 ch, balcon
double living
tout confort
1400€
Tél. 05-45-12-70-36

PASSY
superbe 5 pièces
3 ch, 2 bains
h. cft.
1525€
Tél. 01-46-95-16-02

UNITÉ
6

D. Le bon choix

▶ — Est-ce que Pierre habite dans une ville ou à la campagne?
  — **Il habite dans une ville.**

E. Dialogues

DIALOGUE A

Claire veut savoir où habite Jean-Claude.

CLAIRE: Où habites-tu, Jean-Claude?

JEAN-CLAUDE: À Nanterre. C'est dans la _____ de Paris.

CLAIRE: Vous avez une maison individuelle?

JEAN-CLAUDE: Non, nous avons un appartement dans un _____.

CLAIRE: À quel _____ habitez-vous?

JEAN-CLAUDE: Au dixième.

CLAIRE: Est-ce que votre appartement est grand?

JEAN-CLAUDE: Non, il a quatre _____ seulement *(only)*, mais il est moderne et

la _____ est bien équipée.

DIALOGUE B

Jean-Michel est chez sa cousine Stéphanie. Il est venu emprunter son livre de français.

JEAN-MICHEL: Dis donc, Stéphanie, où est ton livre de français?

STÉPHANIE: Il est dans le _____.

JEAN-MICHEL: Je ne le trouve pas!

STÉPHANIE: Mais si, regarde sur l'_____.

JEAN-MICHEL: Ah oui, d'accord! Je l'ai trouvé. Dis donc, il y a un nouveau _____!

STÉPHANIE: Oui, Maman a acheté des _____ le mois dernier.

JEAN-MICHEL: Et le _____, qu'est-ce qu'il représente?

STÉPHANIE: Oh, je ne sais pas. C'est de l'art moderne!

F. Répondez, s'il vous plaît!

▶ — Où habite Stéphanie?

— Elle habite dans une maison individuelle.

? 11	**?** 12	**?** 13	**?** 14	**?** 15

G. Situation: Les petites annonces *(classified ads)*

FICHE DE RENSEIGNEMENTS

VILLE: ❑ TOURS   ❑ ST. SYMPHORIEN   ❑ JOUÉ-LES-TOURS

ADRESSE: _____ *AVENUE JEAN JAURÈS* _____

TYPE DE LOGEMENT: ❑ APPARTEMENT   ❑ MAISON INDIVIDUELLE

NOMBRE DE CHAMBRES: ❑ 1   ❑ 2   ❑ 3   ❑ 4   ❑ 5

NOMBRE DE SALLES DE BAINS: ❑ 1   ❑ 2   ❑ 3

AUTRES PIÈCES: _____   _____

ÉQUIPEMENT DE LA CUISINE:

❑ RÉFRIGÉRATEUR   ❑ CUISINIÈRE À GAZ

❑ LAVE-VAISSELLE   ❑ FOUR À MICRO-ONDES

❑ CUISINIÈRE ÉLECTRIQUE

AUTRES INFORMATIONS: _____

_____

DISCOVERING
FRENCH - *BLANC*

Leçon 22   C'est quelqu'un que tu connais

Section 1 | **Vidéo-scène**

A. Compréhension générale

 Allez à la page 306 de votre texte. Écoutez.

B. Avez-vous compris?

	vrai	faux			vrai	faux
1.	☐	☐		5.	☐	☐
2.	☐	☐		6.	☐	☐
3.	☐	☐		7.	☐	☐
4.	☐	☐		8.	☐	☐

C. Dialogues authentiques

Écoutez la conversation de la vidéo-scène.

Section 2 | **Langue et communication**

D. Où vivent-ils?

▶ Yasmina _____

1. nous

2. moi

3. vous

4. Amadou

5. toi

6. Ousmane et ses parents

▶ — Qui vit à Alger?
— Yasmina vit à Alger.

A. Casablanca
le Maroc

B. Alger
l'Algérie

C. Tunis
la Tunisie

D. Dakar
le Sénégal

E. Abidjan
la Côte
d'Ivoire

F. Lomé
le Togo

G. Kinshasa

la République
démocratique
du Congo

E. Visite à Grenoble

0 aller ☐ revenir

☐ monter

☐ descendre

☐ venir ☐ entrer ☐ rester ☐ passer ☐ partir

☐ sortir

▶ Le weekend dernier, je suis allé à Grenoble.

F. Visite à Dakar

▶ FRANÇOIS: Je suis allé à Dakar en avion.

MME DIOP: **Nous aussi, nous sommes allés à Dakar en avion.**

▶ l'Aéroport de Dakar

6. le Cap Vert

4/5. le Musée IFAN

1. l'Hôtel Teranga

3. l'Île de Gorée

2. la Place de l'Indépendance

Section 3   *À votre tour!*

G. Une devinette

Allez à la page 312 de votre texte. Écoutez la devinette.

**DISCOVERING
FRENCH - *BLANC***

Leçon 23   À Menthon-Saint-Bernard

| Section 1 | Vidéo-scène

A. Compréhension générale

   Allez à la page 314 de votre texte. Écoutez.

B. Avez-vous compris?

	vrai	faux			vrai	faux
1.	☐	☐		5.	☐	☐
2.	☐	☐		6.	☐	☐
3.	☐	☐		7.	☐	☐
4.	☐	☐		8.	☐	☐

C. Dialogues authentiques

Écoutez la conversation de la vidéo-scène.

| Section 2 | **Langue et communication**

D. Hier soir à sept heures

▶ Philippe

1. Mme Baptiste

2. nous

3. toi

4. les enfants

5. moi

6. vous

▶ — Qui mettait la table?
   — **Philippe mettait la table.**

E. Événements spécifiques ou événements habituels?

	▶	▶	1	2	3	4	5	6	7	8	9	10
A. événements spécifiques		✓										
B. événements habituels	✓											

F. Samedi matin

Partie A		**Partie B**

▶ Samedi matin, quand [*je faisais* / *j'ai fait*] du jogging,   ▶ | ~ |

[*je voyais* / *j'ai vu*] Pierre et Armelle. | ✗ |

1. [*Je rencontrais* / *J'ai rencontré*] Corinne   1. ⬜

   qui [*se promenait* / *s'est promenée*] dans le parc.   ⬜

2. [*Je m'arrêtais* / *Je me suis arrêté*] près du lac   2. ⬜

   où des enfants [*jouaient* / *ont joué*] dans l'eau.   ⬜

3. Plus loin, [*je voyais* / *j'ai vu*] une fille   3. ⬜

   qui [*prenait* / *a pris*] des photos.   ⬜

4. [*Je passais* / *Je suis passé*] près du port   4. ⬜

   quand [*je voyais* / *j'ai vu*] mon amie Cécile.   ⬜

5. Devant un café [*j'entendais* / *j'ai entendu*] des touristes   5. ⬜

   qui [*parlaient* / *ont parlé*] espagnol.   ⬜

6. Quand [*je rentrais* / *je suis rentré*] chez moi,   6. ⬜

   Bernard [*dormait* / *a dormi*] encore.   ⬜

Section 3 *À votre tour!*

G. Situation: Samedi dernier

Allez à la page 323 de votre texte.

Samedi dernier, quand Armelle était dans le bus pour aller en ville, elle a vu Pierre avec une autre fille. Maintenant elle lui pose quelques questions.

Nom _____

Classe _____ Date _____

Leçon 24   Montrez-moi vos papiers!

| Section 1 | Vidéo-scène |

A. Compréhension générale

 Allez à la page 326 de votre texte. Écoutez.

B. Avez-vous compris?

	vrai	faux		vrai	faux
1.	☐	☐	5.	☐	☐
2.	☐	☐	6.	☐	☐
3.	☐	☐	7.	☐	☐
4.	☐	☐	8.	☐	☐

C. Dialogues authentiques

Écoutez la conversation de la vidéo-scène.

| Section 2 | Langue et communication |

D. Un accident

	▶	1	2	3	4	5	6	7	8	9	10
vrai											
faux	✓										

E. Visite à Paris

1. *[J'arrivais / Je suis arrivée]* à Paris le 14 juillet.

2. Ma cousine Sophie *[m'attendait / m'a attendu]* à l'aéroport.

3. *[Je voyais / J'ai vu]* qu'*[il y avait / il y a eu]* beaucoup de gens dans les rues.

4. *[Je demandais / J'ai demandé]* à Sophie pourquoi.

5. Elle *[me répondait / m'a répondu]* que c'était le jour de la fête nationale.

6. L'après-midi *[je dormais / j'ai dormi]* un peu parce que *[j'étais/ j'ai été]* fatiguée.

7. Le soir, je *[sortais / suis sortie]* avec Sophie.

8. Sur une place, *[il y avait / il y a eu]* un orchestre qui *[jouait / a joué]* du rock.

9. Beaucoup de jeunes *[dansaient / ont dansé]* dans la rue.

10. Après, nous *[allions / sommes allées]* à la Tour Eiffel pour voir les feux d'artifice.

▶ **Je suis arrivée à Paris le 14 juillet.**

F. J'ai trouvé un portefeuille

▶ C'était quel jour?   **C'était samedi dernier.**

▶ Qu'est-ce que l'homme a acheté?   **Il a acheté deux billets.**

| **Section 3** | *À votre tour!* |

G. Un événement important

Allez à la page 333 de votre texte.
Jean-Michel parle de son anniversaire.

Unité 7

Leçon 25   Le français pratique: Achetons des vêtements!

| Section 1 | **Culture** |

A. Aperçu culturel: Les Français s'habillent

Allez à la page 344 de votre texte. Écoutez.

	Partie A			**Partie B**	
	vrai	faux		vrai	faux
1.	☐	☐	6.	☐	☐
2.	☐	☐	7.	☐	☐
3.	☐	☐	8.	☐	☐
4.	☐	☐	9.	☐	☐
5.	☐	☐	10.	☐	☐

| Section 2 | **Vie pratique** |

B. Scènes et vocabulaire

A. Les vêtements

Allez à la page 346 de votre texte.

B. D'autres choses que l'on porte

Allez à la page 348.

C. La description des vêtements

Allez à la page 349.

D. Où et comment acheter les vêtements

Allez à la page 351.

C. La réponse logique

▶ Quelle est ta couleur préférée?

    a. Le coton.   ⓑ **Le rouge.**   **c. Un collier.**

1. a. Oui, je suis à la mode.   b. Dans une boutique de disques.   c. Dans un grand magasin.

2. a. Oui, il est en solde.   b. Non, il est moche.   c. Oui, il est joli.

3. a. Je fais du 38.   b. C'est affreux.   c. Oui, il me plaît.

4. a. Oui, elle est bleu foncé.   b. Non, je voudrais un pantalon.   c. Non, elle est trop étroite.

5. a. Non, elles sont en cuir.   b. Non, elles sont noires.   c. Non, elles sont en velours.

6. a. Des collants.   b. Une cravate.   c. Une bague.

7. a. Il pleut.   b. Il fait chaud.   c. Je reste chez moi.

8. a. Un portefeuille.   b. Des tennis.   c. Des chaussettes.

9. a. Un maillot de bain.   b. Une ceinture.   c. Un manteau.

10. a. Un costume bleu clair.   b. Un chemisier à rayures.   c. Un tailleur en laine.

D. Le bon choix

▶ — Est-ce que Julien porte un tee-shirt ou une chemise?

   — **Il porte une chemise.**

E. Dialogues

DIALOGUE A

Sophie demande à Philippe où il va.

SOPHIE: Dis, Philippe, où vas-tu?

PHILIPPE: Je vais au Mouton à 5 Pattes.

SOPHIE: Qu'est-ce que c'est?

PHILIPPE: C'est une _____.

SOPHIE: Qu'est-ce que tu vas acheter?

PHILIPPE: Un _____.

SOPHIE: Est-ce que je peux venir avec toi? J'ai besoin d'_____.

PHILIPPE: Oui, bien sûr!

DIALOGUE B

Dans une boutique de vêtements. Le vendeur parle à Bernard.

LE VENDEUR: Vous désirez?

BERNARD: Je cherche une veste.

LE VENDEUR: En _____ ou en coton?

BERNARD: En coton!

LE VENDEUR: Quelle est votre _____?

BERNARD: Je _____ du 36.

LE VENDEUR: Qu'est-ce que vous pensez de la veste _____?

BERNARD: Elle est jolie, mais elle est trop _____.

LE VENDEUR: Voulez-vous _____ cette veste bleue?

BERNARD: Elle _____ bien. Combien coûte-t-elle?

LE VENDEUR: 800 francs.

BERNARD: Hm, c'est un peu cher. Je vais _____.

LE VENDEUR: À votre service.

**DISCOVERING
FRENCH - BLANC**

F. Répondez, s'il vous plaît!

▶ — Qu'est-ce que Jérôme achète?
— Il achète une veste.

Questions personnelles

? 9	? 10	? 11	? 12	? 13

G. Situation: Le manteau de Sophie

Taille: _____

Tissu: _____

Couleur: _____

Dessin: _____

Contenu des poches°:

• _____

• _____

la poche *pocket*

Listening/Speaking

Leçon 26 Armelle compte son argent

Section 1 | Vidéo-scène

A. Compréhension générale

 Allez à la page 354 de votre texte. Écoutez.

B. Avez-vous compris?

	vrai	faux			vrai	faux
1.	☐	☐		5.	☐	☐
2.	☐	☐		6.	☐	☐
3.	☐	☐		7.	☐	☐
4.	☐	☐				

C. Dialogues authentiques

 Écoutez la conversation de la vidéo-scène.

UNITÉ
7

Section 2 | Langue et communication

D. C'est combien?

2000€

DISCOVERING FRENCH - BLANC

E. Le 5 000 mètres

▶ — Marc est arrivé dixième. Et Cécile?
— Cécile est arrivée troisième.

| **Marc** | **Cécile** | **Barbara** | **Nicolas** | **Sophie** | **Jean-Paul** | **Michelle** | **Olivier** |
| 10 | 3 | 5 | 1 | 20 | 9 | 34 | 11 |

F. Vêtements

▶ Corinne a une robe.　　　　C'est une belle robe.

▶ Jérôme porte un chapeau.　　C'est un vieux chapeau.

▶ Lucie a mis une jupe.　　　　C'est une nouvelle jupe.

G. Comment?

▶ Catherine est ponctuelle. Elle arrive à la gare.
Elle arrive à la gare ponctuellement.

Section 3　*À votre tour!*

H. Préparatifs de voyage

　　Allez à la page 360 de votre texte.

　　Cet été, Sandrine va faire un voyage. Avant son départ, elle va faire des achats.

Leçon 27   Corinne a une idée

Section 1 | Vidéo-scène

A. Compréhension générale

 Allez à la page 362 de votre texte. Écoutez.

B. Avez-vous compris?

	vrai	faux		vrai	faux
1.	☐	☐	5.	☐	☐
2.	☐	☐	6.	☐	☐
3.	☐	☐	7.	☐	☐
4.	☐	☐			

C. Dialogues authentiques

Écoutez la conversation de la vidéo-scène.

Section 2 | Langue et communication

D. Descriptions

▶ — Est-ce que ce problème est facile ou difficile?

— Ce problème est facile.   ▶ **2+2=4**

E. Plus ou moins

▶ A. — Est-ce que le blouson est plus cher que la veste?

— Oui, le blouson est plus cher que la veste.

▶ B. — Est-ce que le bracelet est plus cher que le collier?

— Non, le bracelet est moins cher que le collier.

▶ C. — Est-ce que les baskets sont moins chères que les tennis?

— Non, les baskets sont aussi chères que les tennis.

F. Vrai ou faux?

| ▶ vrai faux (vrai circled) | 1 vrai faux | 2 Marc Philippe vrai faux | 3 Julie Alice vrai faux |

| 4 Jacques Bernard vrai faux | 5 Médor Fifi vrai faux | 6 Christine Richard vrai faux | 7 Sylvie Nathalie vrai faux |

G. Comparaisons

▶ Quel est le problème le plus difficile?   **Le premier problème est le plus difficile.**

	1	2	3
▶	$2a - 3y = 28$	$25 + 39 = 64$	$2 + 2 = 4$
1	$300 - 150 = 150$	$36 - 12 = 24$	$3 - 2 = 1$
2	20 mph	60 mph	30 mph
3	460€	382€	290€
4			
5			
6	122€	610€	427€
7	C	B	A
8			

Section 3 *À votre tour!*

H. Situation: En visite

Allez à la page 369 de votre texte.

Finalement Jérôme est venu aux États-Unis. Il passe quelques jours à Boston.

Leçon 28   Les vieilles robes de Mamie

| Section 1 | **Vidéo-scène** |

A. Compréhension générale

 Allez à la page 372 de votre texte. Écoutez.

B. Avez-vous compris?

  vrai   faux
1. ☐   ☐
2. ☐   ☐
3. ☐   ☐
4. ☐   ☐
5. ☐   ☐
6. ☐   ☐
7. ☐   ☐

C. Dialogues authentiques

Écoutez la conversation de la vidéo-scène.

| Section 2 | **Langue et communication** |

D. Lequel?

▶   SOPHIE: Regarde cette nouvelle ceinture!

   SANDRINE: **Laquelle?**

E. Achats

▶— Est-ce que tu vas acheter cette veste?

— **Non, je vais acheter celle-là.**

F. Préférences

▶ — Quelle veste est-ce que tu préfères? Moi, j'aime celle de Christine.

— **Eh bien moi, je préfère celle de Sylvie.**

Christine   Sylvie

G. Choix

Section 3 *À votre tour!*

H. Emprunts

Allez à la page 377 de votre texte.

Écoutez Jérôme qui va vous dire ce qu'il fait quand il a besoin de certaines choses.

Unité 8

Leçon 29   Le français pratique: Les vacances et les voyages

| Section 1 | Culture |

A. Aperçu culturel: Les Français en vacances

Allez à la page 402 de votre texte. Écoutez.

Partie A			**Partie B**	
vrai	faux		vrai	faux
1. ☐	☐	6.	☐	☐
2. ☐	☐	7.	☐	☐
3. ☐	☐	8.	☐	☐
4. ☐	☐	9.	☐	☐
5. ☐	☐	10.	☐	☐

| Section 2 | Vie pratique |

B. Scènes et vocabulaire

A. Les vacances

Allez à la page 404 de votre texte.
Vocabulaire: Le camping

B. Les voyages à l'étranger

Allez à la page 406.

C. À la gare et à l'aéroport

Allez à la page 408.

C. La réponse logique

▶ Comment vas-tu voyager?

    a. Dans un hôtel.   **b. En train.**   **c. Trois semaines.**

1. a. Oui, je vais à la montagne.
    b. Oui, nous sommes en vacances.
    c. Oui, nous revenons demain.

2. a. Je parle français.
    b. Je fais de la voile.
    c. Je reste chez moi.

3. a. Oui, je me repose souvent.
    b. Oui, c'est un mauvais hôtel.
    c. Non, nous allons faire du camping.

4. a. Je vais faire un voyage.
    b. Je n'ai pas de passeport.
    c. Je ne suis pas prêt.

5. a. Oui, la nuit il fait froid.
    b. Non, il n'y a pas de réchaud.
    c. Oui, j'ai chaud.

6. a. Un vélo.
    b. Un pantalon et des chemises.
    c. Non, je n'ai pas mal au dos.

7. a. La Californie.
    b. L'Asie.
    c. Les États-Unis.

8. a. Au nord.
    b. À l'étranger.
    c. En vacances.

9. a. À Québec.
    b. En France.
    c. En Louisiane.

10. a. Je rentre à six heures.
    b. Oui, j'ai mon billet.
    c. Non, un aller simple.

Nom _____

D. Le bon choix

▶ — Est-ce que Monsieur Durand voyage en train ou en voiture?

— Il voyage en voiture.

E. Dialogues

DIALOGUE A

Patrick parle à Stéphanie de ses projets de vacances.

STÉPHANIE: Dis, Patrick, qu'est-ce que tu vas faire cet été?

PATRICK: Je vais aller _____ avec ma famille.

STÉPHANIE: Vous allez _____ à l'hôtel?

PATRICK: Ah non! C'est trop cher. Nous allons _____!

STÉPHANIE: Tu as de la chance! J'adore faire du camping!

PATRICK: Vraiment? Alors, tu as certainement un _____!

STÉPHANIE: Oui, pourquoi?

PATRICK: Est-ce que tu peux me le prêter?

STÉPHANIE: Bon, d'accord!

DIALOGUE B

À l'aéroport. Un touriste arrive au comptoir d'Air France.

EMPLOYÉE: Bonjour, monsieur. Vous avez votre _____?

TOURISTE: Oui, voilà.

EMPLOYÉE: Vous allez à New York et après à San Francisco, n'est-ce pas?

TOURISTE: Oui, je vais visiter _____ pendant deux semaines.

EMPLOYÉE: Est-ce que je peux voir votre _____?

TOURISTE: Voilà.

EMPLOYÉE: Merci . . . Combien de _____ avez-vous?

TOURISTE: Ces deux-là!

EMPLOYÉE: Merci, et _____!

F. Répondez, s'il vous plaît!

▶ — Quel pays vas-tu visiter?
    — Je vais visiter le Canada.

Questions personnelles

?	?	?	?
11	12	13	14

G. Situation: Un billet d'avion

RESERVATION AIR FRANCE

NOM DU PASSAGER _____

DESTINATION _____

TYPE DE BILLET _____

DATE DE DÉPART _____

DATE DE RETOUR _____

CLASSE _____

Nom _____

DISCOVERING
FRENCH - *BLANC*

Classe _____ Date _____

Leçon 30 Les collections de Jérôme

| Section 1 | Vidéo-scène |

A. Compréhension générale

 Allez à la page 410 de votre texte. Écoutez.

B. Avez-vous compris?

	vrai	faux			vrai	faux
1.	☐	☐		5.	☐	☐
2.	☐	☐		6.	☐	☐
3.	☐	☐		7.	☐	☐
4.	☐	☐		8.	☐	☐

C. Dialogues authentiques

Écoutez la conversation de la vidéo-scène.

| Section 2 | Langue et communication |

D. Un long voyage

▶ 0. __*en*__ Allemagne

1. _____ Italie

2. _____ Espagne

3. _____ Portugal

4. _____ Mexique

5. _____ États-Unis

6. _____ Canada

7. _____ Angleterre

8. _____ France

▶ **Elle a des photos d'Allemagne.**

E. Le courrier (mail)

▶ Nicole reçoit du courrier.   **Elle reçoit une lettre.**

F. Alain

▶ Alain ne sait pas nager.   **Il apprend à nager.**

G. Le régime de Monsieur Depois

▶ Monsieur Depois veut maigrir.   **Il essaie de maigrir.**

Section 3   *À votre tour!*

H. Voyage international

Allez à la page 414 de votre texte.

Corinne et Armelle ont reçu un billet d'avion international.

**DISCOVERING
FRENCH - *BLANC***

Leçon 31   Projet de voyage

Section 1 | **Vidéo-scène**

A. Compréhension générale

Allez à la page 418 de votre texte. Écoutez.

B. Avez-vous compris?

	vrai	faux			vrai	faux
1.	☐	☐		5.	☐	☐
2.	☐	☐		6.	☐	☐
3.	☐	☐		7.	☐	☐
4.	☐	☐		8.	☐	☐

C. Dialogues authentiques

Écoutez la conversation de la vidéo-scène.

Section 2 | **Langue et communication**

D. Visite à Genève

▶   MME DUVAL: Vous allez visiter la ville?

LES TROIS JEUNES: **Oui, nous visiterons la ville.**

▶   MME DUVAL: Vous allez visiter le musée d'art?

LES TROIS JEUNES: **Non, nous ne visiterons pas le musée d'art.**

**DISCOVERING
FRENCH - BLANC**

E. Pas encore

▶ demain matin

BRIGITTE: Tu as cherché ton passeport?

BERNARD: **Pas encore. Je chercherai mon passeport demain matin.**

1. demain après-midi
2. ce soir
3. vendredi prochain

4. dans une semaine
5. après le dîner
6. samedi prochain

F. Quand il sera en Europe . . .

a. aller à Bruxelles

b. avoir envie de visiter Venise

c. boire du thé

d. devoir visiter Lisbonne

e. envoyer des cartes à ses amis

f. faire du ski

g. jouer au golf

h. pouvoir parler allemand

i. voir la Tour Eiffel

G. Si je fais du camping . . .

▶ ARMELLE: Si tu fais du camping, où est-ce que tu iras?

PIERRE: **J'irai à la mer.**

Section 3   *À votre tour!*

H. Conversation: Voyage

Allez à la page 427 de votre texte.

Sophie et son cousin Olivier ont décidé de faire un voyage pendant les vacances.

Listening/Speaking

Leçon 32   À la gare

| Section 1 | **Vidéo-scène** |

A. Compréhension générale

Allez à la page 430 de votre texte. Écoutez.

B. Avez-vous compris?

	vrai	faux			vrai	faux
1.	☐	☐		5.	☐	☐
2.	☐	☐		6.	☐	☐
3.	☐	☐		7.	☐	☐
4.	☐	☐				

C. Dialogues authentiques

Écoutez la conversation de la vidéo-scène.

| Section 2 | **Langue et communication** |

D. Colonie de vacances

▶ ARMELLE: Où est-ce que vous dormiez?

VOUS: **On dormait dans des tentes.**

UNITÉ
8

E. Projets

▶ — Qu'est-ce que M. Laval ferait s'il avait vingt mille dollars?

— **Avec vingt mille dollars, il achèterait une caravane.**

F. À la gare

▶ Je veux un billet.

Je voudrais un billet.

G. S'ils étaient en vacances . . .

▶ — Qu'est-ce que Mme Colin ferait, si elle était en vacances?

— **Elle louerait une villa.**

Section 3   *À votre tour!*

H. Discussion: Le billet de loterie

Allez à la page 435 de votre texte.

Pierre et Armelle parlent de ce qu'ils feraient s'ils gagnaient un prix à la tombola du lycée.

Unité 9

Leçon 33   Le français pratique: En voiture

Section 1	Culture

A. Aperçu culturel: Les Français et la voiture

Allez à la page 456 de votre texte. Écoutez.

Partie A			Partie B	
vrai	faux		vrai	faux
1. ☐	☐	6.	☐	☐
2. ☐	☐	7.	☐	☐
3. ☐	☐	8.	☐	☐
4. ☐	☐	9.	☐	☐
5. ☐	☐	10.	☐	☐

Section 2	Vie pratique

B. Scènes et vocabulaire

A. La conduite

Allez à la page 458 de votre texte.

B. Les véhicules

C. La voiture

Allez à la page 460 et regardez l'illustration.

D. Avant de partir

offrez
*une Citroën d'occasion
à très faible kilométrage*

ITE DIRECTE DE VOITURES RÉCENTES D'OCCASION

Bonjour la France!

PEUGEOT
CONTRAT
VACANCES

LES BORNES D'APPEL
D'URGENCE

sur autoroutes
et sur routes

CHELY 3

N

SECOURS   ROUTIER   FRANÇAIS   (SRF)

ASSECAR - SÉCURITÉ AUTOROUTE

C. La réponse logique

▶ Regarde cette voiture. Qu'est-ce que c'est?

a. C'est une moto.   ⓑ **C'est une Alfa-Roméo.**   **c. C'est un avion.**

1. a. Oui, elle va au collège.
   b. Oui, elle apprend à conduire.
   c. Oui, elle a une nouvelle voiture.

2. a. Je vais suivre des cours.
   b. Je conduis bien.
   c. J'ai suivi mon frère.

3. a. Non, je ne peux pas.
   b. Non, je ne sais pas conduire.
   c. Non, c'est impossible.

4. a. La camionnette verte.
   b. Les essuie-glace.
   c. Le moteur.

5. a. Un capot.
   b. Une décapotable.
   c. Un volant.

6. a. À la prochaine station-service.
   b. Au réservoir.
   c. Je vais changer les pneus.

7. a. J'ai froid.
   b. Je suis prudent *(careful)*.
   c. Il fait beau.

8. a. Je dois vérifier l'huile.
   b. Je vais ouvrir le toit.
   c. Je vais tourner dans cette rue.

9. a. Elle est allée à l'hôpital.
   b. Elle n'a pas fait le plein d'essence.
   c. Les freins de la voiture n'ont pas fonctionné.

10. a. Il fait nuit maintenant.
    b. Je veux m'arrêter.
    c. Je n'ai pas d'essuie-glace.

D. Le bon choix

▶ Est-ce que Valérie a une auto ou une moto?   **Elle a une moto.**

E. Dialogues

DIALOGUE A

Thomas veut savoir comment Sylvie a appris à conduire.

THOMAS: Dis, Sylvie, est-ce que tu as le _____ ?

SYLVIE: Oui, je l'ai depuis l'année dernière.

THOMAS: Où est-ce que tu as appris à conduire?

SYLVIE: J'_____ des cours.

THOMAS: Dans une_____ ?

SYLVIE: Oui, et aussi j'_____ la voiture de mon cousin Julien.

THOMAS: Ah bon? Quelle sorte de voiture est-ce qu'il a?

SYLVIE: Une Alfa-Roméo_____ .

THOMAS: Eh ben, dis donc, il a de la chance!

DIALOGUE B

Une voiture arrive à une station-service.

LE GARAGISTE: Bonjour, madame.

LA DAME: Bonjour! Est-ce que vous pouvez _____ , s'il vous plaît?

LE GARAGISTE: Bien sûr! Est-ce que vous avez la clé du _____ ?

LA DAME: Oui, . . . la voilà . . . Ah, dites donc, est-ce que vous pouvez aussi _____ l'huile?

LE GARAGISTE: Mais oui, madame. Pouvez-vous ouvrir le _____ ?
[*Il regarde le niveau d'huile.*] L'huile, ça va.

LA DAME: Au fait, le _____ droit ne marche pas. Est-ce que vous pouvez le réparer?

LE GARAGISTE: Oui, je vais voir ça.

LA DAME: Merci.

Nom _____

F. Répondez, s'il vous plaît!

▶ —Qu'est-ce que c'est?
   —C'est une voiture de sport.

Questions personnelles

?	?	?	?
7	8	9	10

G. Situation: Au garage Renault

Garage Renault
Fiche de Réparation

Date: _____

Modèle: _____

Nombre de kilomètres: _____

À vérifier: _____

_____

_____

À changer: _____

_____

Leçon 34 Une leçon de conduite

Section 1   **Vidéo-scène**

A. Compréhension générale

Allez à la page 462 de votre texte. Écoutez.

B. Avez-vous compris?

	vrai	faux
1.	☐	☐
2.	☐	☐
3.	☐	☐
4.	☐	☐
5.	☐	☐
6.	☐	☐
7.	☐	☐
8.	☐	☐

C. Dialogues authentiques

Écoutez la conversation de la vidéo-scène.

Section 2   **Langue et communication**

D. La voiture de Jérôme

▶ Jérôme admire sa voiture.   fier   (content)   heureux

1. Jérôme a une nouvelle voiture.   fier   content   heureux

2. Jérôme montre sa voiture à Pierre.   fier   content   heureux

3. Jérôme donne une leçon de conduite à son frère.   fier   content   heureux

4. Pierre reçoit une leçon de conduite.   fier   content   heureux

5. Pierre peut conduire la voiture de Jérôme.   fier   content   heureux

E. Avant de partir

▶ PIERRE: Marc, qu'est-ce que tu fais avant de partir?

MARC: **Avant de partir, je vérifie le moteur.**

Marc   Alice   Olivier   Sylvie   Éric

F. Visite à Paris

Nicolas visite le Louvre.

Martine prend des photos.

Bonjour, monsieur.

Barbara parle français.

Thomas achète des souvenirs.

Pierre monte à la Tour Eiffel.

Claire se promène sur les Champs-Élysées.

▶ — Pourquoi est-ce que Nicolas est venu à Paris?

— **Il est venu à Paris pour visiter le Louvre.**

G. Comment aider ses parents

▶ Denise lave la voiture.

— Comment est-ce que Denise aide ses parents?

— **Denise aide ses parents en lavant la voiture.**

1. Philippe range sa chambre.
2. Florence nettoie le salon.
3. Robert fait les courses.

4. Michelle met la table.
5. Jean-Pierre fait la vaisselle.

Section 3	*À votre tour!*

H. Pourquoi?

Allez à la page 467 de votre texte.

Marc et Michèle parlent des choses qu'ils voudraient faire ou avoir.

**DISCOVERING
FRENCH - *BLANC***

Leçon 35 En panne

| Section 1 | **Vidéo-scène** |

A. Compréhension générale

   Allez à la page 470 de votre texte. Écoutez.

B. Avez-vous compris?

	vrai	faux
1.	☐	☐
2.	☐	☐
3.	☐	☐
4.	☐	☐
5.	☐	☐
6.	☐	☐
7.	☐	☐
8.	☐	☐

C. Dialogues authentiques

Écoutez la conversation de la vidéo-scène.

| Section 2 | **Langue et communication** |

D. Moi aussi

▶ Pierre et Armelle étudient.
   Moi aussi, il faut que j'étudie.

E. Une leçon de conduite

	▶	▶	1	2	3	4	5	6
A: instructions générales	✓							
B: instructions personnelles		✓						

Listening/Speaking

UNITÉ
9

F. Oui, mais d'abord . . .

▶ PIERRE: Est-ce que je peux sortir cet après-midi?

  PAPA: **Oui, mais d'abord il faut que tu laves la voiture.**

▶ **laver la voiture**

1. nettoyer ta chambre

2. finir tes devoirs

3. ranger tes affaires

4. mettre la table

5. apprendre tes leçons

G. Corinne est malade

▶ ARMELLE: Corinne est malade. Elle doit rester chez elle.

  PIERRE: **C'est vrai. Il faut qu'elle reste chez elle.**

▶ ARMELLE: Corinne ne doit pas quitter sa chambre.

  PIERRE: **C'est vrai. Il ne faut pas qu'elle quitte sa chambre.**

| **Section 3** | À votre tour! |

H. Projets

 Allez à la page 475 de votre texte.

Jérôme et Bernard vont faire du camping.

Leçon 36   Merci pour la leçon

| Section 1 | Vidéo-scène |

A. Compréhension générale

 Allez à la page 478 de votre texte. Écoutez.

B. Avez-vous compris?

	vrai	faux		vrai	faux
1.	☐	☐	5.	☐	☐
2.	☐	☐	6.	☐	☐
3.	☐	☐	7.	☐	☐
4.	☐	☐			

C. Dialogues authentiques

Écoutez la conversation de la vidéo-scène.

| Section 2 | Langue et communication |

D. Quelle leçon?

	A: leçon de conduite	B: leçon d'histoire
1		
2		
3		
4		
5		
6		

E. Une soirée

▶   M. DUVAL: Faites le plein.

   MME DUVAL: **Il faut que vous fassiez le plein.**

F. Mauvaise humeur

▶   PIERRE: Est-ce que je peux regarder la télé?

   MME DUVAL: **Non, je ne veux pas que tu regardes la télé.**

G. Préparatifs pour la boum

▶   CORINNE: Je voudrais t'aider, Armelle. Qu'est-ce que je peux faire?

   ARMELLE: **Je voudrais que tu écrives les invitations.**

> ▶ *écrire les invitations*
> 1. *aller au supermarché*
> 2. *faire les sandwichs*
> 3. *nettoyer la cuisine*
> 4. *décorer la salle à manger*
> 5. *mettre la table*
> 6. *choisir la musique*

Section 3   *À votre tour!*

H. Tant pis!

Allez à la page 483 de votre texte.

Écoutez les conversations entre Pierre et son frère Jérôme.

Writing Activities

Unité 1

Leçon 1   Le français pratique: Je me présente

A **1. Le bulletin d'inscription** *(Registration form)*

You have been accepted as an exchange student in a Swiss school.
Fill out the registration form.

École Beaurivage

Bulletin d'inscription

Nom: _____

Prénom: _____

Âge: _____

Nationalité: _____

Date de naissance: _____

Lieu de naissance: _____

◇◇◇

Personne à contacter en cas d'urgence°

Nom: _____   Degré de parenté°: _____

Prénom: _____   Numéro de téléphone: _____

l'urgence *emergency*   **la parenté** *relationship*

A **2. Le Club International**

You are secretary of the International Club. Complete the list of new members
by giving each student's nationality. Use the masculine or feminine form,
as appropriate. (If you wish, you may add the names of other students you
know who are of foreign origin.)

NOM	DOMICILE	NATIONALITÉ
Denise LEGRAND	Montréal	canadienne
Carmen PEREZ	Mexico	mexicaine
Karl SCHMIDT	Berlin	allemande
Michiko SATO	Tokyo	japonais
Janet MARTIN	Londres	
Maria SANTINI	Rome	italient
Yasmina SAID	Le Caire	egyptienne
Mai NGUYEN	Hanoï	
Felipe ORTIZ	Madrid	espagnol
David LEVY	Tel Aviv	israelien

Writing

UNITÉ 1

B **3. La famille d'Olivier**

Olivier is writing about his family. Fill in the missing words.

Je ne suis pas enfant unique: j'ai un _____

et une _____.

Mes parents sont divorcés. Mon père est remarié avec

ma _____. Ils ont un fils, qui est mon

_____.

Ma _____ Ménard est la mère de mon père.

Elle a deux _____: moi et mon cousin Jérôme.

Mon oncle Paul a deux enfants: un _____,

Jérôme, et une _____,Béatrice.

Ma _____ Catherine est la soeur de ma mère.

Elle n'est pas mariée. Elle est _____.

Olivier Ménard

C **4. Préférences professionnelles**

Among the professions that you know in French, indicate which three are the most interesting to you and which three are the least interesting.

J'aimerais être . . .

* _____
* _____
* _____

Je ne veux pas être . . .

* _____
* _____
* _____

C **5. Quelle est leur profession?**

Look at the illustrations and give the professions of the following people.
(Some illustrations may represent more than one profession.)

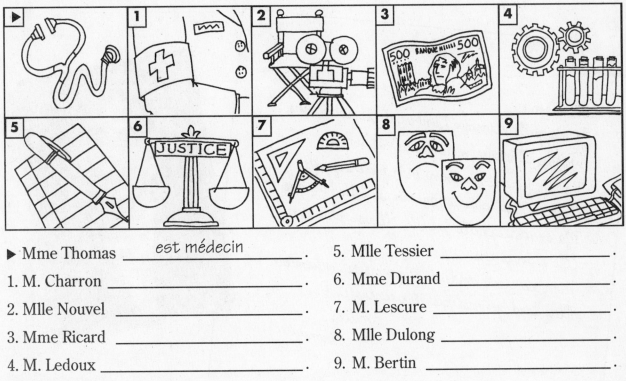

▶ Mme Thomas _____ *est médecin* _____ .

1. M. Charron _____ .

2. Mlle Nouvel _____ .

3. Mme Ricard _____ .

4. M. Ledoux _____ .

5. Mlle Tessier _____ .

6. Mme Durand _____ .

7. M. Lescure _____ .

8. Mlle Dulong _____ .

9. M. Bertin _____ .

6. Communication

A. Descriptions Select two adults whom you like: a man and a woman.
They may be relatives, neighbors, or family friends. Write a short
description of them, giving the following information.

- name

- who the person is
  (a relative?
  a neighbor?)

- age

- profession

- why you like
  the person

Writing

UNITÉ
1

Nom _____

B. Lettre à Véronique Véronique, a French student, has written your class giving information about herself. Write her a similar letter in which you talk about yourself.

V

Chers amis,

Je m'appelle Véronique Lambert et j'ai quatorze ans.

J'habite à Toulouse, mais je suis née à Paris.

J'ai un frère et une soeur. Mon frère s'appelle

Thomas. Il est plus âgé que moi. Il a dix-huit ans.

Ma soeur s'appelle Juliette. Elle est plus jeune.

Elle a douze ans.

Mon père est vendeur. Ma mère est infirmière.

Plus tard, je voudrais être cinéaste.

Amitiés,

Véronique

Chère Véronique,

_____

_____

_____

_____

_____

_____

_____

_____

_____

_____

Leçon 2 Armelle a un nouveau copain

A **1. Les voisins**

Describe what the people in the house next door are doing right now.
Use the expression **être en train de.**

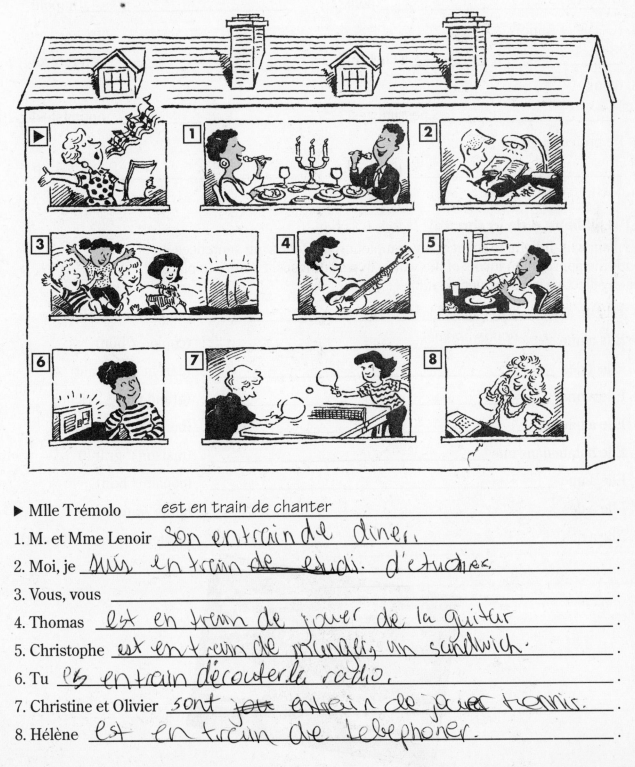

▶ Mlle Trémolo _____*est en train de chanter*_____ .

1. M. et Mme Lenoir _Son entrain de diner._____ .

2. Moi, je _suis en train de etudi. d'etudier._____ .

3. Vous, vous _____ .

4. Thomas _est en trein de jouer de la guitar_____ .

5. Christophe _est en train de manger un sandwich._____ .

6. Tu _es entrain d'écouter la radio._____ .

7. Christine et Olivier _sont jou entrain de jouer tennis._____ .

8. Hélène _est en train de telephoner._____ .

Writing

UNITÉ
1

A **2. Bons conseils!** *(Good advice!)*

Give advice to the people in parentheses by telling them what to be or not to be.

▶ (Catherine)

_____Ne sois pas_____ égoïste!   _____Sois_____ généreuse avec tes amis!

1. (Philippe) _____

_____ poli!   _____ impoli!

2. (Cécile et Anne)

_____ à l'heure!   _____ en retard!

3. (vous)

_____ pessimistes!   _____ optimistes!

4. (le professeur)

_____ tolérant!   _____ strict!

B **3. Juliette a de la chance!** *(Juliette is lucky!)*

Explain why Juliette is so lucky by completing the following sentences
with the appropriate forms of the words in parentheses. Be sure to place
each adjective in its proper position.

▶ Juliette a des _____amis sympathiques_____. (ami / sympathique)

▶ Elle a une _____bonne copine_____. (copine / bon)

1. Elle a des _____. (parent / tolérant)

2. Elle a une _____. (grand-mère / riche)

3. Elle a une _____. (bicyclette / nouveau)

4. Elle habite dans une _____. (maison / grand)

5. Elle a un _____. (copain / bon)

6. Elle a des _____. (amie / amusant)

7. Elle a des _____. (professeur / intéressant)

C 4. Oui ou non?

Read about the following people. Then describe them in affirmative or negative sentences using the adjective in parentheses. Be logical!

▶ Alice est très drôle. (ennuyeux?)

Elle ___n'est pas ennuyeuse_____.

1. Caroline aide ses copains. (généreux?)

   Elle _____.

2. Jérôme et Thomas travaillent beaucoup. (paresseux?)

   Ils _____.

3. Isabelle et Véronique sont toujours contentes. (heureux?)

   Elles _____.

4. Marc et François imitent leurs amis. (original?)

   Ils _____.

5. Claire et Hélène aident leurs copains. (loyal?)

   Elles _____.

6. La secrétaire est toujours en retard. (ponctuel?)

   Elle _____.

7. Virginie joue du piano et de la guitare. (musicien?)

   Elle _____.

8. Thérèse est une championne de tennis. (sportif?)

   Elle _____.

9. Michèle et Pauline regardent toujours la télé. (actif?)

   Elles _____.

10. Mes cousines aiment lire *(to read)* des livres philosophiques. (intellectuel?)

    Elles _____.

Writing

UNITÉ
1

Nom _____

A 5. Descriptions

Describe the following illustrations. For each question, make *two* statements,
one affirmative and one negative.

▶ • un homme ou une femme?

    C'est une femme. Ce n'est pas un homme.

• grande ou petite?

    Elle est grande. Elle n'est pas petite.

1. • un chien ou un chat? _____

   • un boxer ou un pékinois? _____

   • sympathique ou antipathique? _____

   _____

2. • des garçons ou des filles? _____

   • grands ou petits? _____

   • mignons ou terribles? _____

3. • une voiture de sport ou une limousine? _____

   _____

   • blanche ou noire? _____

   • une voiture rapide ou une voiture confortable? _____

   _____

👥👥 6. Communication: Une nouvelle copine

Read the letter from Véronique. Then write her about a new friend of yours: a girl.
You may use Véronique's letter as a model.

Chers amis,

   *J'ai un nouveau copain. Il s'appelle Patrick.
Physiquement, il est grand et brun. Il est
assez beau. De caractère, c'est un garçon
amusant et spirituel. Il est assez sportif.
Il joue au foot et au volley. En classe,
ce n'est pas un très bon élève. Il est un peu
paresseux. Dans l'ensemble (on the whole),
c'est un garçon sympathique et original.*

      Ton amie française,
      Véronique

Chère Véronique,

   Moi aussi, j'ai une nouvelle copine. Elle ...

Leçon 3 Allons dans un café!

A 1. Quel âge ont-ils?

It is the year 2000. Look at when the following people were born and determine how old they are now. Give their ages in complete sentences.

1. (1985) Catherine _____.

2. (1965) La tante de François _____.

3. (1952) Les grands-parents de Jean-Paul _____.

4. (1994) Tu _____.

5. (1990) Vous _____.

6. (1987) Nous _____.

A 2. Conditions

Describe the following people—say how they feel or how they are.
Complete the sentences with the appropriate form of an expression with **avoir**.

▶ Pauline _____ a soif ___ ·thirsty___.   4. Vous _____ aves peur ___.

1. Nous _____ avon froid ___.   5. Gabriel _____ a tort ___.

2. Ils _____ ont chaud ___.   6. Zoé _____ a raison ___.

3. Jean-François _____ et a faim ___.   7. J' _____ ai sommes, ___.

B 3. Qu'est-ce qu'ils font?

Read about the following people and then say what they are doing using
the appropriate form of an expression with **faire**.

1. M. Lagarde est au supermarché.

   Il _____.

2. Nous étudions pour le cours de demain.

   Nous _____.

3. Vous préparez le dîner.

   Vous _____.

4. Après le dîner, tu aides ta mère.

   Tu _____.

5. Delphine et Christine sont à la campagne.

   Elles _____ à bicyclette.

6. Avant de traverser (before crossing) la rue,
   je regarde à droite et à gauche.

   Je _____.

C 4. Questions

Your French friend Nathalie is going to visit you next weekend. Try to find out what she is interested in doing by asking her certain questions. Use INVERSION.

Ask her . . .

▶ if she likes music ____ Nathalie, aimes-tu la musique? _____

• if she plays tennis _____

• if she has a racket _____

• if she has a bicycle _____

• if she wants to go for a ride in the country _____

_____

C 5. Dialogues

You want information about the people in parentheses. Write the corresponding questions, using inversion.

▶ (Stéphanie) ____ Où habite-t-elle? ____

— Elle habite à Québec.

1. (Caroline et Sylvie)

_____

— Elles sont au cinéma.

2. (M. Carré)

_____

— Il travaille à Paris.

3. (Thérèse)

_____

— Elle joue très bien.

4. (Jérôme)

_____

— Il a quinze ans.

5. (Pauline)

_____

— Elle dîne à huit heures.

6. (André et Nicolas)

_____

— Ils rentrent samedi.

**6. Communication:
Mes activités**

Write a short letter to your pen pal Véronique describing your various activities.

• Name two or three subjects you are studying.

• Name two sports that you play.

• Name one or two things that you do to help your parents.

(date) _____

Ma chère Véronique,

Je fais beaucoup de choses.

À l'école, _____

_____

Avec mes copains, _____

_____

J'aide souvent mes parents. _____

_____

Et toi, parle-moi de ce que tu fais.

Amicalement,

(signature) _____

Leçon 4 Ça, c'est drôle!

A 1. Qu'est-ce qu'ils vont faire?

Say where the following people *are going* by completing the first sentence with the appropriate form of **aller**. Then say what they *are going to do* by selecting an appropriate activity from the box.

acheter une veste	danser	dîner	faire les courses
faire une promenade	jouer au foot	nager	

▶ Isabelle _____va_____ au restaurant. _____Elle va dîner._____

1. Nous _____ au supermarché. _____

2. Tu _____ à la piscine. _____

3. Vous _____ en ville. _____

4. Alice _____ à la campagne. _____

5. Je_____ au stade. _____

6. Marc et Pauline _____ à la discothèque. _____

B 2. La boum de Carole

Carole is having a party next Saturday. Read about the following people and then say whether or not they are coming to the party. Use the verb **venir**.

▶ Thomas n'est pas invité.   _____Il ne vient pas._____

1. Nous sommes invités. _____

2. Marc adore danser. _____

3. Vous êtes malades *(sick)*. _____

4. Thérèse et Pauline sont les meilleures
   amies de Carole. _____

5. Je suis invité à une autre *(other)* boum. _____

6. Tu vas au cinéma avec des copains. _____

UNITÉ 1, Leçon 4 ■ Writing Performance Activities **115**

Writing

UNITÉ 1

Nom _____

B **3. Pourquoi?**

The way we feel is often determined by what we have just done. Explain the feelings of the following people by using the construction **venir de** and an appropriate expression from the box. Sometimes more than one answer may be possible.

faire du jogging	**avoir un «A» à l'examen**
perdre le match	**avoir un rendez-vous intéressant**
rencontrer des copains	**manger trois sandwichs**
regarder un film d'horreur	**finir ses devoirs**

▶ Les élèves sont contents parce qu'ils _viennent d'avoir un «A» à l'examen._ .

1. Isabelle est heureuse parce qu'elle _____ .

2. Je suis malade *(sick)* parce que je _____ .

3. Tu es furieux parce que tu _____ .

4. Nous sommes fatigués *(tired)* parce que nous _____ .

5. Vous êtes tristes parce que vous _____ .

6. Mes petits frères ont peur parce qu'ils _____ .

C **4. Depuis quand?**

Describe what the following people are doing and imagine for how long they have been doing this.

▶ Alice _téléphone depuis une heure_ .

1. Nous _____ .

2. Marc et Sandrine _____ .

3. Les touristes _____ .

4. M. Thibault _____ .

5. Vous _____ .

5. Communication

A. Weekend Our weekend plans are often influenced by the weather. Mention two things you will do and one thing you will not do this weekend in each of the following conditions.

S'il fait beau,

- je vais _____

- _____

- _____

S'il pleut,

- _____

- _____

- _____

Writing

UNITÉ 1

B. La visite de Thomas Thomas, your cousin from Quebec, is visiting you
this weekend. In your letter, tell him about the various activities you are planning.
Mention one or two activities for each time period.

(date) _____

Mon cher Thomas,

    Voici ce que nous allons faire ce weekend.

Samedi matin, nous _____

_____

Samedi après-midi, _____

_____

Samedi soir, _____

_____

Dimanche matin, _____

_____

Dimanche après-midi, _____

_____

Dimanche soir, _____

_____

À bientôt,

(signature) _____

BASKET
FOOTBALL
VOLLEY BALL
CYCLISME

Unité 2

Leçon 5   Le français pratique: Les activités du weekend

A 1. L'intrus *(The intruder)*

Each of the following sentences can be logically completed by three of the
four suggested options. The option that does *not* fit is the intruder. Cross it out.

1. Madame Sénéchal _____ sa voiture.

   répare   lave   nettoie   rencontre

2. Monsieur Lambert est dans la cuisine. Il nettoie _____.

   le dîner   les plats   la table   le réfrigérateur

3. Claire est à la maison. Elle _____ sa mère.

   aide   assiste à   parle à   dîne avec

4. Philippe est à la maison aussi. Il range _____.

   sa chambre   ses affaires   son frère   la chambre de son frère

5. Ce soir *(tonight)* Jérôme va _____ ses copains.

   retrouver   ranger   voir   sortir avec

6. Nous allons assister à _____.

   un match   un concert   une boutique   un récital
   de foot   de rock   de disques   de piano

7. Catherine va voir _____ avec sa cousine.

   un film   un western   une comédie   un cinéma

8. Éric va sortir. Il va _____.

   rester à la   aller au   dîner au   jouer au tennis
   maison   théâtre   restaurant

9. Marc va à la plage pour _____.

   bronzer   nager   jouer au flipper   prendre un bain de soleil

10. Catherine reste à la maison pour _____.

    étudier   aider ses parents   faire des achats   ranger ses affaires

11. Comment est-ce que tu vas aller en ville? Est-ce que tu vas _____?

    aller à pied   prendre un taxi   faire une   prendre ton vélo
                                           promenade

12. Je vais prendre le métro. Je vais _____ à la station Étoile.

    monter   descendre   sortir   visiter

Writing

UNITÉ
2

Nom _____

A 2. Projets de weekend

What do you think the following people are going to do this weekend?
Complete the sentences logically. Use your imagination.

▶ Pauline va aller en ville.   _Elle va aller au ciné (faire des achats, . . .)_.

1. Thomas va sortir. Il _____.

2. Nicolas va sortir avec sa copine. Ils _____.

3. Valérie va rester à la maison. Elle _____.

4. Stéphanie va retrouver une copine. Elles _____.

5. Olivier et François vont au stade. Ils _____.

6. Sylvie va aller à la piscine. Elle _____.

7. Mme Blanche va aller en ville. Elle _____.

8. M. Moreau va travailler à la maison. Il _____.

B 3. Une visite à Paris

You are visiting Paris with Julie, a French friend. Your hotel is near Notre Dame.
This afternoon you have decided to visit the Arc de Triomphe. Complete the
following dialogue between you and Julie. Fill in the appropriate answers
from the box.

VOUS: Qu'est-ce qu'on va faire cet après-midi?

JULIE: _____

VOUS: Ah non! C'est trop loin!

JULIE: _____

VOUS: D'accord. À quelle station est-ce qu'on monte?

JULIE: _____

VOUS: Et où est-ce qu'on descend?

JULIE: _____

VOUS: Dis, combien coûtent les billets?

JULIE: _____

> • **5 francs 20.**
> • **À l'Étoile.**
> • **À Châtelet.**
> • **Alors, on va prendre le métro.**
> • **On va visiter l'Arc de Triomphe.**

C 4. Photos d'animaux

Imagine that you spent a day in the country taking pictures of animals.
Make a list of six different animals that you saw.

J'ai pris des photos de (d') . . .

- _____
- _____
- _____
- _____
- _____
- _____

Nom _____

C 5. À la ferme

The following sentences can be logically completed by only *one* of the suggested choices. Read each sentence carefully and circle the letter of the logical completion.

▶ Mon oncle habite dans _____ à la campagne.

    a. un garage   b. une ville   ⓒ une ferme   d. un lac

1. Dans cette ferme, il y a des vaches et _____ .

    a. des feuilles   b. des cochons   c. des vélos   d. la campagne

2. Sur le lac, il y a _____ .

    a. une poule   b. un cheval   c. un canard   d. un champ

3. Il y a _____ dans l'arbre.

    a. une vache   b. un lapin   c. un poisson   d. un écureuil

4. _____ mange une carotte.

    a. L'oiseau   b. Le canard   c. Le lapin   d. La prairie

5. Le matin, _____ chantent.

    a. les arbres   b. les chevaux   c. les champs   d. les oiseaux

6. Je vais aller à la pêche. J'espère qu'il y a beaucoup de _____ dans la rivière.

    a. poissons   b. fleurs   c. plantes   d. écureuils

7. Je vais faire un tour dans la prairie et je vais cueillir *(to pick)* _____ pour faire un bouquet pour ma mère.

    a. des oiseaux   b. une vache   c. un canard   d. des fleurs

8. En automne les arbres de la forêt perdent leurs _____ .

    a. fleurs   b. cheveux   c. feuilles   d. poules

C 6. Un weekend à la campagne

Several friends are spending the weekend in the country. Describe what each one is doing, according to the illustration.

1. Marc _____

2. Hélène _____

3. Nous _____

4. Anne et Jérôme _____

5. Éric et Jean _____

6. Vous _____

Writing

UNITÉ 2

7. Communication

A. Préférences List six activities that you like to do on weekends, ranking them in order of preference.

Le weekend, j'aime . . .

1.	4.
2.	5.
3.	6.

B. Il pleut! Unfortunately it is raining this weekend. List three things that you can do to be helpful around the house.

1.

2.

3.

C. Weekend chez mon oncle Imagine that you have been invited to spend next weekend at your uncle's farm. Write a letter to your friend Paul telling him about your plans. Use a separate piece of paper if necessary.

Tell him . . .

- where you are going to spend the weekend
- what day you are going to leave and what day you are going to come back
- what animals you are going to see at the farm
- what you are going to do on Saturday (name two different activities)
- what you are going to do on Sunday (name two other activities)

(date)

Mon cher Paul,

J'espère que je vais passer un bon weekend.

Amicalement,

(signature)

Leçon 6 Pierre a un rendez-vous

A/B **1. La liste des choses à faire**

Your mother made a list of things for you to do last weekend. Write which
ones you did and which ones you did not do. Use the PASSÉ COMPOSÉ.

ranger tes livres
ranger ta chambre
nettoyer le garage
finir tes devoirs
laver tes vêtements
téléphoner à ta grand-mère
rendre visite à tes cousins

▶ J'ai rangé mes livres.
(Je n'ai pas rangé mes livres.)

• J'ai rangé ma chambre.
Je n'ai pas rangé ma chambre.
• Tu as nettoyé le garage.
Tu n'as pas nétoyé le garage.
• Il a fini ses devoirs.
Il n'a pas fini ses devoirs
• Elle a lavé ses vêtements.
Elle n'a plavé ses vêtements.
• Nous avons telephoné à not grand-mère
Nous n'avons pas telephone à notre grand-mère
• Vous avez rendu visite à vos cousins
Vous n'avez pas rendu visite à vos cousins.

A/B **2. Oui ou non?**

Read about the following people. Then say whether or not they did
the things in parentheses.

▶ François est malade. (jouer au foot? regarder la télé?)

Il n'a pas joué au foot. Il a regardé la télé.

1. Hélène joue mal. (gagner le match? perdre?)

Hélène n'a pas ~~gagné~~ le match. Hélène a perdu.

2. Nous sommes consciencieux. (étudier? finir les devoirs?)

Nous avons étudié. Nous avons fini les devoirs.

3. Les élèves sont paresseux. (préparer l'examen? réussir?)

Les élèves n'ont pas préparé l'examen. Ils n'ont pas réussi.

4. Je suis fauché (broke). (acheter des CDs? dîner à la maison?)

~~Je~~ Je n'ai pas acheté des CDs. J'ai dîné à la maison.

5. Vous êtes au régime (on a diet). (maigrir? grossir?)

Vous avez maigri. Vous n'avez pas grossi.

6. Tu passes l'après-midi au café. (rencontrer des copains? jouer au flipper?)

Tu as rencontré des copains. Tu n'as pas joué au flipper.

C 3. Dialogues

Complete the following dialogues by writing out the question that was asked.

▶ (avec qui / tu) — _Avec qui est-ce que tu as joué_ au tennis?

     — J'ai joué avec Catherine.

1. (quel programme / vous) — _Quel programme est ce que vous avez regardé?_

     — Nous avons regardé «la Roue de la Fortune».

2. (où / Pauline) — _Où est-ce-que Pauline a_ hier soir?

     — Elle a dîné dans un restaurant chinois.

3. (quand / tes cousins) — _Quand est ce-que tes cousins ont hier soir_

     — Ils ont téléphoné hier soir.

4. (quel compact / tu) — _Quel compact est ce que tu as acheté?_

     — J'ai acheté le dernier disque de Mano Negra.

5. (qui / vous) — _Qui est ce-que vous avez invité_

     — Nous avons invité nos amis canadiens.

D 4. Tu as fait ça?

Your French friend Charlotte wants to know if you have ever done the following things.
Answer her affirmatively or negatively, as in the model.

▶ visiter Montréal?

     Oui, j'ai déjà visité Montréal. (Non, je n'ai jamais visité Montréal.)

1. visiter San Francisco?

     Oui, J'ai visité San Francisco. (Non, je n'ai visite S.F.)

2. dîner dans un restaurant français?

     Oui, Tu as diné dans un restaurant francais.

3. assister à un concert de jazz?

     Non, J'ai assistes à un concert de jazz.

4. jouer dans une pièce (play)?

     Oui, je J'ai joué dans une piece.

5. parler en public?

     Oui, J'ai parlé en public

Nom _____

D 5. Qu'est-ce qu'ils font?

Complete the following sentences with a verb from the box. Be logical!

apprendre	comprendre	prendre	mettre

1. Pour aller à l'école, nous ___prenons___ le bus.
2. Je ne ___comprends___ pas. Parle plus fort (*louder*)!
3. Florence ___met___ un disque de jazz.
4. Mon petit frère ___apprend___ à nager.
5. Les touristes ___prennent___ des photos.
6. Quand je vais à la campagne, je ___mets___ des bottes (*boots*).

6. Communication

A. Activités récentes Make a list of three things you did recently that you enjoyed and two things that were not so enjoyable.

☺
▶ J'ai rendu visite à mes grands-parents.
• J'ai parlé avec mon petit garçon.
• Je suis allée à chez moi.
• J'ai acheté lingerie.

☹
▶ Je n'ai pas réussi à mon examen de maths.
• Je Je suis allée à la classe de français.
• J'ai fait le devoirs de française

B. Le journal de Caroline Caroline keeps a daily diary. Read what she did last night. Then write a short paragraph describing what you did or did not do last night. If necessary, use a separate sheet of paper.

Nous avons dîné à sept heures. Après le dîner,
j'ai aidé ma mère (j'ai lavé la vaisselle et
j'ai rangé la cuisine). Ensuite, j'ai étudié
un peu, mais je n'ai pas fini mes devoirs.
Après, j'ai regardé une comédie à la télé.
Après le film, j'ai téléphoné à ma copine Alice.
Nous avons parlé pendant dix minutes.
Après, j'ai fini mes devoirs.

Leçon 7 Les achats de Corinne

A 1. À la campagne

Friends are going for a walk in the country. Describe what they each
see by filling in the blanks with the appropriate forms of **voir**.

1. Nous _____ une ferme.

2. Tu _____ un lac.

3. Marc _____ des vaches.

4. Vous _____ un cheval dans une prairie.

5. Je _____ un écureuil dans un arbre.

6. Philippe et Stéphanie _____ des oiseaux.

B 2. Qu'est-ce qu'ils ont fait?

Describe what the following people did Saturday using the PASSÉ COMPOSÉ
of the verbs in parentheses.

1. (prendre / être) Nous _____ le bus.

Nous _____ en ville.

2. (faire des achats / acheter) J'_____.

J'_____ des vêtements.

3. (être / voir) Sébastien _____ au cinéma.

Il _____ un western.

4. (mettre / danser) Catherine et Julie _____ des CDs.

Elles _____.

5. (faire / prendre) Tu _____ un tour à la campagne.

Tu _____ des photos.

Writing

UNITÉ
2

B 3. Et toi?

Say whether or not you did the following things last Saturday.

▶ faire un pique-nique? _____ *J'ai fait un pique-nique. (Je n'ai pas fait de pique-nique.)*

1. faire une promenade à vélo? _____

2. avoir un rendez-vous? _____

3. voir un film? _____

4. prendre des photos? _____

5. être chez des copains? _____

6. mettre des vêtements élégants? _____

C 4. Armelle a la grippe *(Armelle has the flu)*

Armelle is in bed with the flu. She cannot see anyone or do anything.
When Pierre calls, she answers all his questions negatively. Write her
replies, using the PRESENT TENSE in 1–3 and the PASSÉ COMPOSÉ in 4–6.
Be sure to use the appropriate *negative* expressions.

Pierre: **Armelle:**

1. Tu fais quelque chose?   _____

2. Tu attends quelqu'un?   _____

3. Tu regardes quelque chose à la télé?   _____

4. Tu as mangé quelque chose?   _____

5. Tu as vu quelqu'un?   _____

6. Tu as parlé à quelqu'un?   _____

D 5. Weekend à Paris

A group of friends spent the weekend in Paris. Say where they each went,
using the PASSÉ COMPOSÉ of **aller**.

1. Nathalie ___est allée___ au Louvre.

2. Éric et Jérôme ___sont allés___ au Musée d'Orsay.

3. Caroline et Claire ___sont allées___ au Centre Pompidou.

4. Vincent ___est allé___ au Quartier Latin.

5. Émilie ___est allée___ aux Champs-Élysées.

6. Philippe et François ___sont allés___ au Jardin du Luxembourg.

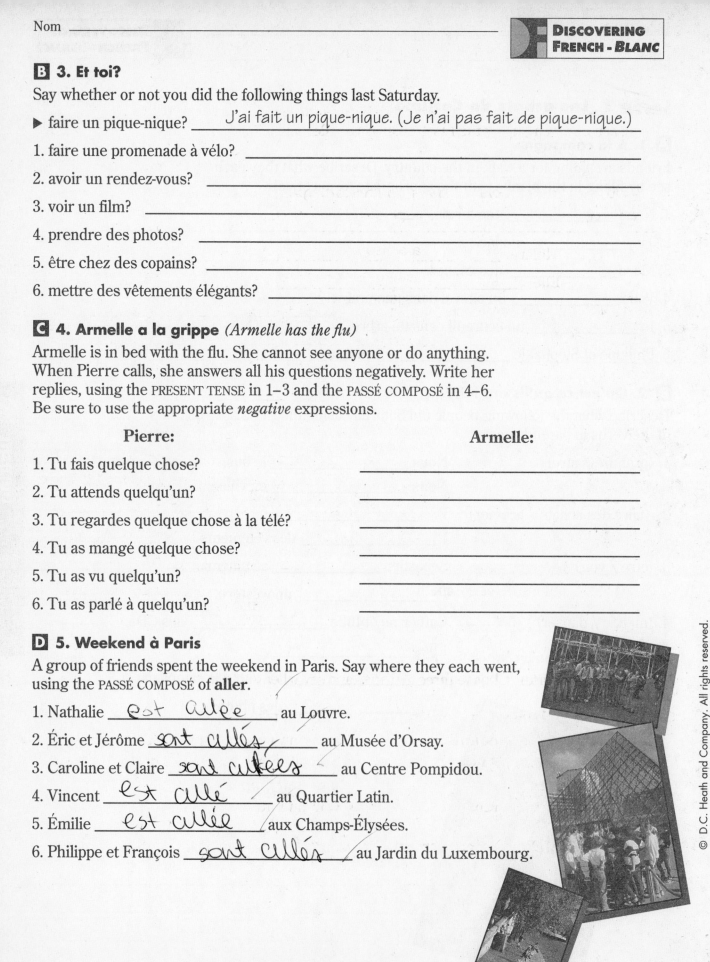

Nom _____

DISCOVERING FRENCH - *BLANC*

B/D 6. Où sont-ils allés?

Describe what the following people did last weekend by completing the first sentence with the PASSÉ COMPOSÉ of the verb in parentheses. Then say where each one went, using the PASSÉ COMPOSÉ of **aller** and a logical expression from the box.

| au zoo | au cinéma | dans une discothèque | à la campagne |
| à la plage | à l'hôpital | au supermarché | |

▶ (acheter) Mélanie _____ a acheté _____ des fruits.

Elle _____ est allée au supermarché _____.

1. (danser) Hélène et Julien _____ a danse _____.

Ils _____ ~~dans une~~ sont allés dans une discothèque

2. (faire) Nous _____ avon fait _____ une promenade à cheval.

Nous _____ sommes ~~allé~~ allées à la campagne.

3. (voir) Vous _____ avez vu _____ des lions et des panthères.

Vous _____ êtes allé au zoo _____.

4. (avoir) Mme Magord _____ avons ~~eu~~ a eu _____ un accident d'auto.

Elle _____ est allée à l'hôpital _____.

5. (prendre) Tu _____ as ~~pren~~ pris _____ un bain de soleil.

Tu _____ es allé à la plage _____.

6. (voir) Florence et Élisabeth _____ ~~voir~~ ont vu _____ un film japonais.

Elles _____ sont allées au cinéma. _____

7. Communication

A. Activités récentes Choose three activities and say when you did them.

- téléphoner à un copain
- aller à une boum
- faire une promenade à vélo
- aller au cinéma
- visiter un musée
- faire un pique-nique
- avoir un rendez-vous
- assister à un match de baseball
- jouer au flipper
- voir une pièce de théâtre *(play)*

▶ Je suis allé(e) au cinéma samedi soir (dimanche après-midi, la semaine dernière).

- _____
- _____
- _____

UNITÉ 2, Leçon 7 ■ Writing Performance Activities **129**

© D.C. Heath and Company. All rights reserved.

B. Un film Describe a recent movie using the following questions as a guide.

- Quand es-tu allé(e) au cinéma?
- À quel cinéma es-tu allé(e)?
- Quel film as-tu vu?
- Est-ce que tu as aimé le film?
- Qu'est-ce que tu as fait après?

Je suis allée au cinéma en Vendredi. Je suis allée au General Cinema, J'ai vu le film "8 crazy nights." J'ai aimé le film beaucoup. Après le film, ~~J'ai fait~~ Je suis allée au l'maison de mon petit garcon et reste.

C. Le weekend dernier Describe three or four things that you did last weekend. You may want to consider the following suggestions or add other activities of your choice. Use only expressions that you know in French.

- ~~aller~~ (où? avec qui?)
- rencontrer (qui?)
- voir (qui? quoi?)
- faire une promenade (où? avec qui?)
- acheter (quoi? où?)

Je suis allée a le mall. Je suis allée avec ~~mon ma~~ ma tante. Je suis rencontré avec mes copains. ~~Je~~ Je suis vu au Kenny parquoi Il travailler ici. J'ai fait un promenade au le park avec Kenny ici. J'ai acheter une ~~disque~~ compact au SamBoody.

Leçon 8 Tu es sorti?

A 1. Oui ou non?

Say what the following people are doing or not doing, using the PRESENT TENSE of the verbs in parentheses.

1. (sortir)

• Ce soir, nous étudions. Nous ~~nes~~ ne sommes pas sortis ~~sommes sorti~~ ~~allons~~ à le parts

• Pierre reste à la maison. Il ~~n'est~~ n'est pas sorti.

• Véronique et Pierre vont au cinéma. Ils sont sortis

2. (partir)

• Cet été vous allez faire un voyage. Vous êtes partir. en vacances.

• Je vais travailler. Je suis parti.

3. (dormir)

• Tu n'as pas de problèmes. Tu as dormi. très bien.

• Vous n'avez pas sommeil. Vous n'avez pas dormi.

• Eric regarde la télé. Il n'a pas dormi

B 2. Détective

You are working as a detective. Your job is to shadow Marc Lescrot, an international spy. Here are the photographs you took. Now you are writing your report describing Marc Lescrot's movements. Complete the sentences according to the illustrations.

▶ À 8h30, Marc Lescrot ___est arrivé à Paris___.

1. À 8h45, il est celté a une voiture

2. À 10h00, il est arrivé a el Hôtel.

3. À 11h30, il est sorti el Hôtel

4. À 12h00, il a prendu un bus.

5. À 12h30, il est arrive au cinema

6. À 14h00, il a prendu une photo à le aeroport

7. À 15h45, il ~~sort~~ est arrive à ~~la~~

8. À 16h20, il est allé un avion.

Writing

UNITÉ 2

Nom _____

A 3. La lettre d'Hélène

Hélène lives in Toulouse. Last weekend she decided to go to Paris.
Here is the letter she wrote to her friend Pierre. Fill in the blanks
with the appropriate forms of the PASSÉ COMPOSÉ of the suggested verbs.

Mon cher Pierre,

J'ai passé le weekend dernier à Paris. Je (j') __ai voyagé__
(voyager)
en train. Je (j') __suis parti__ de Toulouse vendredi soir et
(partir)
je (j') __suis arrivé__ à Paris tôt° samedi matin. À la gare°,
(arriver)
je (j') __ai retrouvé__ ma cousine Stéphanie.
(retrouver)

Nous __sont entrée__ dans un café et nous __ont mangé__
(entrer)   (manger)
des croissants. Après, nous __sont allé__ à la Tour Eiffel.
(aller)
Nous __sont monté__ en ascenseur° Nous __ont pris__ des photos
(monter)   (prendre)
et nous __sont descend à__ pied.
(descendre)

L'après-midi, nous __sont passé__ dans les magasins et
(passer)
nous __ont fait__ des achats. Ensuite, nous __sont allé__
(faire)   (aller)
dans un restaurant et nous __ont diné__
(dîner)
Stéphanie __a telephoné__ à un copain qui __est venu__
(téléphoner)   (venir)
au restaurant. Stéphanie __est sorti__ avec son copain.
(sortir)

Moi, je __suis ne pas resté__ avec eux. J (J') __suis rentrée__
(ne pas rester)   (rentrer)
à mon hôtel et je (j') __ai dormi__
(dormir)

Dimanche après le déjeuner, je (j') __ai pris__
(prendre)
le train et je (j') __suis rentrée__ chez moi.
(rentrer)

Et toi, qu'est-ce que tu __as fait__ le weekend dernier?
(faire)

Amitiés,
Hélène

tôt *early*   **la gare** *train station*   **l'ascenseur** *elevator*

B 4. L'ordre logique

Describe what the following people did. First determine the chronological
order in which the actions occurred by numbering them 1, 2, 3, etc.
Then write out the corresponding sentences in the correct order using
the PASSÉ COMPOSÉ.

A. Stéphanie a acheté une nouvelle robe.

___3___ payer

___4___ partir avec son paquet *(package)*

___1___ aller dans une boutique de mode

___2___ choisir une robe rouge

Elle est allée dans une boutique de mode.

_____

_____

_____

B. Claire et Sandrine sont allées en ville.

_____ acheter des cassettes

_____ aller dans un centre commercial

_____ rentrer à pied

_____ partir en bus

_____

_____

_____

_____

C. Vous êtes allés dans un bon restaurant.

_____ arriver à sept heures

_____ réserver une table

_____ partir du restaurant à neuf heures

_____ téléphoner au restaurant

_____ prendre un excellent repas *(meal)*

_____

_____

_____

_____

_____

D. Madame LaSalle a eu un accident.

_____ téléphoner à une ambulance

_____ tomber dans les escaliers *(stairs)*

_____ vouloir monter dans sa chambre

_____ aller à l'hôpital

_____

_____

_____

_____

E. Monsieur Lenoir a dîné chez lui.

_____ dîner

_____ mettre la table

_____ faire la vaisselle

_____ faire les courses

_____ préparer le dîner

_____ aller au supermarché

_____ rentrer chez lui

_____

_____

_____

_____

_____

_____

_____

Writing

UNITÉ
2

C 5. Quand?

Claire wants to know when her friends did certain things. Answer her questions.

▶ Christophe est parti? (10 minutes)

Oui, il est parti il y a dix minutes.
_____

1. Thomas a téléphoné? (2 heures)

_____

2. Catherine est rentrée? (20 minutes)

_____

3. Marc et Pierre sont allés à Québec? (3 ans)

_____

4. Stéphanie et Valérie ont visité Montréal? (6 mois)

_____

6. Communication

A. Weekends Different people do different things on weekends. Choose
two of the illustrations and describe how these people spent their weekends.
Use a separate sheet of paper. You may want to consider the following questions:

- Où est allée cette personne?
  Comment?
- À quelle heure est-elle partie?
- Qu'est-ce qu'elle a fait là-bas?

- Combien de temps est-elle restée?
- À quelle heure et comment est-elle
  rentrée?
- Qu'est-ce qu'elle a fait après?

1. M. Charron 2. Véronique et Marthe 3. Marc et Jean-Claude 4. Sophie

B. Sortie Write a short paragraph describing
what you did the last time you went out with
a friend. You may want to answer the following
questions. Use a separate sheet of paper,
if necessary.

- When did you go out?
- With whom did you go out?
- Where did you go?
- What did you do afterwards?
- At what time did you come home?

Unité 3

Leçon 9 Le français pratique: La nourriture et les boissons

A/B/C/D 1. L'intrus *(The intruder)*

Dans chaque groupe, il y a un élément qui n'appartient pas *(does not belong)*
à la catégorie. C'est l'intrus! Trouvez l'intrus et rayez-le *(cross it out)*.

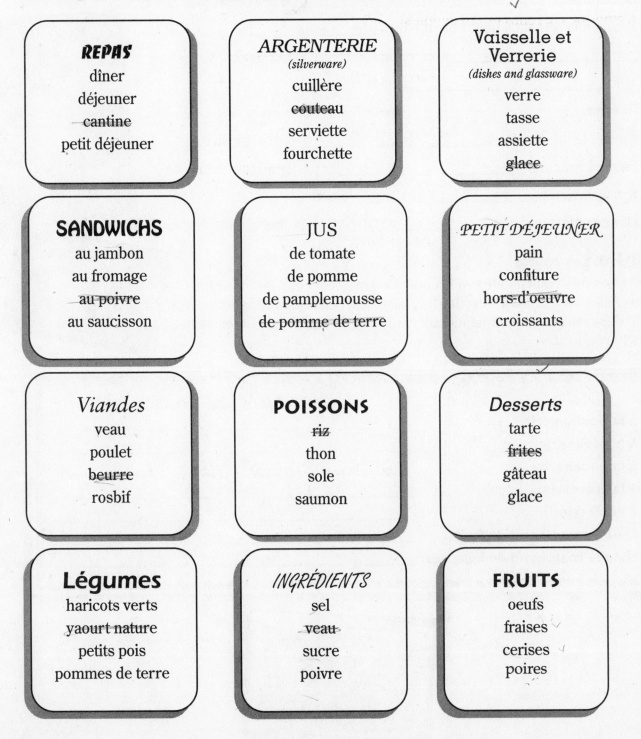

REPAS
dîner
déjeuner
~~cantine~~
petit déjeuner

ARGENTERIE
(silverware)
cuillère
~~couteau~~
serviette
fourchette

Vaisselle et
Verrerie
(dishes and glassware)
verre
tasse
assiette
~~glace~~

SANDWICHS
au jambon
au fromage
~~au poivre~~
au saucisson

JUS
de tomate
de pomme
de pamplemousse
~~de pomme de terre~~

PETIT DÉJEUNER
pain
confiture
hors-d'oeuvre
croissants

Viandes
veau
poulet
~~beurre~~
rosbif

POISSONS
~~riz~~
thon
sole
saumon

Desserts
tarte
~~frites~~
gâteau
glace

Légumes
haricots verts
~~yaourt nature~~
petits pois
pommes de terre

INGRÉDIENTS
sel
~~veau~~
sucre
poivre

FRUITS
oeufs
fraises
cerises
poires

Writing

UNITÉ
3

A/B/C 2. Le mot juste

Complétez les phrases suivantes avec une expression suggérée.
Soyez logique!

une livre	la boisson	le plat	le poisson	une tasse
la cantine	un verre	le petit déjeuner	une douzaine	

1. Le dimanche, je prends _____ à neuf heures.

2. Pendant la semaine, nous déjeunons à _____ .

3. _____ préféré de mon frère est le steak-frites.

4. Voici _____ pour le café.

5. Et voilà _____ pour le jus d'orange.

6. En été, le thé glacé est _____ que je préfère.

7. J'aime beaucoup _____ et particulièrement la sole.

8. Je vais acheter _____ d'oeufs.

9. Donnez-moi aussi _____ de fromage, s'il vous plaît.

C/D 3. Les courses

Imaginez que vous habitez en France. Comme beaucoup de Français, vous faites vos courses dans des boutiques spécialisées. Préparez votre liste des courses en indiquant deux choses que vous allez acheter dans chaque endroit.

Liste des courses

à la boulangerie:	_____	_____
à la pâtisserie:	_____	_____
à la boucherie:	_____	_____
à la crémerie:	_____	_____
à l'épicerie:	_____	_____
chez le marchand de fruits:	_____	_____
chez le marchand de légumes:	_____	_____

A/C/D **4. Camping**

Vous allez faire du camping pendant trois jours avec des copains français.
Faites deux listes:

- une liste des ustensiles que vous allez prendre avec vous
- une liste des courses qui indique la nourriture et les
  boissons que vous devez acheter pour les trois jours

USTENSILES

LISTE DES COURSES

C/D **5. Menus**

Votre cousine Annette, qui habite à Québec, va passer le weekend chez vous.
Préparez les menus de samedi.

petit déjeuner

déjeuner

dîner

Writing

UNITÉ 3

6. Communication

A. Au café Vous déjeunez dans un café français.

1. *Ask the waiter for a sandwich or a pizza of your choice.*

_____

2. *Ask for a salad of your choice.*

_____

3. *Ask for a dessert of your choice.*

_____

4. *Ask for a beverage.*

_____

5. *Ask for the check.*

_____

6. *Ask if the tip is included.*

_____

B. Mes repas Votre correspondante *(pen pal)* Véronique vous a demandé de décrire vos repas et ce que vous aimez manger. Écrivez une lettre où vous répondez à ses questions. Utilisez une feuille de papier séparée si nécessaire.

- Quel est ton repas favori?
- À quelle heure est-ce que tu prends le petit déjeuner?
- Où déjeunes-tu pendant *(during)* la semaine?
- À quelle heure est-ce que tu dînes?
- Quelle est ta cuisine préférée? la cuisine italienne? la cuisine mexicaine? . . .?
- Quels sont tes plats favoris?
- Quels plats est-ce que tu n'aimes pas tellement?
- Quel plat est-ce que tu n'aimes pas du tout?

Ma chère Véronique,

Leçon 10 Au supermarché

A 1. Projets de weekend

Les personnes suivantes ont des projets différents ce weekend. Dites ce que ces personnes veulent faire en utilisant le verbe **vouloir** et en choisissant une activité pour chacun.

▶ Philippe _veut jouer au flipper_____.

1. Nous _____.

2. Catherine _____.

3. Tu _____.

4. Je _____.

5. Nous _____.

6. On _____.

7. Éric et Mélanie _____.

A 2. Conversations

Complétez les conversations suivantes avec la forme appropriée du verbe suggéré.

1. — Dis, Véronique, qu'est-ce que tu fais ce soir?

— Je _____ étudier. **(devoir)**

— Alors, tu ne _____ pas aller au ciné avec nous? **(pouvoir)**

— Malheureusement *(unfortunately)* non! Je ne _____ pas. **(pouvoir)**

— Tant pis! *(Too bad!)*

2. — Dis, Philippe, qu'est-ce que tu fais samedi après-midi?

— Je vais faire des achats avec mes cousins.

— Est-ce que vous _____ aller au restaurant après? **(vouloir)**

— Moi, je _____ bien, mais mes cousins ne _____ pas. **(vouloir/pouvoir)**

— Ah bon? Pourquoi?

— Ils _____ rentrer chez eux pour le dîner. **(devoir)**

3. — Vous _____ sortir avec moi dimanche soir? **(vouloir)**

— Je regrette, mais nous ne _____ pas. **(pouvoir)**

— Qu'est-ce que vous _____ faire? **(devoir)**

— Moi, je _____ aider ma mère. **(devoir)**

— Et ta soeur?

— Elle _____ préparer son examen d'anglais. **(devoir)**

Writing

UNITÉ 3

Nom _____

B 3. Chez Lucullus

Vous êtes serveur/serveuse dans un restaurant français qui s'appelle
Chez Lucullus. Expliquez le menu à vos clients en complétant les
phrases suivantes avec la forme appropriée de l'article PARTITIF.

1. Comme hors-d'oeuvre, il y a _____ jambon, _____ melon et
   _____ salade de tomates.

2. Comme viande, il y a _____ veau, _____ porc et
   _____ poulet.

3. Comme poisson, il y a _____ saumon et _____ sole.

4. Ensuite, il y a _____ salade et _____ fromage.

5. Aujourd'hui, comme dessert il y a _____ gâteau au chocolat et
   _____ tarte aux abricots.

B 4. Qu'est-ce que tu veux?

Imaginez que vous passez une semaine avec Valérie, une étudiante française
qui visite votre école. Demandez-lui ses préférences en complétant les questions
suivantes avec les expressions suggérées dans la liste. Soyez logique!

beurre	jambon	margarine	poivre
confiture	ketchup	mayonnaise	sel
fromage	lait	moutarde	sucre

▶ Veux-tu _de la moutarde (du ketchup)_ sur ton hamburger?

1. Veux-tu _____ lait _____ dans ton café?

2. Veux-tu _____ lait _____ dans tes céréales?

3. Veux-tu _beurre + confiture_ sur ton pain?

4. Veux-tu _____ dans ta soupe?

5. Veux-tu _____ sur ton steak?

6. Veux-tu _____ dans ta salade?

B 5. À l'Hôtel Fleuri

Vous êtes à l'Hôtel Fleuri. Décrivez les repas d'hier d'après les illustrations.

1. Au petit déjeuner, j'ai mangé _____
   _____
   _____.

   Comme boisson, j'ai pris _____
   _____.

2. Au déjeuner, j'ai mangé _____

_____

_____

Comme boisson, j'ai pris _____

_____

_____

3. Au dîner, j'ai mangé _____

_____

_____ .

Comme boisson, j'ai pris _____

_____

_____ .

Writing

UNITÉ
3

C **6. Au régime** *(On a diet)*

Vous suivez un régime où vous ne devez pas prendre de produits laitiers *(dairy foods)*.
Indiquez si vous acceptez ou refusez les choses suivantes. Suivez le modèle.

▶ salade?   *Oui, je veux bien de la salade.* _____

▶ yaourt?   *Non, merci. Je ne veux pas de yaourt.* _____

1. lait? _____

2. rosbif? _____

3. fromage? _____

4. glace? _____

5. margarine? _____

6. poisson? _____

C **7. Mais non!**

On peut compléter les phrases suivantes avec trois des quatre options suggérées. Trouvez
l'option qui ne convient pas *(does not fit)* et corrigez-la *(correct it)* suivant le modèle.

▶ À la boucherie, on vend . . . du rosbif / du poulet / du pain / du veau

Mais non!   *On ne vend pas de pain à la boucherie.* _____

1. À la crémerie, on vend . . . du lait / du jambon / du fromage / du beurre

Mais non! _____

2. Dans un restaurant végétarien, on mange . . . du céleri / de la salade / de la viande / du riz

Mais non! _____

3. Dans le café, on met . . . du sucre / du sel / du lait / de la crème

   Mais non! _____

4. Dans un sandwich, on met . . . du fromage / du jambon / de la mayonnaise / du sucre

   Mais non! _____

5. Avec le petit déjeuner, on prend . . . du jus d'orange / du café / du thé / de l'eau minérale

   Mais non! _____

6. Dans un restaurant japonais, on mange . . . du poisson / du riz / de la soupe / des frites

   Mais non! _____

8. Communication

A. Une lettre d'excuse Votre ami Jean-Philippe vous a invité(e) à dîner chez lui samedi. Malheureusement, vous avez déjà d'autres projets. Écrivez-lui une lettre d'excuse.

Tell Jean-Philippe . . .

- that you would like to have dinner with him
- that you unfortunately cannot come Saturday night *(invent an excuse)*

Ask him . . .

- if he wants to go to the movies on Sunday afternoon
- if he can phone you Sunday morning

> Mon cher Jean-Philippe,
>
> _____
>
> Malheureusement,
>
> _____
>
> _____
>
> _____
>
> _____
>
> Amicalement,
>
> (signature) _____

B. Au restaurant Décrivez un repas (réel ou imaginaire) que vous avez fait la semaine dernière dans un restaurant.

You may mention . . .

- to which restaurant you went
- what you had for each course
- what beverage you chose

> Je suis allé(e) _____
>
> _____
>
> Comme hors-d'oeuvre, j'ai mangé
>
> _____
>
> Après, _____
>
> _____
>
> Comme dessert, _____
>
> _____
>
> _____

Leçon 11 Jérôme invite ses copains

A 1. Au pique-nique

Des amis sont à un pique-nique. Qu'est-ce qu'ils boivent? Complétez les phrases suivantes avec la forme appropriée du verbe **boire**.

1. Nous _____ de la limonade.

2. Marc _____ de l'eau minérale.

3. Je _____ du thé glacé.

4. Éric et Isabelle _____ du jus de pomme.

5. Tu _____ de l'eau.

6. Vous _____ du jus de raisin.

A/B 2. Le déjeuner de Christine

Hier Christine a déjeuné dans un restaurant. Regardez l'addition et répondez aux questions.

1. Dans quel restaurant est-ce que Christine a déjeuné?

_____

_____

2. Qu'est-ce qu'elle a mangé?

_____

_____

3. Qu'est-ce qu'elle a bu?

_____

_____

4. Combien est-ce qu'elle a payé pour le repas?

_____

_____

Writing

UNITÉ 3

✳LE BOCAGE✳	
41, rue de Nantes	
Tél. 03-44-31-27-02	
Jambon	3€
Poulet Marengo	7€
Salade verte	2€
Tarte aux fraises	4€
Eau minérale	1,5€
Café	1,2€
Total	18,70€
✳15% service compris✳	

Nom _____

B 3. Quel verbe?

Complétez les descriptions suivantes avec la forme appropriée des verbes suggérés. Utilisez le même *(same)* verbe pour chaque groupe de phrases.

| acheter | amener | envoyer | espérer | payer | nettoyer |

1. Nous sommes à la poste.

   Nous _____ des cartes postales.

   Philippe et Éric _____ une lettre à leurs cousins.

2. Nous sommes au supermarché.

   Catherine _____ des oranges.

   Qu'est-ce que vous _____?

3. Nous sommes invités à un pique-nique.

   Marc _____ sa copine.

   Vous _____ vos cousins.

4. Nous sommes au restaurant.

   Je _____ avec une carte de crédit.

   Les touristes _____ avec des traveller-chèques.

5. Nous organisons une boum chez nous.

   Je _____ la cuisine.

   Mes frères _____ le salon *(living room)*.

6. Nous allons aller en Europe cet été.

   Nous _____ visiter Paris.

   Après, tu _____ aller en Normandie.

*Cher Philippe,
En vacances,
j'aime . . .*

PHILIPPE RAYMOND
12 AV. VICTOR HUGO
PARIS 75116
FRANCE

C 4. Au choix

Vous êtes dans un restaurant français et vous allez choisir le menu à 14€.
Complétez les phrases en indiquant votre préférence. (Utilisez l'article **le, la** ou **l'.**)

MENU à 14€

jambon ou melon
poulet ou rosbif
salade ou fromage
tarte ou glace
limonade ou eau minérale
thé ou café

1. Je préfère _____.
2. Je préfère _____.
3. Je préfère _____.
4. Je préfère _____.
5. Je préfère _____.
6. Je préfère _____.

C **5. À la cantine**

Des copains sont allés manger quelque chose à la cantine. Dites ce que
chacun a mangé et ce que chacun a bu.

1. Christine a mangé _____ . Elle a bu _____ .

2. Jean-Paul _____ . _____ .

3. Caroline _____ . _____ .

4. Olivier _____ . _____ .

A **6. Conversations**

Complétez les conversations suivantes avec les articles **le, la, l'** ou **du, de la, de l'**.

1. — J'ai soif!

   — Tu veux _____ jus de tomate?

   — Non merci. Je n'aime pas tellement _____ jus de tomate.
      Est-ce que tu as _____ eau minérale?

   — Oui, bien sûr!

2. — Qu'est-ce que tu vas prendre au petit déjeuner?

   — Je vais prendre _____ pain avec _____ beurre et _____ confiture.

   — Est-ce que tu vas boire _____ café?

   — Non! Je préfère _____ thé.

3. — Qu'est-ce qu'il y a dans ce sandwich?

   — Il y a _____ jambon.

   — Alors, donne-moi un sandwich avec _____ fromage.

   — Tu n'aimes pas _____ jambon?

   — Non, je suis végétarienne.

4. — Où est _____ glace?

   — Elle est dans le réfrigérateur.

   — Est-ce qu'il y a _____ lait aussi?

   — Mais non! _____ lait est sur la table!

7. Communication

A. Mes boissons favorites Dites ce que vous buvez dans les circonstances suivantes.

- Au petit déjeuner, je _____ .

- Au dîner, _____ .

- En été, quand il fait chaud, _____ .

- En hiver, quand il fait froid, _____ .

B. Le dîner d'hier Dites ce que vous avez mangé au dîner hier soir.
Pour chaque plat, dites si vous l'avez aimé ou non.

▶ *D'abord, j'ai mangé de la soupe. Je n'aime pas tellement la soupe.*

D'abord, _____ | _____

Ensuite _____ | _____

Leçon 12   L'addition, s'il vous plaît!

A 1. À Prisunic

Vous allez faire les courses à Prisunic, un supermarché français. Complétez la liste
suivante en indiquant la *quantité* de chaque chose que vous allez acheter.

Liste des courses

un sac (deux kilos) de _____ pommes de terre

_____ oeufs

_____ thon

_____ céréales

_____ eau minérale

_____ fromage

_____ thé

_____ oranges

_____ bananes

et hop! prisunic

A 2. Quelle quantité?

Complétez les phrases suivantes avec une des expressions suggérées. Soyez logique!

assez de (d')	**beaucoup de (d')**	**trop de (d')**
un peu de (d')	**combien de (d')**	

1. _____ de sandwichs veux-tu? Un ou deux?

2. Christine est une fille très sympathique. C'est pourquoi elle a _____ amis.

3. Je n'ai pas très faim. Donne-moi seulement *(only)* _____ rosbif.

4. Dis, Jean-Louis! Est-ce que tu as _____ argent pour payer l'addition?

5. J'ai vingt euros. Et toi, _____ argent as-tu?

6. Les élèves ne sont pas contents. Ils ont _____ examens et

   pas _____ vacances.

7. M. Ballon grossit. Il mange _____ pain et pas _____ salade.

Writing

UNITÉ
3

Nom _____

A **3. En bonne forme**

Vous travaillez à Toulon dans le club «Bonne Santé — Bonne Forme».
Dites aux membres ce qu'ils doivent et ne doivent pas faire.
Utilisez les expressions **assez de, beaucoup de** ou **trop de**
dans des phrases affirmatives ou négatives.

▶ faire des exercices?   *Faites beaucoup (assez) d'exercices.*

▶ boire du café?   *Ne buvez pas trop de café.*

1. manger des légumes?   _____

2. manger de la viande?   _____

3. faire du jogging?   _____

4. boire de l'eau minérale?   _____

5. manger de la glace?   _____

6. boire de la bière *(beer)*? _____

B **4. Le réfrigérateur est vide** *(empty)*

Hier vous avez organisé une fête chez vous. Ce matin le réfrigérateur est vide.
Dites pourquoi en expliquant que vos copains ont tout mangé.

▶ Marc / manger / le jambon

  Marc a mangé tout le jambon.

1. Philippe / boire / la limonade

  _____

2. Charlotte / finir / les hors-d'oeuvre

  _____

3. Catherine / manger / les cerises

  _____

4. Vincent / prendre / les sandwichs

  _____

5. Claire / boire / le jus d'orange

  _____

6. Olivier / manger / la salade de fruits

  _____

C 5. C'est bien ou c'est mal?

Lisez ce que font les personnes suivantes. Puis faites un commentaire
sur leurs actions. Suivez le modèle!

▶ Stéphanie aide ses parents.

C'est bien! Il faut aider ses parents.

▶ Monsieur Nicot fume *(smokes)*.

C'est mal! Il ne faut pas fumer.

1. Pauline fait ses devoirs tous les jours.

   _____

2. Jean-Claude dort en classe.

   _____

3. Sandrine est optimiste.

   _____

4. Robert et Philippe sont égoïstes.

   _____

5. Isabelle perd son temps.

   _____

6. Les élèves sont en retard.

   _____

Writing

UNITÉ
3

6. Communication: Suggestions

Your friend Patrick from Montreal is going to visit your region this summer.
Write him a short letter in which you suggest a few things he can do during
his stay. Consider the following possibilities:

visiter / quoi?
voir / qui?
aller / où?
dîner / dans quel restaurant?
rester / dans quel hôtel?
faire les achats / dans quel centre commercial?
faire / quelles activités?

> Mon cher Patrick,
> Pendant ton séjour, il faut visiter le Musée des Sciences. Il faut aussi

Unité 4

Leçon 13   Le français pratique: Allons au spectacle

A/B **1. Au cinéma ce soir**

Regardez l'illustration et répondez aux questions
suivantes avec des phrases complètes.

1. Qu'est-ce qu'on joue au Cinéma-Palace ce soir?

_____

2. Quelle sorte de film est-ce? _____

_____

3. Comment s'appelle l'acteur principal?

_____

4. Comment s'appelle l'actrice principale?

_____

5. À quelle heure commence la première séance?

_____

6. À quelle heure approximative finit la

dernière séance? _____

_____

A **2. Opinions personnelles**

Pour chaque catégorie suivante, choisissez une personne, un groupe
ou une équipe et donnez votre opinion personnelle.

▶ *(a basketball player)* ___Grant Hill est un joueur de basketball très intelligent.___

▶ *(a baseball team)* ___Les Red Sox sont une très mauvaise équipe de baseball.___

1. *(an actor)* _____

2. *(an actress)* _____

3. *(a male singer)* _____

4. *(a female singer)* _____

5. *(a musical group)* _____

6. *(a basketball team)* _____

7. *(a baseball player)* _____

8. *(a tennis player)* _____

Writing

UNITÉ
4

A/B/C 3. **Le bon mot**

Complétez les phrases suivantes avec les mots qui conviennent *(fit)*.

1. Le mois dernier, je suis allé trois _____ au cinéma.

2. *Othello* est une _____ de Shakespeare.

3. Dans une _____ de football, il y a onze joueurs.

4. Frank Sinatra chante des _____ très romantiques.

5. Samedi dernier, nous avons vu une _____ d'art moderne.

6. *Alladin* et *La Belle et la Bête* sont des _____ de Walt Disney.

7. Les _____ de cinéma coûtent 6 euros maintenant.

8. François est occupé ce soir. Il n'est pas _____ .

B/C 4. **Allô, Ciné-Forum**

Vous voulez aller au cinéma ce soir. Vous téléphonez au Ciné-Forum
pour obtenir des informations. Complétez votre conversation.

— Allô, Ciné-Forum. Bonjour.

— _____ *(Say hello and ask what movie is playing today.)*

— *L'Enquête du commissaire Polar.*

— _____ *(Ask what type of movie it is.)*

— C'est un film policier.

— _____ *(Ask at what time the first showing is.)*

— Elle est à 19 heures 10.

— _____ *(Ask how much the tickets cost.)*

— 6 euros.

— _____ *(Say thank you.)*

— À votre service. Au revoir.

A/B/C 5. **Deux invitations**

Complétez les dialogues suivants avec des expressions de la leçon
et l'information présentée dans les illustrations.

— Salut, Frédéric, est-ce que tu veux aller _____ avec moi?

— Oui, je _____ . Qu'est-ce qu'on joue?

— _____

— Quand?

— _____

— Écoute, je suis _____ ce jour-là!

— Dommage!

Théâtre de la
Huchette

IONESCO

La Leçon

samedi 11 mai à 20h30

— Dis, Christine, tu fais quelque chose de spécial dimanche après-midi?

— Non, je suis _____ .

— Dans ce cas, est-ce que tu veux aller au _____ avec moi?

— Oui, avec _____ !
Qu'est-ce qu'on va voir?

— Le _____ Toulon-Nice!

— Qui va gagner?

— _____ de Nice.
Elle a de meilleurs _____ .

STADE MUNICIPAL
COUPE DE FRANCE

MATCH
Toulon - Nice

dimanche, 24 mai
à 14h30

👥 6. Communication

A. Un film Décrivez un film que vous avez vu récemment. Si vous voulez, vous pouvez répondre aux questions suivantes.

- Quand êtes-vous allé(e) au cinéma?
- Quel film avez-vous vu?
- C'est quel genre de film?
- Qui est l'acteur principal? Quel rôle joue-t-il?
- Qui est l'actrice principale? Quel rôle joue-t-elle?
- Où se passe l'action?
- Décrivez brièvement (briefly) l'action.
- Avez-vous aimé le film? Pourquoi ou pourquoi pas?

Writing

UNITÉ 4

B. Spectacles Lisez la lettre de Jean-Claude où il parle de ses spectacles favoris.

le 18 janvier

Chers amis,

Je vais assez souvent au cinéma: deux ou trois fois par mois, généralement le samedi après-midi. Mes films préférés sont les comédies et les films d'aventures. Samedi dernier, j'ai vu Le père de la mariée. C'est une comédie américaine très amusante avec Steve Martin.

J'aime beaucoup la musique, en particulier le rock et le rap, mais je ne vais pas souvent au concert parce que je n'ai pas beaucoup d'argent. (L'année dernière je suis allé seulement deux ou trois fois au concert.) Mon groupe favori est Mano Negra, un groupe international très populaire en France. Mon chanteur favori est Michael Jackson. Ma chanteuse favorite est Patricia Kaas, une chanteuse française.

Il y a un musée dans la ville où j'habite. Le mois dernier j'ai vu une exposition de photos assez intéressante.

Et vous, qu'est-ce que vous faites quand vous avez du temps libre? J'attends votre lettre!

Amitiés

Jean-Claude

Sur une feuille de papier séparée, écrivez une réponse à Jean-Claude—en français, bien sûr! Vous pouvez utiliser les questions suivantes comme guide.

Movies
- How often do you go to the movies?
- What type of movies are your favorite?
- Who are your favorite actors and actresses?
- What movie have you seen recently?

Music
- How often do you go to concerts?
- What type of music do you like?
- Which are your favorite groups and singers?

Art
- Is there a museum in your city?
- Have you seen an exhibit recently?

Leçon 14   Un petit service

A 1. Dialogues

Complétez les dialogues à l'affirmatif (dialogues 1 à 3) ou au négatif (dialogues 4 à 6). Utilisez les verbes soulignés et les pronoms qui conviennent *(that fit)*.

▶ —Tu me <u>téléphones</u> ce soir?

— _____Oui, je te téléphone_____ à huit heures.

1. — Tu m'<u>invites</u> à ta boum?

   — Bien sûr, _____ . Tu es mon meilleur ami!

2. — Tu nous <u>apportes</u> quelque chose à boire?

   — Oui, _____ de la limonade.

3. — Tu me <u>donnes</u> quelque chose à manger?

   — Oui, _____ un sandwich.

4. — Tu me <u>rends visite</u> ce weekend?

   — Non, _____ . Je vais à la campagne.

5. — Tu m'<u>entends</u>?

   — Non, _____ . Il y a trop de bruit *(noise)*.

6. — Tu nous <u>attends</u> après la classe?

   — Non, _____ . Je dois rentrer chez moi.

B 2. Petits services

Demandez à votre copain Alain de vous aider. Complétez les phrases suivantes avec la forme appropriée des verbes suggérés. Soyez logique!

▶ Je voudrais faire une promenade à vélo.

   _____Prête-moi_____ ta bicyclette.

1. Je veux finir mes devoirs.

   _____ mon livre de français.

2. Je voudrais rentrer à la maison avec toi.

   _____ après la classe.

3. Je ne suis pas très bon(ne) en maths.

   _____ avec le problème d'algèbre.

4. Je voudrais téléphoner à tes cousins.

   _____ leur numéro de téléphone.

aider
apporter
attendre
donner
inviter
montrer
présenter
prêter
rendre

Writing

UNITÉ 4

5. Je viens d'arriver dans cette ville et je n'ai pas d'amis ici.

_____ à tes copains.

6. Je n'ai pas assez d'argent pour aller au cinéma.

_____ dix euros.

7. Je suis un(e) nouvel(le) élève.

_____ où est la bibliothèque *(library)*.

8. J'ai soif et je n'ai pas d'argent.

_____ au café.

B 3. Au Grand Turc

Vous visitez la ville de Tours. Il est midi et vous êtes un peu fatigué(e). Vous allez
dans un café qui s'appelle Le Grand Turc pour manger quelque chose et pour écrire
des cartes postales. Vous parlez au serveur (employez **vous**).

1. *Ask the waiter to show you the menu.*

_____

2. *Ask the waiter to bring you something to eat (decide what you want).*

_____

3. *Ask the waiter to bring you something to drink (a beverage of your choice).*

_____

4. *Ask the waiter to loan you a pen or pencil.*

_____

5. *Ask the waiter to show you where the toilets* (**les toilettes**) *are.*

_____

6. *Ask the waiter to give you the check.*

_____

7. *Ask the waiter to give you back two euros.*

_____

C 4. Oui ou non?

Votre ami Christophe vous demande quelques services. Vous allez accepter trois
demandes et refuser deux demandes. C'est à vous de décider ce que vous
allez accepter et ce que vous allez refuser. Pour les demandes que vous décidez
de refuser, vous devez inventer une excuse.

▶ CHRISTOPHE: S'il te plaît, prête-moi ta bicyclette.

VOUS: _D'accord, je vais te prêter ma bicyclette._____

(Non, je ne vais pas te prêter ma bicyclette. Je veux faire une

promenade cet après-midi avec mon copain. ou Elle ne marche pas.)

1. CHRISTOPHE: S'il te plaît, prête- moi ta radiocassette.

   VOUS: _____

   _____

2. CHRISTOPHE: S'il te plaît, montre-moi tes photos.

   VOUS: _____

   _____

3. CHRISTOPHE: S'il te plaît, invite-moi chez toi samedi.

   VOUS: _____

   _____

4. CHRISTOPHE: S'il te plaît, présente-moi à ta nouvelle copine.

   VOUS: _____

   _____

5. CHRISTOPHE: S'il te plaît, attends-moi après la classe.

   VOUS: _____

   _____

Writing

UNITÉ
4

5. Communication: Mon amie Cécile

Your friend Cécile from Nice is going to visit your city this summer.
Write her a short letter of welcome.

Tell her some of the things you are going to do for her.

For example,

• where you are going to invite her (to your house? to a restaurant?)

• to whom you are going to introduce her (to your friends? to family members? to your
  French teacher?)

• what things you are going to lend her (your bicycle? your walkman? your cassettes?)

• what interesting places you are going to show her

Ma chère Cécile,
    Je suis très content(e) que tu viennes dans notre ville cet été.

J'espère avoir l'occasion de te voir souvent.
    Ton ami(e),

Leçon 15 Dans une boutique de disques

A **1. Connaissances** *(Acquaintances)*

Qui connaît qui? Complétez les phrases suivantes avec la forme appropriée
du verb **connaître** dans des phrases *à l'affirmatif* ou *au négatif*.

1. Je _____ le président des États-Unis.

2. Mes copains _____ ma famille.

3. Le professeur _____ tous les élèves.

4. Ma famille et moi, nous _____ bien les voisins.

B **2. Relations personnelles**

Décrivez vos relations avec les personnes suivantes dans des phrases
affirmatives ou négatives. Utilisez des PRONOMS.

▶ inviter?   Je _l'invite (ne l'invite pas)_ souvent chez moi.

mon copain

1. voir?   Je _____ tous les weekends.

2. aider?   Je _____ quand il a un problème.

ma copine

3. voir?   Je _____ souvent.

4. connaître?   Je _____ depuis
longtemps *(a long time)*.

5. inviter?   Je _____ au restaurant.

mes voisins

6. connaître?   Je _____ bien.

7. trouver?   Je _____ sympathiques.

mes profs

8. écouter?   Je _____ .

9. admirer?   Je _____ .

Writing

UNITÉ
4

Nom _____

B 3. La boum

Vous organisez une boum. Vos amis veulent vous aider. Dites-leur
ce qu'ils doivent ou ne doivent pas faire. Regardez les modèles.

VOS COPAINS		VOUS
▶ Je décore le salon?	Oui,	*décore-le!*
▶ Je lave les verres?	Non,	*ne les lave pas!*
1. J'invite Catherine?	Oui,	_____
2. J'invite le voisin?	Non,	_____
3. J'envoie les invitations?	Oui,	_____
4. Je range la cuisine?	Oui,	_____
5. Je fais les sandwichs?	Non,	_____
6. J'apporte la radiocassette?	Oui,	_____
7. Je choisis les cassettes?	Oui,	_____
8. J'achète la limonade?	Non,	_____

B 4. Oui ou non?

Lisez les descriptions. Puis, dites ce que les personnes suivantes vont faire
ou ne pas faire. Utilisez l'infinitif entre parenthèses et le pronom qui
convient (*fits*). Soyez logique!

▶ Ce film est vraiment stupide. (voir?)

Nous _*n'allons pas le voir!*_____

1. Cette cassette est extraordinaire. (écouter?)

   Je _____ .

2. Ces tee-shirts sont trop chers. (acheter?)

   Pauline _____ .

3. Cette comédie est très drôle! (voir?)

   Vous _____ dimanche prochain.

4. Ce musée est très intéressant. (visiter?)

   Nous _____ samedi.

5. Ce garçon est très snob. (inviter?)

   Je _____ à la boum.

6. Ces filles sont très sympathiques. (inviter?)

   Jean-Claude _____ au pique-nique.

C 5. Où?

Répondez aux questions suivantes. Pour cela, choisissez un des endroits suggérés. Soyez logique!

▶ Où est-ce que tu as acheté ces tee-shirts?

   Je les ai achetés à Mod' Shop.

1. Où est-ce que tu as acheté cette cassette?

   _____

2. Où est-ce que tu as vu le dernier film de Kevin Costner?

   _____

3. Où est-ce que tu as rencontré tes copines?

   _____

4. Où est-ce que tu as mis ta bicyclette?

   _____

5. Où est-ce que tu as oublié tes livres?

   _____

6. Où est-ce que tu as trouvé ces vieux vêtements?

   _____

7. Où est-ce que tu as pris ces photos de Paris?

   _____

> *endroits*
> _____
> • *dans le bus*
> • *dans le garage*
> • *au Café des Arts*
> • *dans le grenier* (attic)
> • *à Mod' Shop*
> • *à la Boîte à Musique*
> • *devant la Tour Eiffel*
> • *au Ciné Gaumont*

C 6. Le weekend dernier

Armelle veut savoir si vous avez fait les choses suivantes le weekend dernier. Répondez à ses questions en utilisant des pronoms.

Armelle: **Vous:**

▶ As-tu fait les courses?   *Oui, je les ai faites. (Non, je ne les ai pas faites.)*

1. As-tu nettoyé ta chambre?   _____

2. As-tu rangé tes livres?   _____

3. As-tu fini tes devoirs?   _____

4. As-tu rencontré tes copains? _____

5. As-tu invité ta copine?   _____

6. As-tu vu ta tante?   _____

7. As-tu aidé tes parents?   _____

Writing

UNITÉ 4

Nom _____

7. Communication: Questions personnelles

Votre ami Christophe a quelques questions. Répondez-lui en
utilisant des pronoms.

- Généralement, combien d'heures par jour est-ce que tu
  regardes la télé?

  _____

  Pendant combien de temps est-ce que tu l'as regardée hier?

  _____

- En général, où est-ce que tu achètes tes vêtements?

  _____

  Où est-ce que tu as acheté tes chaussures?

  _____

  Combien est-ce que tu les a payés?

  _____

- Généralement, où est-ce que tu retrouves tes copains le
  weekend?

  _____

  Quand est-ce que tu as vu ta meilleure amie la dernière fois?

  _____

  Quand est-ce que tu as vu tes cousins?

  _____

Leçon 16   La voisine d'en bas

A 1. Que font-ils?

Complétez les phrases suivantes avec les verbes suggérés par l'illustration.
Notez que la <u>dernière</u> phrase de chaque groupe est au PASSÉ COMPOSÉ.

1. François _____ à Catherine.

   Nous_____ des cartes postales.

   Mes copains _____ à leur oncle.

   Hier, vous _____ une lettre à vos grands-parents.

2. Nous _____ le journal.

   Je _____ un magazine.

   Le dimanche, mes amis _____ des

   bandes dessinées.

   La semaine dernière, tu _____ un bon roman.

3. Vous _____ des choses intéressantes.

   Isabelle _____ des choses bizarres.

   Je_____ toujours la vérité.

   Hier, Jean-Paul _____ un mensonge à son frère.

B 2. Les amis de Sandrine

Dites ce que Sandrine fait pour ses amis. Complétez les phrases
avec les noms entre parenthèses. Utilisez **à** si c'est nécessaire.

▶ (Jean-Pierre) Sandrine téléphone ___à Jean-Pierre_____.

▶ (Stéphanie) Elle invite ___Stéphanie_____.

1. (Marc) Sandrine aide _____.

2. (Élise) Elle écrit _____.

3. (Olivier) Elle prête ses compacts _____.

4. (Valérie) Elle écoute _____.

5. (Thomas) Elle rend visite _____.

6. (Vincent) Elle donne des conseils *(advice)* _____.

7. (Caroline) Elle voit souvent _____.

8. (Jean-Luc) Elle aime bien _____.

9. (Hélène) Elle attend _____ après la classe.

10. (Philippe) Elle parle souvent _____.

Writing

UNITÉ 4

B **3. Joyeuses fêtes!** *(Happy Holidays!)*

Vous avez acheté les cadeaux *(gifts)* présentés dans l'illustration pour
votre famille et vos amis. Dites ce que vous donnez aux personnes suivantes.
Suivez le modèle et utilisez des pronoms. (Si vous voulez, vous pouvez
choisir d'autres cadeaux!)

▶ (à mon oncle)   Je lui donne une cravate
                   (une tarte aux pommes . . .).

1. (à ma mère)   _____

2. (à mon copain)   _____

3. (à mes grands-parents)   _____

4. (à mes cousins)   _____

5. (au professeur)   _____

6. (à _____)   _____
   [name]

B **4. Entre amis**

Les personnes suivantes ont besoin de votre aide. Dites ce que vous faites
pour elles. Utilisez un des verbes suggérés et le pronom qui convient *(fits)*.
Étudiez le modèle.

donner	écrire	montrer	prêter	rendre visite	téléphoner

▶ Nicolas organise une boum.

   Je lui prête _____ mes CDs.

1. Catherine veut prendre des photos.

   _____ mon appareil-photo.

2. Paul et Vincent sont malades.

   _____ à l'hôpital.

3. Isabelle veut téléphoner à ton cousin.

   _____ son numéro de téléphone.

4. Marc et Stéphanie veulent connaître ma famille.

   _____ mon album de photos.

5. Tes grands-parents célèbrent leur anniversaire de mariage.

   _____ une lettre de félicitations *(congratulations)*.

6. Thomas est seul *(alone)* chez lui.

   _____ .

B 5. Et toi?

Pierre a quelques questions pour vous. Répondez-lui *à l'affirmatif* ou
au négatif en utilisant le pronom approprié: **le, la, l', les; lui, leur**.

Pierre: **Vous:**

1. Tu vois souvent ton copain? _____

2. Tu téléphones souvent à ta copine? _____

3. Tu invites tes copains chez toi? _____

4. Tu écris souvent à ta tante favorite? _____

5. Tu comprends bien ton/ta prof de français? _____

6. Tu aides tes camarades de classe? _____

7. Tu écoutes tes professeurs? _____

8. Tu rends visite à tes grands-parents? _____

C 6. Oui ou non?

Lisez les descriptions des personnes suivantes. Puis répondez à l'affirmatif
ou au négatif aux questions. Soyez logique! Utilisez deux pronoms dans
votre réponse.

▶ Vincent est égoïste. Est-ce qu'il prête son vélo à sa soeur?

_____Non, il ne le lui prête pas._____

1. Philippe est généreux. Est-ce qu'il prête ses cassettes à sa copine?

_____

2. Catherine est honnête. Est-ce qu'elle dit la vérité à ses amis?

_____

3. Marthe est très réservée. Est-ce qu'elle montre son journal *(diary)* à son frère?

_____

4. Madame Labonté est très philanthrope. Est-ce qu'elle donne son argent aux

pauvres *(the poor)*?

_____

D 7. Connaître ou savoir?

Complétez les phrases suivantes avec la forme appropriée de **connaître** ou **savoir**.

1. Catherine _____ Jean-Marc, mais elle ne _____ pas où il habite.

2. Je _____ tes cousins. Je _____ qu'ils sont très sympathiques.

3. Nous _____ où il y a un bon restaurant, mais nous ne

_____ pas le chef.

4. Vous _____ Paris. Vous _____ que c'est une belle ville.

Writing

UNITÉ
4

8. Communication

A. Joyeux anniversaire C'est bientôt *(soon)* l'anniversaire de votre meilleur(e) ami(e).
Faites une liste où vous indiquez ce que vous allez faire. Répondez aux questions suivantes.

L'anniversaire de _____
- _____
- _____
- _____
- _____
- _____

- Are you going to call him/her?
- Are you going to write him/her?
- Are you going to send him/her a card or a letter?
- Are you going to buy him/her a present? If so, what?
- Are you going to invite him/her to go somewhere with you? Where?

B. La colonie de vacances *(Summer camp)* Vous voulez travailler cet été
comme moniteur/monitrice *(counselor)* dans une colonie de vacances française.

Write an application letter, telling the director . . .
- what languages you know how to speak
- what musical instruments you know how to play
- what sports you know how to play
- any other things you know how to do

> Madame la directrice,
>
> J'aimerais travailler cet été comme moniteur/monitrice dans votre colonie de vacances. Voici ce que je sais faire:
>
> _____
> _____
> _____
> _____
>
> Je vous remercie de l'attention que vous donnerez à ma lettre.
>
> Sincèrement vôtre,
>
> *(signature)* _____

C. Amitié Lisez la lettre de Jean-Paul
où il parle de son amie Stéphanie qui
habite dans une autre ville.
Puis pensez à quelqu'un que vous
connaissez qui habite dans une autre
ville. Écrivez une lettre où vous
décrivez vos relations avec cette
personne. Utilisez une feuille de
papier séparée.

> J'ai une copine. Elle s'appelle Stéphanie et elle habite à Strasbourg. Je ne la vois pas très souvent. Je l'ai vue l'année dernière pendant les vacances.
>
> Je lui téléphone deux ou trois fois par mois. Je lui ai téléphoné samedi dernier. Je lui ai parlé de mon nouveau professeur d'anglais.
>
> Je lui écris de temps en temps.° Je lui ai écrit pour son anniversaire. Je lui ai envoyé une carte et un livre. (Elle aime beaucoup lire!)

de temps en temps *from time to time*

Unité 5

Leçon 17   Le français pratique: Le sport, c'est la santé

A 1. Photos de vacances

Dites ce que les amis ont fait pendant les vacances. Utilisez le PASSÉ COMPOSÉ.

1. Olivier _____ .

   Valérie _____ .

2. Jean-Michel _____ .

   François _____ .

   Véronique _____ .

3. Catherine _____ .

   Stéphanie _____ .

   Alain _____ .

   Christophe _____ .

4. Mélanie _____ .

   Jean-Pierre _____ .

   Nathalie _____ .

Writing

UNITÉ
5

B/C **2. Oh là là!**

Lisez ce que les personnes suivantes ont fait et dites où elles ont mal
maintenant. Choisissez une partie du corps différente pour chaque personne.

▶ Jacques est tombé de bicyclette.

Maintenant, _il a mal au genou (à l'épaule, . . .)_____.

1. Philippe a trop mangé.

Maintenant, _____.

2. Nous avons écouté trop de musique de rock.

Maintenant, _____.

3. J'ai couru dans un marathon.

Maintenant, _____.

4. Mon petit frère a mangé trop de bonbons *(candy)*.

Maintenant, _____.

5. M. Moreau est tombé dans la rue.

Maintenant, _____.

6. Tu as joué de la guitare pendant quatre heures.

Maintenant, _____.

C **3. La grippe**

Il y a une épidémie de grippe à l'école. Ce matin vous avez les premiers symptômes. Vous allez chez le docteur. Expliquez ce que vous avez.

LE DOCTEUR: En général, comment ça va?

VOUS: _____

_____

(Tell the doctor that you are in good health.)

LE DOCTEUR: Et ce matin?

VOUS: _____

_____

(Say that you do not feel well.)

LE DOCTEUR: Qu'est-ce que vous avez?

VOUS: _____

_____

(Say that you are very tired.)

LE DOCTEUR: Où avez-vous mal?

VOUS: _____

_____

(Tell the doctor what is hurting: head, ears, stomach . . .)

LE DOCTEUR: Ce n'est pas très grave. Rentrez chez vous. Prenez deux aspirines et buvez beaucoup de liquides chauds.

**MÉDECINS
DE NUIT**

URGENCES MEDICALES
URGENCES DENTAIRES
NUITS, WEEK-END
ET JOURS FERIES
41 r Villiers de l'Ile Adam ------- **01 46 36 46 38**
75020 Paris

SAMU (service d'aide
médicale d'urgence)   **01 45 67 50 50**

Writing

UNITÉ
5

🗨 4. Communication: Correspondance

Your French pen pal loves sports and also wonders if you share his interests.
He would like to know what sports one can practice in your region.

Tell him . . .

• if you do a lot of sports
• if you jog (if so, how many miles you run per week)
• what individual sports you practice in winter
• what sports you practice in summer
• what sports you do in fall and spring
• what other sports one can do in your region

Mon cher Victor,

Dans la région où j'habite, on peut aussi...

Amicalement,

Leçon 18   Un vrai sportif

A 1. Quand?

Répondez aux questions suivantes en utilisant **y** et les expressions de temps suggérées.

| souvent | quelquefois | de temps en temps | parfois | ne . . . jamais |

1. Tu vas au théâtre? _____

2. Tu vas à la bibliothèque? _____

3. Tu déjeunes à la cantine? _____

4. Tes copains viennent chez toi? _____

5. Tes copains et toi, vous allez au ciné? _____

6. Tes parents dînent au restaurant? _____

B 2. Oui ou non?

Informez-vous sur les personnes suivantes et répondez *à l'affirmatif*
ou *au négatif* aux questions suivantes. Utilisez **en** dans vos réponses.

▶ Véronique est végétarienne. Est-ce qu'elle mange de la viande?

  Non, elle n'en mange pas!

1. Marc et Éric sont végétariens aussi. Est-ce qu'ils mangent des légumes?

_____

2. Monsieur Legros veut maigrir. Est-ce qu'il fait du sport?

_____

3. Catherine est honnête. Est-ce qu'elle dit des mensonges?

_____

4. Paul est allergique aux produits laitiers *(dairy foods)*. Est-ce qu'il boit du lait?

_____

5. Le weekend dernier il a fait très beau. Mélanie est allée à la plage.

   Est-ce qu'elle a fait de la natation?

_____

6. Christophe a perdu son appareil-photo. Est-ce qu'il a pris des photos?

_____

Writing

UNITÉ
5

▲ 3. Inventaire personnel

Répondez *à l'affirmatif* ou *au négatif* aux questions suivantes.
Utilisez **en** dans vos réponses.

1. Tu as une radio? _____

2. Tu as un VTT? _____

3. Tu as un chat? _____

4. Tu as des cassettes? _____

5. Tu as beaucoup d'amis? _____

6. Tu as trop de travail *(work)*? _____

7. Tu as des frères? (Si oui, combien?) _____

8. Tu as des soeurs? (Si oui, combien?) _____

4. Communication: Une enquête

Je suis journaliste pour «Jeunesse Magazine» et je fais une enquête sur les loisirs
des jeunes Américains. Peux-tu répondre à mes questions (avec des phrases
complètes, où tu vas utiliser **y** et **en**)?

❖ Es-tu allé(e) au cinéma la semaine dernière?

_____

❖ Combien de fois par mois vas-tu au cinéma?

_____

❖ Fais-tu du jogging régulièrement?

_____

❖ Combien d'heures par semaine fais-tu du sport?

_____

❖ As-tu un vélo?

_____

❖ En quelles saisons fais-tu des promenades à vélo?

_____

❖ As-tu beaucoup de CDs? Combien?

_____

❖ Es-tu allé(e) au concert récemment?

_____

Merci beaucoup!

Leçon 19 Jérôme se lève?

A 1. Portraits

Lisez les descriptions des trois personnes suivantes. Identifiez chacune de ces personnes et écrivez son nom. Ensuite, faites une description similaire de la quatrième personne.

| Thomas | Jeanne-Marie | Valérie | Victor |

1. Elle a la figure ronde.
   Elle a les cheveux blonds et longs.
   Elle a les yeux bleus.

   Elle s'appelle . . .
   [   ]

2. Il a la figure rectangulaire.
   Il a les cheveux blonds et courts.
   Il a les yeux bleus.

   Il s'appelle . . .
   [   ]

3. Il a la figure ovale.
   Il a les cheveux noirs et assez longs.
   Il a les yeux noirs.

   Il s'appelle . . .
   [   ]

4. _____
   _____
   _____

   _____ . . .
   [   ]

B 2. Qu'est-ce qu'ils font?

Dites ce que font les personnes suivantes.

1. M. Leblanc _____ à sept heures.

2. Armelle _____ .

3. Catherine _____ dans la salle de bains.

4. Mes amis _____ en ville.

5. Tu _____ .

6. Je _____ à dix heures et demie.

Writing

UNITÉ
5

B **3. Oui ou non?**

Informez-vous sur les personnes suivantes et dites si oui ou non elles font les choses entre parenthèses.

▶ Nous avons la grippe. (se lever?)

 <u>Nous ne nous levons pas.</u>

1. J'entends un bruit *(noise)* étrange dans ma chambre. (se réveiller?)

 _____

2. Vous dormez très bien. (se réveiller?)

 _____ la nuit.

3. Tu visites Paris. (se promener?)

 _____ sur les Champs-Élysées.

4. Les élèves ont beaucoup de devoirs aujourd'hui. (se coucher?)

 _____ après le dîner.

5. Nous sommes très fatigués. (se reposer?)

 _____

6. Vous avez fait un match de foot. (se laver?)

 Maintenant _____ .

C **4. Dans la salle de bains**

Regardez les illustrations et dites ce que chaque personne fait et quel objet ou quel produit cette personne utilise.

1. M. Duval _____ .

 Il utilise _____ .

2. François _____ .

 Il _____ .

3. Mme Suchet _____ .

    Elle _____ .

4. Zoé _____ .

    Elle _____ .

5. Jean-Paul _____ .

    Il _____ .

6. Sa soeur _____ .

    Elle _____ .

5. Communication

A. La trousse de toilette *(Toiletry bag)* Vous êtes invité(e) à passer un weekend chez un ami français. Vous faites vos valises *(are packing)*. Ecrivez le nom de cinq choses que vous allez mettre dans votre trousse de toilette.

B. La routine du matin Véronique habite à Annecy et va au Lycée Berthollet. Lisez la description de sa routine du matin. Ensuite, sur une feuille de papier séparée, décrivez votre routine.

○ Véronique se réveille à sept heures. Elle ne se lève pas immédiatement. Elle attend dix minutes et puis elle se lève. Elle passe dans la salle de bains. Là, elle se brosse les dents et elle se lave. Ensuite, elle s'habille. En général, elle s'habille simplement: elle met un jean, un tee-shirt et une chemise. Elle se brosse les cheveux et elle se maquille légèrement°. Après, elle va dans la cuisine et elle se prépare un bon petit déjeuner. Quand elle a fini, elle prend ses livres et elle se dépêche° pour prendre le bus.

○ **légèrement** *lightly* **se dépêche** *hurries*

▶ En semaine, je me réveille . . .

C. Le dimanche Sur une feuille de papier séparée, décrivez votre routine du dimanche. Si vous voulez, vous pouvez répondre aux questions suivantes.

• En général, à quelle heure est-ce que tu te réveilles le dimanche?

• Est-ce que tu te lèves immédiatement?

• Qu'est-ce que tu fais après?

• Comment est-ce que tu t'habilles? (élégamment? comme tous les jours?)

• Est-ce que tu te promènes? Où? Avec qui?

• Est-ce que tu te reposes bien? Qu'est-ce que tu fais pour te reposer?

• À quelle heure est-ce que tu te couches?

Leçon 20   J'ai voulu me dépêcher

A 1. Que dire?

Écrivez ce que vous allez dire à vos copains français dans les circonstances
suivantes. Utilisez la forme **tu** ou **vous** des verbes de la liste. Soyez
logique dans votre choix!

s'amuser	**se coucher**	**se dépêcher**	**s'excuser**
s'habiller bien	**se reposer**	**se taire**	

▶ Sophie et Valérie sont fatiguées.   _Reposez-vous!_____

1. Patrick est en retard.   _____

2. Isabelle et François vont à un concert.   _____

3. Alain est impoli.   _____

4. Éric et Marc parlent pendant le film.   _____

5. Nicolas a besoin de dormir.   _____

6. Alice va dans un restaurant très élégant.   _____

A 2. L'agence de publicité (The ad agency)

Vous travaillez pour une agence de publicité française. Préparez des slogans
publicitaires pour les produits suivants. Utilisez des constructions réfléchies.

▶   Lavez-vous les cheveux avec le shampooing DOP.

1. _____

2. _____

3. _____

Writing

**UNITÉ
5**

B 3. La journée d'Isabelle

Isabelle est en vacances à Paris. Dites ce qu'elle a fait hier. Utilisez
le PASSÉ COMPOSÉ des verbes suggérés. Soyez logique!

s'arrêter	**se coucher**	**se dépêcher**	**s'habiller**
se lever	**se promener**	**se reposer**	

1. Isabelle _____ à huit heures du matin.

2. Après le petit déjeuner, elle _____ dans le Quartier latin.

3. À midi, elle _____ dans un café pour déjeuner.

4. Vers six heures, elle est rentrée à son hôtel et elle _____ un peu.

5. Après le dîner, elle _____ pour aller au concert.

6. Elle _____ pour être à l'heure.

7. Elle _____ à minuit.

B 4. L'ordre chronologique

Décrivez ce que les personnes suivantes ont fait. D'abord, indiquez dans quel ordre elles ont
fait les choses suivantes. Ensuite, écrivez votre description en utilisant le PASSÉ COMPOSÉ.

▶ ☐2 **prendre le petit déjeuner**   ☐1 **s'habiller**   ☐3 **partir pour l'école**
  Marc s'est habillé. Il a pris le petit déjeuner. Il est parti pour l'école. _____

1. ☐ **se laver**   ☐ **se lever**   ☐ **aller dans la salle de bains**
  Nous _____

  _____

2. ☐ **dîner**   ☐ **se coucher**   ☐ **se brosser les dents**
  Vous _____

  _____

3. ☐ **se maquiller**   ☐ **sortir de la salle de bains**   ☐ **se laver les cheveux**
  Sophie _____

  _____

4. ☐ **sortir de l'hôtel**   ☐ **s'habiller**   ☐ **se promener en ville**
  Les touristes _____

  _____

5. ☐ **manger un sandwich**   ☐ **s'arrêter dans un café**   ☐ **payer l'addition**
  Je _____

C 5. Qu'est-ce qu'ils vont faire?

Dites ce que les personnes suivantes vont faire. Utilisez la construction
aller + L'INFINITIF avec les verbes de la liste. Soyez logique!

s'amuser	s'arrêter	se dépêcher
se lever	se promener	se reposer

▶ J'ai soif. _Je vais m'arrêter_ dans un café.

1. Vous êtes fatigués. _____

2. Nous allons à la campagne. _____ dans les champs *(fields)*.

3. Tu veux être à l'heure à ton rendez-vous. _____

4. M. Duval a un avion *(plane)* à 7 heures du matin. Demain _____

_____ tôt *(early)*.

5. Tu vas à une boum. J'espère que _____ .

👁👁 6. Communication

A. Une invitation Ce soir votre copain français vous a invité(e) à dîner
dans un restaurant élégant. Décrivez comment vous allez vous préparer
pour cette occasion. Utilisez quatre verbes réfléchis.

▶ _Je vais me laver les cheveux._ _____

• _____

• _____

• _____

• _____

B. Une enquête Pour trois membres de votre famille, y compris
vous-même *(including yourself)*, dites:

• à quelle heure cette personne s'est couchée hier soir

• à quelle heure elle s'est levée ce matin

• combien d'heures elle a dormi

▶ Mon père s'est couché à 11 heures. Il s'est levé à 6 heures. Il a dormi sept heures.

_____

_____

_____

_____

_____

Writing

UNITÉ
5

Nom _____

C. Samedi dernier Décrivez ce que vous avez fait samedi dernier. Dans cette description, utilisez cinq verbes réfléchis, par exemple:

se réveiller	**se lever**	**s'habiller**	**se promener**
se reposer	**s'amuser**	**se coucher**	

Vous pouvez utiliser le journal de Stéphanie à la page 288 de votre texte comme modèle.

Samedi dernier,

Unité 6

Leçon 21   Le français pratique: La maison

A/B **1. L'intrus**

Dans chaque groupe il y a un élément qui n'appartient pas *(does not belong)*
à cette catégorie. C'est l'intrus! Trouvez l'intrus et rayez-le *(cross it out)*.

▶ voiture	bicyclette	~~maison~~	autobus
1. sofa	fauteuil	évier	chaise
2. baignoire	tapis	lavabo	douche
3. four	lave-vaisselle	réfrigérateur	glace
4. tableau	bureau	lit	table
5. mur	plafond	clé	sol
6. toit	chambre	cuisine	salon
7. maison	meuble	immeuble	appartement
8. salle à manger	sous-sol	rez-de-chaussée	premier étage

A/B **2. Le déménagement** *(Moving)*

Imaginez que vous allez déménager *(to move)* pour habiter dans une
autre ville. Préparez pour la compagnie de déménagement une liste
des meubles et des appareils ménagers qui sont dans votre maison
ou votre appartement. Établissez cette liste par étage et par pièce.

Liste des Meubles		
étage	pièce	meubles / appareils ménagers
rez-de-chaussée	cuisine	réfrigérateur,

Writing

Unité 6

Nom _____

A/B **3. Dans la rue**

Décrivez la scène. Pour cela, répondez aux questions suivantes.
Faites des phrases complètes.

en panne *out of order*   **l'ascenseur** *elevator*

1. Dans quelle partie de la ville se passe la scène *(does the scene take place)*?

   _____

2. Dans quel genre de résidence habite Mme Moreau?

   _____

3. À quel étage habite-t-elle?

   _____

4. Qu'est-ce qu'il y a au rez-de-chaussée de l'immeuble?

   _____

5. Qu'est-ce qu'il y a sur le trottoir *(sidewalk)*?

   _____

6. Quels meubles est-ce qu'il y a dans le camion *(truck)*?

   _____

7. Qu'est-ce que les deux hommes doivent faire pour monter *(to bring up)* les meubles à
   l'appartement de Mme Moreau?

A 4. Départ en vacances

Vous allez partir en vacances avec votre famille. Demandez à votre camarade français qui habite avec vous de faire certaines choses pour vous aider. Vous lui parlez en français, bien sûr!

1. _____

   Close the window of your room.

2. _____

   Turn off the TV.

3. _____

   *Turn on the radio and listen to the weather forecast (**la météo**).*

4. _____

   *Open the door of the garage and put your suitcase (**la valise**) in the car.*

5. _____

   *Put on the alarm (**le système d'alarme**).*

5. Communication

A. Situations Choisissez l'une des situations suivantes. Écrivez un paragraphe de 6 à 10 lignes correspondant à la situation que vous avez choisie. Si c'est nécessaire, utilisez une feuille de papier séparée.

1. Vous allez passer un an à Montréal avec votre famille. Vous allez dans une agence immobilière *(real estate agency)*. Expliquez le type de résidence que vous voulez louer *(to rent)*.

2. Vos parents ont décidé de changer de compagnie d'assurance *(insurance)*. Décrivez les meubles de votre chambre à l'employé(e) de la nouvelle compagnie d'assurance. (Quels meubles avez-vous? De quelle couleur sont-ils? En quelle condition?)

3. Vous avez un riche oncle qui vous a donné de l'argent pour redécorer votre chambre. Écrivez-lui une lettre où vous lui expliquez ce que vous allez faire. (De quelle couleur allez-vous peindre *(to paint)* les murs? Comment allez-vous décorer votre chambre? Quels nouveaux meubles est-ce que vous allez acheter? Quels meubles est-ce que vous allez garder?)

Situation # 1

Writing / Unité 6

B. La maison de Stéphanie Lisez la lettre de Stéphanie où elle décrit l'endroit où elle habite.

Chers amis,

Je m'appelle Stéphanie Beaumont et j'habite avec ma famille à Veyrier. C'est un petit village dans la banlieue d'Annecy, une très jolie ville dans les Alpes françaises.

Nous habitons une maison individuelle de deux étages. Elle n'est pas très grande mais elle est assez moderne. Au rez-de-chaussée, il y a le living, la salle à manger, la cuisine et un WC. Au premier étage, il y a trois chambres: ma chambre, la chambre de mon frère et la chambre de mes parents. Il y a aussi un WC et une seule (only one) salle de bains avec baignoire et douche.

Ma chambre est assez petite, mais elle a un balcon. J'ai décoré les murs, qui sont bleus, avec des posters et des photos de chanteurs français et américains.

Notre maison n'a pas de grenier, mais au sous-sol il y a une cave où nous rangeons toutes sortes de choses. Autour de (around) la maison, il y a un jardin où nous faisons des pique-niques en été.

Et maintenant, pouvez-vous me parler de l'endroit où vous habitez?

Amitiés,

Stéphanie

Répondez à Stéphanie en écrivant une lettre où vous allez décrire . . .

- l'endroit où vous habitez
- votre maison ou appartement
- votre chambre
- quelques caractéristiques particulières de votre maison ou appartement

Utilisez une feuille de papier séparée.

Leçon 22   C'est quelqu'un que tu connais

A 1. Comment vivent-ils?

Informez-vous sur les personnes suivantes et dites si oui ou non elles vivent bien.
Utilisez l'expression **vivre bien** dans des phrases *à l'affirmatif* ou au *négatif*.

1. Madame Dufric est millionnaire.

   Elle _____ .

2. Les Dupont ont cinq enfants mais ils habitent dans une petite maison.

   Ils _____ .

3. Nous habitons dans un beau quartier.

   Nous _____ .

4. Vous mangez trop et vous ne faites pas d'exercice.

   Vous _____ .

5. Tu es trop pessimiste.

   Tu _____ .

6. Je suis heureux et j'ai beaucoup d'amis.

   Je _____ .

B 2. Le weekend dernier

Dites où sont allées les personnes suivantes le weekend dernier. Puis, dites ce qu'elles
ont fait: pour cela, choisissez l'une des expressions suggérées. Soyez logique.

| danser |
| nager |
| faire des achats |
| assister à un match de foot |
| monter à la Tour Eiffel |
| se promener dans la forêt |
| voir un western |

▶ Charlotte ____*est allée*____ en ville.
   Elle a fait des achats .

1. Nous _____ au cinéma. _____

   _____ .

2. Vous _____ à la plage. _____

   _____ .

3. Valérie et Sylvie _____ dans une discothèque.

   _____ .

4. Je _____ à la campagne. _____

5. Tu _____ au stade. _____

   _____ .

6. Les touristes anglais _____ à Paris. _____

   _____ .

C **3. Qui est-ce?**

Des amis sont à la plage. Identifiez-les d'après ce qu'ils font. Suivez le modèle.

▶ Virginie et Hélène ___sont les filles qui font un pique-nique___ .

1. Catherine et Alice sont _____ .

2. Pierre est _____ .

3. Stéphanie est _____ .

4. Vincent et Éric sont _____ .

C **4. Jean-Pierre**

Votre ami Jean-Pierre parle de certains aspects de sa vie. Faites une description de Jean-Pierre d'après ce qu'il dit. Suivez le modèle. (Utilisez **qui**.)

> Mon quartier a beaucoup de magasins intéressants.
>
> Ma maison a deux étages.
>
> Mon école est située dans la banlieue.
>
> Mes cousins habitent à Bruxelles.
>
> Ma tante travaille dans une banque.

▶ Jean-Pierre habite dans un quartier ___qui a beaucoup de magasins intéressants___ .

1. Il habite dans une maison _____ .

2. Il va à une école _____ .

3. Il a des cousins _____ .

4. Il a une tante _____ .

D 5. Et toi?

Répondez aux questions suivantes *à l'affirmatif* ou *au négatif*,
d'après le modèle. (Utilisez **que**.)

▶ Tu lis *Sports Illustrated*?

____Oui____, c'est un magazine ____que je lis_____.

ou: ____Non____, c'est un magazine ____que je ne lis pas_____.

1. Tu regardes la «Roue de la Fortune» *(Wheel of Fortune)*?

_____, c'est une émission *(TV program)* _____.

2. Tu connais Boston?

_____, c'est une ville _____.

3. Tu aimes Michael Jackson?

_____, c'est un chanteur _____.

4. Tu trouves Whoopi Goldberg intéressante?

_____, c'est une actrice _____.

5. Tu admires le président?

_____, c'est une personne _____.

6. Tu écoutes le groupe «Grateful Dead»?

_____, ce sont des musiciens _____.

D 6. Qui ou que?

Complétez les phrases suivantes avec **qui** ou **que**.

1. La fille _____ Paul regarde est très sympathique.

C'est une Américaine _____ vient passer une année à Paris.

2. J'organise une boum pour les personnes _____ aiment

danser et _____ j'aime bien.

3. J'ai un copain _____ tu connais et _____ connaît ta soeur.

4. La personne _____ vous cherchez n'est pas là.

Demandez son adresse à la dame _____ est là-bas.

5. La voiture _____ est devant le café est la voiture

_____ je viens d'acheter.

6. Voici le journal _____ je lis. C'est un journal _____

a toujours des articles intéressants.

Writing

Unité
6

7. Communication

A. Expression personnelle Parlez de vous-même en complétant les phrases suivantes. Vous pouvez ajouter *(add)* d'autres phrases si vous voulez.

▶ J'ai un copain qui *a un cousin français (a visité Casablanca, etc.)* .

• J'ai une copine qui _____

_____ .

• J'ai des parents qui _____

_____ .

• J'habite dans une ville qui _____

_____ .

• Nous habitons dans une maison (un appartement) qui _____

_____ .

• J'ai une chambre qui _____

_____ .

• Dans ma chambre, il y a beaucoup de choses qui _____

_____ .

B. Vos préférences Décrivez vos préférences. Pour cela, complétez les phrases avec **qui** ou **que** et des expressions de votre choix.

1. J'aime les gens _____

_____ .

2. Je n'aime pas les gens _____

_____ .

3. J'aime les livres _____

_____ .

4. J'aime les magazines _____

_____ .

5. Je n'aime pas les films _____

_____ .

les 300 films de la semaine
Du mercredi 3 au mardi 9 juin
cinéscope

Leçon 23   À Menthon-Saint-Bernard

A 1. Pendant les vacances

Dites ce que les personnes suivantes faisaient tous les jours après le déjeuner
pendant les vacances.

1. Marthe _____ .   5. Éric et Juliette _____ .

2. Nous _____ .   6. M. Rimbaud _____ .

3. Vous _____ .   7. Je _____ .

4. Tu _____ .

A/B/D   2. Hier à deux heures

Dites où étaient les personnes suivantes hier et ce que chacune faisait.
Choisissez de la liste les expressions qui conviennent logiquement.

étudier	faire les courses	choisir un livre	attendre le bus
travailler	se reposer	boire un soda	

▶ Tu _étais_____ au supermarché. Tu _faisais les courses_____ .

1. Nous _____ dans la rue. Nous _____ .

2. Vous _____ au café. Vous _____ .

3. J' _____ dans ma chambre. Je _____ .

4. Mlle Lasalle _____ au bureau *(office)*. Elle _____ .

5. Tu _____ à la bibliothèque. Tu _____ .

6. Les élèves _____ en classe. Ils _____ .

A/B/D   3. En 1900

La vie *(life)* a beaucoup changé depuis 1900. Dites si oui ou non on faisait
les choses suivantes en 1900.

▶ (travailler)   On ____travaillait_____ beaucoup.

▶ (habiter)   Les gens _____n'habitaient pas_____ dans de grands immeubles.

1. (habiter)   Beaucoup de gens _____ à la campagne.

2. (aller)   Les jeunes _____ au cinéma.

3. (regarder)   Le soir, on _____ la télé.

4. (voyager)   On _____ en train.

Writing

Unité
6

5. (être)   Les maisons _____ très modernes.

6. (pouvoir)   Les femmes _____ voter.

7. (étudier)   Dans les écoles, les élèves _____ le latin.

8. (être)   On _____ plus heureux *(happier)*
                 qu'aujourd'hui.

A/C 4. L'interview de Bella Labelle

Un journaliste interviewe Bella Labelle, une célèbre *(famous)* chanteuse de rock, sur sa vie
(life) maintenant et avant. Complétez le dialogue d'après le modèle.

▶ — Où habitez-vous maintenant?
— _J' habite_ _____ à Paris.

— Et avant, _où habitiez-vous_ ?
— _J'habitais_ dans un petit village.

1. — Quelle voiture avez-vous maintenant?
— _____ une Rolls Royce.
— Et avant, _____ ?
— _____ une petite Renault.

2. — Comment voyagez-vous maintenant?
— Et avant, _____ en avion.
— _____ en autobus.

3. — Où allez-vous pendant les vacances
maintenant?
— _____ à Acapulco.
— Et avant, _____?
— _____ à la campagne
chez mon oncle.

4. — Quels sports faites-vous maintenant?
— _____ de la voile.
— Et avant, _____?
— _____ de la marche à pied.

C 5. Le 14 juillet

Le 14 juillet est le jour de la fête nationale française. C'est une occasion de
faire beaucoup de choses intéressantes. Décrivez ce que les personnes
faisaient d'habitude et ce qu'elles ont fait le 14 juillet.

	D'HABITUDE:	LE 14 JUILLET:
(dîner)	Olivier _dînait_ chez lui.	_Il a dîné_ au restaurant.
1. (aller)	Alice _____ au cinéma.	_____ au concert.
2. (boire)	M. Renoir _____ de l'eau minérale.	_____ du champagne.
3. (regarder)	Julie _____ la télé.	_____ les feux d'artifice *(fireworks)*.
4. (se coucher)	Éric _____ tôt *(early)*.	_____ très tard *(late)*.
5. (dormir)	Alain _____ huit heures.	_____ seulement trois heures.

C 6. Sports et loisirs

Pendant les vacances on peut faire beaucoup de choses. Décrivez les loisirs
des personnes suivantes. Utilisez l'IMPARFAIT de **faire** pour les activités habituelles,
et le PASSÉ COMPOSÉ pour les activités qui arrivent de temps en temps.

1. D'habitude, Mélanie _____ une promenade sur la plage.

2. Un jour, nous _____ une promenade en bateau *(boat)*.

3. Tous les matins, je _____ du jogging.

4. Le 10 juillet, Éric et Stéphanie _____ un pique-nique dans la campagne.

5. L'après-midi, vous _____ de la planche à voile.

6. Un après-midi, Thomas _____ de l'équitation.

7. Chaque jour, Juliette et Marc _____ un match de tennis.

8. Pour son anniversaire, Marthe _____ un tour en avion.

D 7. La panne *(The power failure)*

Il y a eu une panne d'électricité hier. Dites ce que chacun faisait à ce moment-là.

▶ Charles lisait un livre (regardait

les bandes dessinées . . .) .

1. Les Durand _____

_____ .

2. Les Dupont _____

_____ .

3. M. Robert _____

_____ .

4. Mme Mercier _____

_____ .

5. M. Thomas _____

_____ .

6. Paul _____

_____ .

7. Hélène _____

_____ .

8. M. Imbert _____

_____ .

Writing

Unité
6

8. Communication

A. Hier soir Hier, vers *(toward)* six heures, votre copain vous a téléphoné, mais il n'y avait personne *(nobody)* à la maison. Expliquez à votre copain où vous et les autres membres de votre famille étiez et ce que chaque personne faisait. Utilisez votre imagination! (Si nécessaire, utilisez une feuille de papier séparée.)

Hier vers six heures, j'étais

B. Quand j'étais petit(e) Votre amie Valérie veut savoir ce que vous faisiez quand vous étiez petit(e) — quand vous aviez dix ans, par exemple. Répondez à ses questions.

- Où habitais-tu?
- À quelle école allais-tu?
- Regardais-tu souvent la télé?
  Quelle était ton émission *(program)* favorite?
  Qui était ton acteur favori?
  Qui était ton actrice favorite?
- Quels magazines lisais-tu?
- Qui était ton meilleur ami (ta meilleure amie)?
  Qu'est-ce que vous faisiez ensemble?
- Qu'est-ce que tu faisais le weekend?
- Qu'est-ce que tu faisais pendant les vacances?

Chère Valérie,
Quand j'avais dix ans...

Leçon 24 Montrez-moi vos papiers!

A 1. Photo de vacances

Pendant vos vacances en France, vous avez pris cette photo. Décrivez la scène.

1. C'était quel mois?

_____

2. Quelle heure était-il approximativement?

_____

3. Quel temps faisait-il?

_____

4. Combien de gens est-ce qu'il y avait dans le café?

_____

5. Qu'est-ce qu'ils faisaient?

_____

6. Que faisait l'homme devant le café?

_____

7. Quels vêtements portait-il?

_____

A 2. Pourquoi?

Expliquez pourquoi les personnes suivantes ont fait certaines choses.

▶ Thomas / rester à la maison (il est malade)

    Thomas est resté à la maison parce qu'il était malade.

1. nous / faire une promenade (il fait beau)

_____

2. je / rentrer à la maison (il est 7 heures)

_____

3. tu / aller au café (tu as soif)

_____

4. Marc et Jérôme / acheter des sandwichs (ils ont faim)

_____

5. vous / vous reposer (c'est dimanche)

Nom _____

A/B **3. Un cambriolage**

Décrivez le cambriolage en répondant aux questions suivantes.

1. Est-ce que c'était le jour ou la nuit?

_____

2. Quelle heure était-il?

_____

3. Où étaient M. et Mme Loiseau?

_____

4. Qu'est-ce qu'ils faisaient?

_____

5. Qu'est-ce qu'il y avait sur la table?

_____

6. Est-ce que la fenêtre était ouverte ou fermée?

_____

MOTS UTILES					
des bijoux	*jewels*	**une échelle**	*ladder*	**aboyer**	*to bark*
un cambrioleur	*burglar*	**une voiture**	*police car*	**arrêter**	*to arrest*
un sac	*bag, sack*	**de police**		**crier**	*to shout*
un voleur	*thief*				

7. Par où est entré le cambrioleur?

_____

_____

8. Qu'est-ce qu'il avait à la main?

_____

_____

9. Qu'est-ce qu'il a vu?

_____

_____

10. Est-ce que M. et Mme Loiseau se sont
réveillés?

_____

_____

11. Comment est descendu le cambrioleur?

_____

_____

Au voleur!

12. Quel animal est-ce qu'il y avait dans la rue?

_____

_____

13. Qu'est-ce que le chien a fait?

_____

_____

14. Qu'est-ce que Mme Loiseau a fait?

_____

_____

15. Qu'est-ce que M. Loiseau a fait?

_____

_____

16. Qui est-ce qui est venu?

_____

_____

17. Qu'est-ce que les policiers ont fait?

_____

_____

Writing

Unité 6

A/B **4. Faits divers** *(Happenings)*

Choisissez un des faits suivants et décrivez-le. D'abord décrivez la scène,
puis imaginez la suite *(what happened next)*. Si c'est nécessaire, utilisez une
feuille de papier séparée.

A. Football

MOTS UTILES	
un ballon	*ball*
la vitre	*window pane*
casser	*to break*
taper dans le ballon	*to kick the ball*

- Décrivez la scène.

  (Quelle heure était-il? Où étaient M. et Mme Calvet? Qu'est-ce qu'ils faisaient? Où était Pierre?
  Qu'est-ce qu'il faisait? Qu'est-ce qui est arrivé?)

  _____

  _____

  _____

  _____

- Imaginez la suite.

  (Qu'est-ce que M. Calvet a fait? Qu'est-ce que Mme Calvet a fait? Qu'est-ce que Pierre a fait?)

  _____

  _____

  _____

  _____

  _____

Nom _____

B. Pique-nique

- Décrivez la scène.
  (Quelle saison est-ce que c'était? Quel temps fai-sait-il? Quelle heure était-il approximativement? Où étaient les gens? Qu'est-ce qu'ils faisaient? Qui est arrivé sur la scène du pique-nique?)

  _____

  _____

  _____

  _____

MOTS UTILES	
un taureau	*bull*
se précipiter vers	*to rush toward*
chasser	*to chase*

- Imaginez la suite.
  (Qu'est-ce que le taureau a fait? Qu'est-ce que les gens ont fait?)

  _____

  _____

  _____

  _____

MOTS UTILES	
un OVNI	*UFO*
un extraterrestre	*extraterrestrial*
un drapeau	*flag*

C. OVNI

- Décrivez la scène.
  (Est-ce que c'était le jour ou la nuit? Quelle heure était-il approximativement? Où était-ce? Combien d'extraterrestres sont sortis de l'OVNI? Qu'est-ce qu'ils avaient avec eux? Qu'a fait la fille? Qu'a fait le garçon?)

  _____

  _____

  _____

- Imaginez la suite.
  (Qu'est-ce que les extraterrestres ont fait ensuite? Qu'a fait la fille? Qu'a fait le garçon?)

  _____

  _____

  _____

Writing

Unité 6

5. Communication

A. Un pique-nique Décrivez le dernier *(last)* pique-nique où vous êtes allé(e).
Vous pouvez baser votre description sur les questions suivantes. Si c'est nécessaire,
utilisez une feuille de papier séparée.

- Quel jour était-ce?
- Quel temps faisait-il?
- Où était le pique-nique?
- Combien d'invités *(guests)* est-ce qu'il y avait?
  Combien de garçons?
  Combien de filles?
- Est-ce que vous connaissiez tout le monde?
- Quels vêtements portiez-vous ce jour-là?
- Qui a organisé le pique-nique?
- Est-ce que vous avez apporté quelque chose au
  pique-nique? Quoi?
- Qu'est-ce que vous avez fait avant le
  pique-nique?
- Qu'est-ce que vous avez mangé?
- Qu'est-ce que vous avez bu?
- Qu'est-ce que vous avez fait après le
  pique-nique?

B. Souvenirs Décrivez un événement de votre vie *(life)*. Cet événement
peut être heureux (une boum, un anniversaire, un mariage, une cérémonie
religieuse, etc.) ou malheureux (un accident). Considérez les choses suivantes:

LES CIRCONSTANCES	LES FAITS
• la date	• qu'est-ce que vous avez fait avant, pendant et après?
• le temps	
• l'endroit	• qu'est-ce que les autres personnes ont fait avant, pendant et après?
• quel âge aviez-vous?	
• les autres circonstances	

Utilisez une feuille de papier séparée.

B. Soldes

1. Où se passe la scène?

   _____

2. Qu'est-ce que le client essaie?

   _____

3. Quel est le dessin de la veste? et du pantalon?

   _____

4. Quel est le problème avec la veste? et avec le pantalon?

   _____

5. Combien coûte la veste? et le pantalon?

   _____

6. Selon vous, qu'est-ce que le client va faire?

   _____

Writing

UNITÉ
7

4. Communication

A. Joyeux anniversaire! Pour votre anniversaire, votre oncle Paul, qui habite à Québec et qui est riche, vous a promis de vous acheter cinq vêtements ou accessoires de votre choix. Écrivez-lui une lettre où vous faites une liste des cinq objets que vous voulez. Donnez des détails sur chaque objet (couleur? dessin? matière?. . .). Puis signez votre lettre.

> Cher oncle Paul,
> Merci de ton offre généreuse! Pour mon anniversaire je voudrais avoir ...
> •
> •
> •
> •
> •
>
> Je t'embrasse,

B. Invitations Ce weekend vous êtes invité(e) à quatre événements différents:

- une boum
- un pique-nique
- un mariage *(wedding)*
- l'anniversaire de votre oncle

Choisissez l'événement où vous voulez aller et décrivez en détail les vêtements et les chaussures que vous allez porter pour l'occasion. Pour chaque type de vêtement, vous pouvez, par exemple, décrire la couleur, le tissu, le style. (Si c'est nécessaire, utilisez une feuille de papier séparée.)

> ○ Je vais aller _____
> Pour cette occasion, je vais mettre _____
> _____
> _____
> _____
> Je vais aussi porter _____
> _____
> ○ _____

Leçon 26   Armelle compte son argent

A 1. Aux Galeries Lafayette

Vous travaillez aux Galeries Lafayette, un grand magasin à Paris.
Dites combien coûtent les choses suivantes. Écrivez chaque prix en lettres.

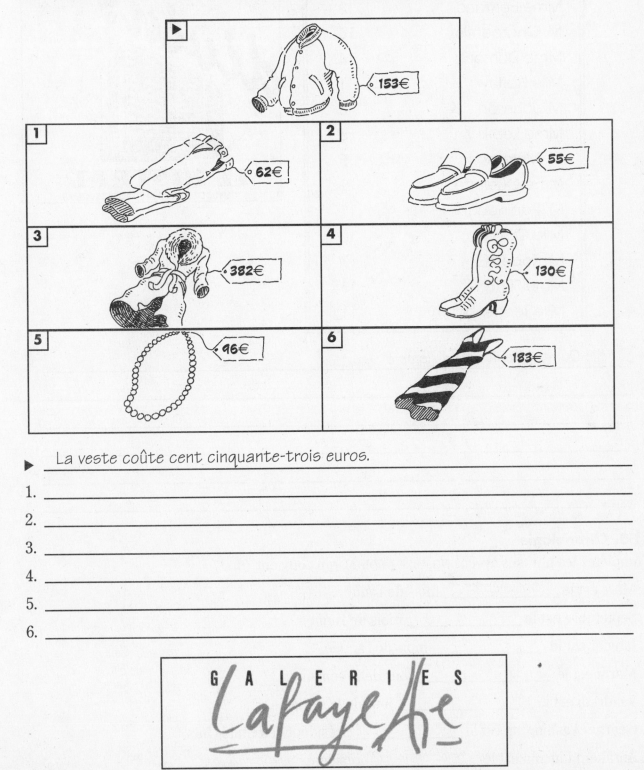

▶   La veste coûte cent cinquante-trois euros.

1. _____

2. _____

3. _____

4. _____

5. _____

6. _____

G A L E R I E S
Lafayette

Writing

UNITÉ
7

B **2. Concierge**

Vous habitez à Montréal. Pour gagner de l'argent vous travaillez à temps partiel comme concierge dans un immeuble. Choisissez cinq résidents de l'immeuble et dites à quel étage chacun habite.

Mlle Aubry	3
Mme Bertrand	12
M. Charpentier	16
Mme Dumont	14
Mlle Harley	1
M. Johnson	8
Mme Lebris	6
M. Mélanson	5
Mme Ouelette	9
M. Papineau	13
Mlle Quintal	10
M. Roberts	7
Mme Simon	15
Mlle Tennenbaum	11

divin!

LE MISTRAL
À VISITER DE 9 H À 21 H TOUS LES JOURS

▶ _Mlle Quintal habite au dixième étage._

• _____

• _____

• _____

• _____

• _____

B **3. Chronologie**

Complétez les phrases avec le NOMBRE ORDINAL qui convient *(fits)*.

▶ Mars est le ___troisième___ mois de l'année.

1. Septembre est le _____ mois de l'année.

2. Janvier est le _____ mois de l'année.

3. Mardi est le _____ jour de la semaine.

4. Vendredi est le _____ jour de la semaine.

5. George Washington est le _____ président des États-Unis.

6. Abraham Lincoln est le _____ président.

C 4. Vive la différence!

Tout le monde n'a pas la même personnalité. Exprimez cela d'après le modèle.

▶ Philippe est bon en maths.   Catherine   <u>n'est pas bonne en maths</u>   .

1. Marc est généreux.   Sa cousine _____ .

2. Hélène est sportive.   Jean-Claude _____ .

3. Olivier est musicien.   Stéphanie _____ .

4. Armelle est sérieuse.   Ses frères _____ .

5. Pierre est ponctuel.   Corinne _____ .

6. Isabelle est discrète.   Éric _____ .

7. Thomas est original.   Ses copains _____ .

D 5. Chacun à sa façon *(Each in his/her own way)*

Complétez les phrases suivantes avec la forme correcte des adjectifs entre parenthèses.

1. (beau) Mademoiselle Bellamy est toujours très élégante.

   Aujourd'hui elle porte une _____ robe bleue,

   des _____ chaussures italiennes et un

   _____ imperméable noir.

2. (nouveau) Madame Thomas aime les choses modernes.

   Elle va acheter une _____ voiture et

   des _____ meubles pour son

   _____ appartement.

3. (vieux) Monsieur Vieillecase préfère les choses anciennes.

   Il habite dans une _____ maison où il

   a beaucoup de _____ livres et d'autres

   _____ choses.

Writing

UNITÉ 7

E 6. Une question de personnalité

Dites que les personnes suivantes agissent *(act)* suivant leur personnalité.

▶ Thomas est calme.   Il parle ___calmement___ .

1. Catherine est énergique.   Elle joue _____ au foot.

2. Philippe est poli.   Il répond toujours _____ aux gens.

3. Eric est attentif.   Il écoute _____ le professeur.

4. Juliette est consciencieuse.   Elle fait ses devoirs _____ .

5. Marc est sérieux.   Il travaille _____ .

6. Jean-Pierre est ponctuel.   Le matin, il arrive _____ à l'école.

7. Christine est élégante.   Elle s'habille toujours _____ .

8. François est patient.   Il attend _____ ses amis.

7. Communication: Votre personnalité

Décrivez votre personnalité en disant comment vous faites certaines choses. Vous pouvez utiliser certaines des expressions suivantes et les adverbes dérivés des adjectifs suggérés.

- agir *(to act)*
- aider mes copains
- arriver à mes rendez-vous
- étudier
- faire mes devoirs
- m'habiller
- parler
- penser

calme	consciencieux
élégant	généreux
logique	original
patient	ponctuel
prudent *(cautious)*	sérieux
simple	

En général, j'agis (je n'agis pas) logiquement . . .
_____
_____
_____
_____
_____
_____
_____
_____
_____
_____
_____
_____
_____

Leçon 27 Corinne a une idée

A 1. Comparaisons

Comparez les choses ou les personnes suivantes en utilisant la forme COMPARATIVE appropriée de l'adjectif indiqué.

▶ le français / facile / l'espagnol? _Le français est moins (plus, aussi) facile que l'espagnol._

1. l'argent / cher / l'or? _____

2. l'hydrogène / lourd / l'air? _____

3. les Jaguar / rapide / les Mercedes? _____

4. le basket / dangereux / le foot? _____

5. les chats / intelligent / les chiens? _____

6. les Lakers / bon / les Celtics? _____

7. la cuisine française / bon / la cuisine américaine? _____

8. les tee-shirts / bon marché / les chemises? _____

_____

A 2. De bonnes raisons!

Vous habitez à Annecy. Votre copain (copine) français(e) vous demande pourquoi vous faites certaines choses. Répondez-lui logiquement en utilisant la forme COMPARATIVE appropriée des mots entre parenthèses.

▶ Pourquoi achètes-tu le tee-shirt? (cher) _Parce qu'il est moins cher que_ le polo.

1. Pourquoi achètes-tu le blouson? (joli)

_____ la veste.

2. Pourquoi choisis-tu la tarte? (bon)

_____ le gâteau au chocolat.

3. Pourquoi achètes-tu les sandales? (bon marché)

_____ les chaussures.

4. Pourquoi achètes-tu le sac? (lourd)

_____ la valise *(suitcase)*.

5. Pourquoi mets-tu ton manteau? (chaud)

_____ mon imper.

6. Pourquoi invites-tu Caroline? (snob)

_____ sa cousine.

Writing

UNITÉ 7

Nom _____

B 3. Que dire?

Vous êtes avec votre ami(e) français(e). Qu'est-ce que vous allez dire dans
les situations suivantes? Complétez les phrases avec **plus** + l'adverbe qui convient *(fits)*.

tôt	tard	vite	lentement	longtemps

▶ Je ne comprends pas. Parle _plus lentement_ _____!

1. Nous sommes pressés *(in a hurry)*. Allons _____!

2. Tu es toujours en retard pour l'école. Lève-toi _____ demain!

3. J'ai mal aux pieds. Allons _____!

4. Il fait très beau aujourd'hui. Restons _____ à la plage!

5. Demain, c'est dimanche. Levons-nous _____!

C 4. Des touristes exigeants *(Demanding tourists)*

Des touristes français visitent votre ville. Ces touristes sont exigeants et veulent
toujours faire les meilleures choses. Exprimez cela en complétant les phrases
avec la forme **plus** du SUPERLATIF des expressions entre parenthèses.

▶ (un hôtel confortable)

Les touristes veulent rester dans _l'hôtel le plus confortable_ _____.

1. (un musée intéressant)

Les touristes veulent visiter _____.

2. (une comédie amusante)

Ils veulent voir _____.

3. (un bon restaurant)

Ils veulent dîner dans _____.

4. (des quartiers modernes)

Ils veulent visiter _____.

5. (des boutiques bon marché)

Ils veulent faire du shopping dans _____.

C **5. À votre avis**

Nommez les choses ou les personnes qui représentent le maximum indiqué.

▶ un hôtel moderne / ma ville

L'hôtel le plus moderne de ma ville est l'Excelsior Hotel.

1. une ville intéressante / ma région

_____

2. une ville intéressante / les États-Unis

_____

3. un bon restaurant / mon quartier

_____

4. une bonne équipe / la Ligue Nationale

_____

5. un bon jour / la semaine

_____

6. un mois froid / l'année

_____

7. une belle saison / l'année

_____

6. Communication

A. Vos Oscars personnels Décernez *(name)* vos Oscars personnels dans
quatre des catégories suivantes. Si c'est nécessaire, utilisez une feuille
de papier séparée.

- **un bon acteur**
- **une bonne actrice**
- **un(e) bon(ne) athlète**
- **une équipe de basket**

- **une bonne chanson**
- **un film intéressant**
- **une comédie drôle**
- **une voiture rapide**

- **des bandes dessinées amusantes**
- **un livre passionnant** *(exciting)*
- **un magazine intéressant**
- **un bon groupe musical**

Selon moi, le meilleur acteur est

_____

_____

_____

_____

_____

Nom _____

B. Comparaisons personnelles Écrivez un petit paragraphe où vous vous comparez avec un(e) ami(e) ou un membre de votre famille. Vous pouvez utiliser les adjectifs suggérés ou d'autres adjectifs de votre choix. Si nécessaire, utilisez une feuille de papier séparée.

jeune ≠ âgé	sérieux ≠ paresseux	drôle	sportif
grand ≠ petit	généreux ≠ égoïste	gentil	spirituel
fort ≠ faible	consciencieux	bon en . . .	timide

J'ai une cousine qui s'appelle Béatrice. Je suis plus jeune qu'elle mais elle est plus petite que moi. Elle est plus sportive que moi, mais je pense que je suis plus sérieuse qu'elle. Je suis meilleure en français qu'elle, mais je ne suis pas aussi bonne qu'elle en maths...

Leçon 28 Les vieilles robes de Mamie

A/B 1. Pourquoi pas?

Vous faites du shopping avec un(e) ami(e) français(e). Complétez
les dialogues d'après le modèle.

▶ — Tu as choisi une veste?

— Oui.

— _Laquelle?_____

— _Celle-ci!_____

— Pourquoi pas _celle-là?_____

— Parce qu'elle est affreuse!

2. — Tu as acheté un pull?

— Oui.

— _____?

— _____!

— Pourquoi pas _____?

— Parce qu'il est trop petit!

1. — Tu vas essayer des chaussures?

— Oui.

— _____?

— _____!

— Pourquoi pas _____?

— Parce qu'elles sont trop étroites!

3. — Tu vas acheter des tee-shirts?

— Oui.

— _____?

— _____!

— Vraiment? Pourquoi pas _____?

— Parce qu'ils sont trop moches!

B 2. Rendez à César!

Répondez au négatif aux questions suivantes et identifiez le propriétaire
(owner) de chaque objet.

▶ C'est ton vélo? _____

   _Mais non, c'est celui de Pierre._____

1. C'est ton blouson? _____

_____

2. Ce sont tes baskets? _____

_____

3. C'est ta guitare? _____

4. Ce sont tes cassettes? _____

_____

5. C'est ta casquette? _____

_____

6. C'est ton sac? _____

_____

7. Ce sont tes sandales? _____

Writing

UNITÉ
7

B **3. Emprunts**

Quand on n'a pas certaines choses, on les emprunte à des amis.
Exprimez cela d'après le modèle.

▶ Philippe n'a pas sa raquette. (jouer / Thomas)

　　Il joue avec celle de Thomas.
_____

1. Catherine n'a pas ses compacts. (écouter / Nathalie)

_____

2. Marc n'a pas son appareil-photo. (prendre des photos / sa cousine)

_____

3. Véronique n'a pas ses lunettes de soleil. (prendre / sa soeur)

_____

4. Jérôme n'a pas sa veste. (mettre / son frère)

_____

4. Communication: Quand on oublie . . .

Parfois nous oublions de prendre certaines choses. Choisissez cinq objets
de la liste et dites à qui vous empruntez ces objets quand vous les avez oubliés.

mon vélo
mon appareil-photo
mes livres de français
mes tennis
mes lunettes de soleil
ma veste
mon survêtement
mon imper
ma raquette de tennis
ma batte de baseball

▶ *Quand j'oublie mon survêtement, j'emprunte celui de mon
cousin (d'une copine, de ma soeur, de mon amie Caroline).*

Unité 8

Leçon 29   Le français pratique: Les vacances et les voyages

A **1. Camping**

Ce weekend vous allez faire du camping avec des copains. Nommez six
objets que vous allez utiliser.

A/B **2. Soyons logique!**

Complétez les phrases suivantes avec les mots qui conviennent *(fit)* logiquement.

1. Patrick aime beaucoup nager et faire du ski nautique. Cet été il va aller

   à _____ .

2. Alice adore faire de l'alpinisme. Elle va passer les vacances

   à _____ .

3. Monsieur Duval va prendre l'avion tôt demain matin. Maintenant il fait

   ses _____ .

4. Je crois que nous sommes perdus. Est-ce que tu as _____

   de la région?

5. Catherine habite à Paris, mais cet été elle ne va pas rester en France. Elle va voyager à

   _____ .

6. Marc veut apprendre l'espagnol. Il va faire _____ de deux mois à

   Madrid.

7. La Virginie est _____ américain.

8. La France est _____ européen.

9. Boston est à l'est des États-Unis et San Francisco est à _____ .

10. Mes cousins vont visiter les États-Unis. Ils ne vont pas prendre le train. Ils vont

    _____ une voiture.

Writing

UNITÉ
8

B **3. Êtes-vous bon (bonne) en géographie?**

Écrivez le nom des pays où sont situées les villes suivantes. N'oubliez pas d'utiliser l'article **le, la, l'** ou **les**. Si c'est nécessaire, consultez un atlas ou une encyclopédie.

Note: Tous ces pays sont sur la liste à la page 406 de votre texte.

VILLE	PAYS	VILLE	PAYS
1. Berlin	_____	7. Rio de Janeiro	_____
2. Kyoto	_____	8. Mexico	_____
3. San Francisco	_____	9. Changaï	_____
4. Moscou	_____	10. Dakar	_____
5. Bruxelles	_____	11. Liverpool	_____
6. Barcelone	_____	12. Zurich	_____

A/B/C **4. Bon voyage!**

Scène A. À l'aéroport

1. Où se passe la scène?

_____

_____

2. Qu'est-ce que la dame veut acheter?

_____

_____

3. Quel pays est-ce qu'elle va visiter?

_____

_____

4. Selon vous, en quelle classe est-ce qu'elle va voyager?

_____

_____

5. À quelle heure part son avion?

_____

_____

6. Quels pays est-ce qu'elle a déjà visités?

_____

_____

Scène B. À la gare

1. Où se passe la scène?

_____

2. Où veut aller le voyageur?

_____

3. Selon vous, en quelle classe est-ce qu'il voyage?

_____

4. Qu'est-ce qu'il regarde?

_____

5. Qu'est-ce qu'il porte sur le dos?

_____

6. Quel est son pays d'origine?

_____

7. À quelle heure est-ce que le train va partir?

_____

Nom _____

5. Communication

A. Voyages Nommez quatre pays où vous voudriez aller et expliquez pourquoi. Si c'est nécessaire, utilisez une feuille de papier séparée.

▶ *Je voudrais aller en France parce que c'est un beau pays et parce que j'aime parler français.*

-
-
-
-

B. À la gare Vous êtes en vacances en France. Vous êtes à Paris et vous voulez rendre visite à un copain qui habite à Strasbourg. Complétez la conversation avec l'employé à la Gare de l'Est.

L'EMPLOYÉ: Vous désirez?

VOUS: _____

(Say that you would like a train ticket for Strasbourg.)

L'EMPLOYÉ: Un aller simple?

VOUS: _____

(Say that you want a round trip ticket.)

L'EMPLOYÉ: En quelle classe?

VOUS: _____

(Decide if you want to travel in first or second class: tell him.)

L'EMPLOYÉ: Voilà, ça fait 475 francs.

VOUS: _____

(Ask at what time the train leaves.)

L'EMPLOYÉ: À 18 heures 32.

VOUS: _____

(Say thank you and good-bye.)

Leçon 30   Les collections de Jérôme

A 1. Où sont-ils allés?

Ces personnes sont allées à l'étranger cet été. Lisez ce qu'elles ont fait et dites dans quel pays chaque personne est allée.

▶ Catherine a visité la Grande Pyramide.

Elle est allée en Égypte. _____

1. J'ai acheté un sombrero.

_____

2. Juliette est descendue dans le Grand Canyon.

_____

3. Nous avons visité le Kremlin.

_____

4. Tu as pris des photos de Rome.

_____

5. Mes copains ont visité la Citadelle de Québec.

_____

6. Vous avez visité les temples bouddhistes.

_____

> le Canada
> l'Égypte
> les États-Unis
> l'Italie
> le Japon
> le Mexique
> la Russie

B 2. Vous êtes le prof

Déterminez la note (A, B, C, D ou F) que reçoivent les étudiants suivants. Utilisez le verbe **recevoir** au PRÉSENT pour les phrases 1 à 6 et au PASSÉ COMPOSÉ pour les phrases 7 et 8.

▶ Philippe n'écoute pas toujours le prof.   _Il reçoit un C (un B, un D)._ _____

1. Nous faisons toujours les devoirs.   _____

2. Sylvie et Hélène sont sérieuses.   _____

3. Tu n'es pas venu à l'examen.   _____

4. Je ne suis pas très bon(ne) en français.   _____

5. Vous dormez en classe.   _____

6. Alice répond bien aux questions.   _____

7. J'ai réussi à l'examen.   _____

8. Ces élèves sont très paresseux.   _____

Writing

UNITÉ
8

C 3. Le club de tennis

Ces personnes sont membres d'un club de tennis. Dites ce que chacun fait.
Pour cela, complétez les phrases avec **à** ou **de**.

1. Robert a décidé _____ prendre des leçons.

2. Hélène apprend _____ servir.

3. Jean-Philippe commence _____ jouer assez bien.

4. Thomas rêve _____ être un grand champion.

5. Éric accepte _____ jouer avec lui.

6. Sylvie refuse _____ jouer avec Thomas.

7. Anne hésite _____ participer au championnat *(championship tournament)*.

8. Caroline continue _____ faire des progrès.

9. Julien essaie _____ gagner son match.

10. Charlotte a fini _____ jouer.

C 4. Conversations

Complétez les réponses en utilisant la construction VERBE + INFINITIF. Utilisez le
verbe entre parenthèses et l'infinitif de l'expression soulignée.

▶ Tu joues de la guitare?

(apprendre)   Oui, __j'apprends à jouer_____ avec un prof.

1. Tu parles français?

(apprendre)   Oui, _____ à l'Alliance Française.

2. Tu prends des leçons?

(continuer)   Oui, _____ .

3. Tu travailles le soir?

(arrêter)   Non, _____ à six heures.

4. Tu études le samedi?

(refuser)   Non, _____ le weekend.

5. Tu vas au Canada cet été?

(rêver)   Oui, _____ à Québec.

6. Tu es généreux avec tes copains?

(essayer)   Oui, _____ avec eux.

7. Tu prêtes tes cassettes?

(accepter)   Oui, _____ à mes copains.

8. Tu sors cet après-midi?

(hésiter)   Non, _____ parce qu'il pleut.

C 5. Problèmes!

Expliquez les problèmes des personnes suivantes. Pour cela utilisez les verbes entre parenthèses au PASSÉ COMPOSÉ. Attention: vos phrases peuvent être *à l'affirmatif* ou *au négatif*.

▶ Marc (réussir / réparer sa mobylette?)

   Marc n'a pas réussi à réparer sa mobylette.

1. Thomas (oublier / inviter sa copine?)

   _____

2. Les voisins (arrêter / faire du bruit *(noise)* la nuit dernière?)

   _____

   _____

3. Le client (refuser / payer l'addition?)

   _____

4. Les élèves (finir / faire leurs devoirs?)

   _____

5. Le garagiste (commencer / réparer notre voiture?)

   _____

6. Catherine (essayer / téléphoner à sa grand-mère pour son anniversaire?)

   _____

   _____

7. Ma montre (cesser / fonctionner?)

   _____

Joyeuse Fête!

EBEL
Les Architectes du Temps

6. Communication: Réflexions personnelles

Parlez de vous-même. Pour cela, utilisez trois des verbes suggérés
dans des phrases *à l'affirmatif* ou *au négatif*.

accepter	apprendre	décider	essayer	hésiter
oublier	refuser	réussir	rêver	

▶ *Je rêve d'avoir une famille et un travail intéressant.*

Je ne rêve pas d'être très riche.

○ •

•

•

○

Leçon 31   Projet de voyage

16/16 = 100

A 1. Tourisme

mercredi

Dites quels pays les personnes suivantes vont visiter cet été. Utilisez le FUTUR de visiter.

1. Nous __visiterons__ le Canada.

2. Tu __visiteras__ la Suisse.

3. On __visitera__ l'Allemagne.

4. Patrick __visitera__ l'Irlande.

5. Mes copains __visiteront__ la Russie.

6. Je __visiterai__ le Sénégal.

7. M. et Mme Duval __visiteront__ le Japon.

8. Vous __visiterez__ les États-Unis.

A 2. Il pleut!

Il pleut très fort! Dites si oui ou non les personnes suivantes vont faire les choses entre parenthèses cet après-midi. Utilisez le FUTUR dans des phrases *à l'affirmatif* ou *au négatif*.

▶ Nous __ne jouerons pas__ au foot.
(jouer)

1. Tu __ne resteras pas__ à la maison.
(rester)

2. Marc et Anne __ne sortiront pas__.
(sortir)

3. Je __ne lirai pas__ un bon livre.
(lire)

4. Nous __ne regarderons pas__ un match à la télé.
(regarder)

5. Marc __ne rendra pas__ visite à son oncle.
(rendre)

6. On __ne jouera pas__ au Nintendo.
(jouer)

7. Vous __ne déjeunerez pas__ au restaurant.
(déjeuner)

8. Mes copains __ne dineront pas__ à la maison.
(dîner)

A 3. Un weekend à Paris

Vous avez gagné le grand prix du Club Français: un voyage à Paris. Écrivez une lettre à votre amie Catherine où vous expliquez ce que vous allez faire. Utilisez les informations du programme et le futur des verbes suivants:

PROGRAMME

Transport:.......avion

.....................vol Air France 208

Arrivée: ....5 juillet

Hôtel:............Saint-Germain

Restaurant:.....le Petit Zinc

Visite:............la Tour Eiffel

.....................Notre-Dame

.....................le Musée d'Orsay

Retour:..........8 juillet

Ma chère Catherine,
Je vais passer un weekend à Paris.
Je _____

_____

_____

_____

_____

_____

_____

prendre
arriver
à Paris
rester
dîner
visiter
partir
de Paris

Writing

UNITÉ
8

$\frac{8^{1}/2}{13} = 65$

B 4. Et vous?

Dites si oui ou non vous allez faire les choses suivantes le weekend prochain. Utilisez le futur.

1. aller en ville?

irai

Je ~~suis allée~~ en ville, le weekend prochain.

2. faire une promenade à vélo?

Je ~~n'~~ferai pas une promenade à vélo.

3. voir un film?

Je verrai un film.

4. aller à la piscine?

Je ne irai pas à la piscine.

5. avoir un rendez-vous?

Je aurai un rendez-vous?

6. faire des achats? *ferai*

Je ~~ferrai~~ des achats.

7. voir vos copains?

Vous ~~~~ verrez vos copains

8. être chez vous samedi soir?

Je ne ~~serais~~ pas chez ~~vous~~ samedi soir

serai   *moi*

C 5. Ça dépend!

Ce que nous faisons dépend souvent des circonstances. Dites ce que feront dimanche après-midi les personnes suivantes dans le cas AFFIRMATIF et aussi dans le cas NÉGATIF. Utilisez votre imagination.

▶ S'il est fatigué, Philippe ___se reposera.___

S'il n'est pas fatigué, il ira au café avec ses copains.

1. Si elle est en forme, Béatrice ~~seraseera~~ est en bonne santé,

S'elle n'est pas enforme elle ira au gym,

2. Si nous avons de l'argent, nous ferrons des achats,

Si nous n'avons pas de l'argent, nous neferrons pas des achats

3. Si les élèves ont un examen lundi, ils étudiera dimanche soir.

Si les élèves ne ont pas un examen, ils irai au cinema

4. S'il fait très beau, je (j') serai une fille belle.

S'elle nefait pas beau, Je serai une fille laid.

5. S'il pleut, tu ~~ne iras~~ pas.

n'iras

S'il ne pleut pas, tu iras avec tes amis.

Jeudi   may 1

$\frac{12}{16}$ = 75

D 6. Projets

Expliquez les projets des personnes suivantes.

▶ Marc (avoir de l'argent / acheter une mobylette)

　　Quand Marc aura de l'argent, il achètera une mobylette.

1. Jean-Pierre (travailler / gagner de l'argent)

　　Jean-Pierre travaillera, il gagnera de l'argent.

2. Juliette et Stéphanie (être à Madrid / parler espagnol)

　　Elles seront à Madrid, elles parleront espagnol.

3. Nous (aller à Paris / visiter le Musée d'Orsay)

　　Nous irons à Paris, nous visiterons le Musée d'Orsay.

4. Je (être en vacances / faire du camping)

　　Je serai en vacances, je ferai du camping.

D 7. Expression personnelle

Complétez les phrases suivantes. Utilisez le futur . . . et votre imagination!

1. Quand je serai en vacances cet été, Je irai au Republique Domincain.

2. Quand j'aurai une voiture, Je serai tres humeureuse.

3. Quand je travaillerai, Je aurai beoucoup de l'argent d'argent.

4. Quand j'aurai vingt ans, Je serai dans la universite.

E 8. Le bon verbe!

Complétez les phrases avec le futur des verbes entre parenthèses. Soyez logique!

apercevoir	~~devoir~~	~~envoyer~~	~~pouvoir~~
recevoir	~~revenir~~	venir	~~vouloir~~

1. Si nous étudions, nous ~~pourrions~~ recevrons un «A» à l'examen.

2. Je partirai le 2 juillet et je ~~reviendrai~~ reviendrai le 20 juillet.

3. Nous ~~envoyerons~~ enverrons les lettres quand nous irons à la poste.

4. Si vous voulez voyager à l'étranger, vous devrez prendre votre passeport.

5. M. Thibaut est un gourmet. Il ~~recevra~~ voudra dîner dans un bon restaurant.

6. Vincent m'a téléphoné. Il ~~ver~~ viendra chez moi demain après-midi.

7. S'il fait beau, nous ~~voudrons~~ pourrons faire un pique-nique à la campagne.

8. Les touristes monteront à la Tour Eiffel. De là, ils apercevrant Notre-Dame.

Writing

UNITÉ 8

9. Communication

A. Une lettre Vous allez passer une semaine à Montréal. Vous allez voyager en avion. Votre correspondant *(pen pal)* Jean-Pierre a proposé de vous chercher à l'aéroport. Ecrivez-lui une lettre où vous l'informez de votre arrivée.

- prendre
  (quelle compagnie aérienne?)
- arriver à Montréal
  (quel jour? à quelle heure?)
- porter
  (quels vêtements?)
- avoir
  (combien de valises?)
- rester
  (combien de temps à Montréal?)

Cher Jean-Pierre,

_____

_____

_____

_____

_____

_____

_____

B. Bienvenue! *(Welcome!)* Votre amie française Véronique va passer une ou deux semaines dans votre ville. Vous avez beaucoup de projets pour elle. Écrivez-lui une lettre où vous lui parlez de ces projets. Utilisez les suggestions suivantes ou utilisez votre imagination. (Si c'est nécessaire, utilisez une feuille de papier séparée.)

- aller (où?)
- visiter (quoi?)
- voir (qui? quoi?)
- déjeuner (où?)
- dîner (où? avec qui?)
- sortir (avec qui?)
- rendre visite (à qui?)
- faire (quoi?)
- pouvoir (faire quelles choses?)

Ma chère Véronique,
Nous ferons beaucoup de choses intéressantes pendant ton séjour ici.
Nous _____

_____

_____

_____

_____

_____

Leçon 32   À la gare

Lundi mars 3

$\frac{14}{15} = 93$

B 1. Si c'était dimanche!

Dites si oui ou non les personnes suivantes feraient les choses entre parenthèses si c'était dimanche aujourd'hui.

▶ (étudier)   Nous ___n'étudierions pas___

1. (sortir)   Marc ___sortirait___ avec ses copains.

2. (travailler)   Mademoiselle Lenard ___travaillerait___.

3. (faire)   Je ___ferrais___ mes devoirs.

4. (aller)   Les élèves ___iraient___ à l'école.

5. (se reposer)   Hélène ___se reposerait___.

6. (se lever)   Tu ___te leverais___ tôt.

7. (se promener) Nous ___se promenerions nous___ en ville.

B 2. Choix personnels

Imaginez que vous avez la possibilité de faire les choses suivantes.
Dites quel serait votre choix.

▶ visiter une ville?   Je visiterais Québec (San Francisco, Paris, Tokyo).

1. visiter un continent?   Je visiterais Africa.

2. aller dans un pays?   J'irais dans Nigeria.

3. apprendre une autre langue? J'apprendrais Swahily.

4. acheter une voiture?   Je n'acheterais pas une voiture.

5. voir un film cette semaine? Je verrais un film.

6. aller dans un restaurant?   J'irais dans un restaurant.

7. faire un sport différent?   Je ferais un sport différent, soccer.

8. être une autre personne?   Je serais autre personne.

bonjour QUÉBEC   Québec

Writing

UNITÉ 8

$\frac{8}{8} = 100$

B 3. Que faire?

Dites ce que feraient les personnes suivantes si elles étaient dans les circonstances décrites. Utilisez les verbes entre parenthèses dans des phrases *à l'affirmatif* ou *au négatif*.

1. Je vois un OVNI *(UFO)*. (avoir peur? appeler la police? dire bonjour aux extraterrestres?)

   J'aurais peur. (Je n'aurais pas peur.)

   J'appelerais la police.
   Je dirais bonjour aux extraterrestes

2. Nous voyons un accident. (aider les personnes? partir? téléphoner à la police?)

   ~~Nous~~ _Nous aiderions les personnes. Je ne partirais_
   pas. Je telephonereus à la police.

3. Mon meilleur ami est invité à la Maison Blanche. (accepter l'invitation? être un peu nerveux? demander l'autographe du Président?)

   Il ~~accepterais l'invitation.~~ _Il accepterait l'invitation_
   Il serait un peu nerveux. Il demanderait l'autographe
   du Président?

4. Mes parents gagnent 100 000 dollars à la loterie. (acheter une nouvelle maison? mettre tout l'argent à la banque? donner l'argent à leurs enfants?)

   Ils _acheteraient une nouvelle maison. Ils mettraient_
   tout l'argent à la banque. Ils ne donneraient
   pas l'argent à leurs enfants.

C 4. Les bonnes manières

Vous parlez à des amis français. Exprimez-vous poliment en utilisant LE CONDITIONNEL des verbes entre parenthèses.

1. (vouloir)   Je _voudrais_ te parler.

   Nous _voudrions_ vous inviter.

2. (pouvoir)   Est-ce que tu _pourrais_ me téléphoner ce soir?

   Est-ce que vous _pourriez_ passer chez moi?

3. (devoir)   Tu _devrais_ être plus patient!

   Vous ne _devriez_ pas être égoïstes!

4. (aimer)   J' _aimerais_ vous dire quelque chose.

   Mes amis _aimeraient_ faire votre connaissance.

D 5. Si . . .

Dites ce que vous feriez dans les conditions suivantes. Utilisez votre imagination.

▶ avoir 50 dollars?

Si j'avais cinquante dollars, j'achèterais une nouvelle montre.
J'inviterais mes copains dans un bon restaurant.

1. avoir 100 dollars?

_____

_____

2. avoir 1 000 dollars?

_____

_____

3. avoir une voiture?

_____

_____

4. aller en France cet été?

_____

_____

5. être un extraterrestre?

_____

_____

6. Communication

A. L'orage *(The storm)* Imaginez qu'il y a un grand orage aujourd'hui.
Décrivez quatre choses que vous feriez et quatre choses que vous ne feriez pas.

OUI	NON
• _____	• _____
• _____	• _____
• _____	• _____
• _____	• _____

Writing

UNITÉ
8

B. Le grand prix Vous avez acheté un billet de la loterie du Club Français.
Le grand prix est un voyage dans une région ou un pays de votre choix.
(Si c'est nécessaire, utilisez une feuille de papier séparée.)

• Dites où vous iriez.
• Dites quatre choses que vous feriez là-bas.

Si je gagnais le prix,

C. Situations Choisissez une des situations suivantes et dites ce que
vous feriez dans cette situation. Si c'est nécessaire, utilisez une feuille de papier séparée.

• si vous trouviez un trésor *(treasure)*
• si vous étiez perdu(e) sur une île déserte
• si vous étiez dans une maison hantée
• si vous viviez en l'an 3000
• si vous étiez un acteur / une actrice célèbre *(famous)*

Unité 9

Leçon 33 Le français pratique: En voiture

A 1. Sur la route

1. Combien de véhicules sont arrêtés au feu rouge *(red light)*?

_____

2. Quel genre de voiture est la première voiture?

_____

3. Quels sont les différents types de véhicules qui suivent?

_____

_____

B 2. Accident

1. Où se passe la scène?

_____

2. À qui téléphone le jeune homme?

_____

3. Quel type de voiture a-t-il?

_____

4. Est-ce qu'il a bien conduit? Pourquoi pas?

_____

5. Quelles sont les différentes pièces *(auto parts)* qui doivent être changées?

_____

6. Selon vous, comment a eu lieu l'accident?

_____

Writing

UNITÉ 9

B **3. Le test du bon conducteur**

Complétez les phrases suivantes avec le nom de la partie de la voiture
qui convient logiquement.

1. On met l'essence dans _____ .

2. Soyez prudent! Avant de partir, attachez votre _____ .

3. La nuit, on doit allumer _____ .

4. On met les valises dans _____ .

5. Quand on conduit, on doit avoir les deux mains sur _____ .

6. Pour indiquer qu'on tourne, on doit mettre _____ .

7. Pour s'arrêter, on appuie *(steps)* sur _____ .

8. Pour aller plus vite, on appuie sur _____ .

9. Quand il pleut, on met _____ .

10. Quand on veut vérifier le moteur, on ouvre _____ .

4. Communication

A. À la station-service Vous voyagez en France en voiture.
Vous vous êtes arrêté(e) à une station-service.

1. _____

   (Ask the attendant to fill it up.)

2. _____

   (Ask the attendant to clean the windshield.)

3. _____

   (Ask the attendant to check the tires.)

4. _____

   (Ask the attendant if there is enough oil.)

B. Êtes-vous bon conducteur (bonne conductrice)?

1. Qu'est-ce qu'on fait quand on veut apprendre à conduire?

   _____

2. Quel document est-ce qu'on doit avoir pour conduire?

   _____

3. Qu'est-ce qu'on doit vérifier avant de partir en voyage?

   _____

4. Où va-t-on pour faire le plein?

   _____

Leçon 34   Une leçon de conduite

A 1. Mes sentiments

Décrivez vos sentiments dans les circonstances suivantes. Utilisez les
adjectifs suggérés. (Dans certains cas, plusieurs choix sont possibles.)

content	désolé	furieux	heureux	triste

▶ Vous partez en vacances.

   Je suis heureux (heureuse) de partir en vacances. _____

1. Vous avez un «A» à l'examen.

   _____

2. Vous êtes en retard au rendez-vous.

   _____

3. Vous travaillez toute la journée.

   _____

4. Vous allez en France cet été.

   _____

5. Vous sortez avec des copains sympathiques.

   _____

6. Vous ratez l'examen du permis de conduire. (**rater** = *to fail*)

   _____

B 2. Bonnes raisons!

Expliquez pourquoi ces personnes font certaines choses. Pour cela,
complétez les phrases avec **pour** et une expression de votre choix.

▶ Nous allons à Paris ___*pour visiter le Musée d'Orsay (pour apprendre le français,*

   *pour rencontrer des jeunes Français).*_____

1. Tu vas au supermarché _____ .

2. Vous allez en ville _____ .

3. Mélanie va à l'auto-école _____ .

4. Catherine travaille _____ .

5. J'étudie le français _____ .

6. Je téléphone à mes copains _____ .

Writing

UNITÉ
9

Nom _____

B 3. Et avant?

Votre camarade français vous dit ce qu'il va faire. Dites-lui ce qu'il doit
faire avant, en utilisant l'une des expressions suggérées. Soyez logique!

> - **acheter les billets**   - **finir tes devoirs**
> - **prendre la liste des courses** - **mettre ta ceinture de sécurité**
> - **éteindre la lumière** (light)   - **te laver les mains**

▶ — Je vais sortir ce soir.

— Avant de sortir ce soir, finis tes devoirs! _____

1. — Je vais conduire.

—_____

2. — Je vais dormir.

—_____

3. — Je vais dîner.

—_____

4. — Je vais aller au supermarché.

—_____

5. — Je vais aller au concert.

—_____

C 4. La journée de Christine

Décrivez les détails de la journée de Christine. Pour cela, complétez
les phrases d'après le modèle.

▶ (regarder)   Elle a déjeuné en ___regardant___ la télé.

1. (écouter)   Elle a fait du jogging en _____ son walkman.

2. (aller)   Elle a rencontré Olivier en _____ à la poste.

3. (attendre) Elle a parlé à Isabelle en _____ le bus.

4. (rentrer)   Elle a vu un accident en _____ à la maison.

5. (lire)   Elle s'est reposée en _____ un roman policier.

6. (finir)   Elle a compris le mystère en _____ le livre.

C 5. Chacun a sa méthode

Chacun a une méthode différente pour apprendre les langues. Dites quelle langue les personnes suivantes apprennent et comment.

l'allemand	l'anglais	l'espagnol	le français

▶ Ma cousine écoute Radio-France.

Elle apprend le français en écoutant Radio-France.
_____

1. Eric et Olivier écoutent Radio-Montréal.

_____

2. Antoine sort avec une copine américaine.

_____

3. Nous sortons avec des amis allemands.

_____

4. Je lis des journaux mexicains.

_____

5. Vous parlez avec vos copains espagnols.

_____

Writing

UNITÉ
9

6. Communication: Expression personnelle

Parlez de vous-même. Dites pourquoi et comment vous faites
certaines choses. Choisissez trois sujets dans chaque catégorie.

A. Pourquoi?
- étudier?
- apprendre le français?
- travailler?
- faire du sport?
- téléphoner à mes copains?
- aller en ville le weekend?
- rester à la maison le weekend?
- vouloir aller à l'université?

▶ J'apprends le français pour aller un jour en France.

1.

2.

3.

B. Comment?
- aider mes copains?
- aider mes parents?
- faire des progrès en français?
- réussir à mes examens?
- rester en forme?
- rester en bonne santé?
- se reposer?
- s'amuser le weekend?

▶ Je me repose en regardant la télé (en lisant des bandes dessinées).

1.

2.

3.

Nom _____

Classe _____   Date _____

Leçon 35   En panne

A 1. Obligations

Dites ce que les personnes suivantes doivent faire. Complétez les phrases avec le SUBJONCTIF du verbe entre parenthèses.

1. (écouter)   Il faut que vous _____ le prof.

2. (rentrer)   Il faut que tu _____ à la maison.

3. (aider)   Il faut que vous _____ vos copains.

4. (finir)   Il faut que tu _____ tes devoirs.

5. (réussir)   Il faut que nous _____ à l'examen.

6. (vendre)   Il faut que M. Durand _____ son auto.

7. (rendre)   Il faut que vous _____ les livres à la bibliothèque.

8. (partir)   Il faut que tu _____ à trois heures.

9. (sortir)   Il faut que nous _____ avec nos cousins.

10. (mettre)   Il faut que tu _____ ta ceinture de sécurité.

11. (lire)   Il faut que vous _____ ce livre.

12. (écrire)   Il faut que tu _____ à ta tante.

13. (dire)   Il faut que vous _____ la vérité.

14. (suivre)   Il faut que nous _____ des cours dans une auto-école.

B 2. À l'auto-école

Vous êtes professeur dans une auto-école française. Dites à vos élèves ce qu'il faut ou qu'il ne faut pas faire quand ils voient les panneaux *(traffic signs)* suivants.

▶   tournez à droite?

_____Il ne faut pas que vous tourniez à droite!_____

1.   tourner à droite?

_____

2.   tourner à gauche?

_____

3.   tourner à gauche?

_____

4.   s'arrêter?

_____

5.   klaxonner?

_____

6.   entrer dans cette rue?

_____

Writing

UNITÉ
9

DISCOVERING
FRENCH - BLANC

B 3. La boum

Vos copains et vous, vous organisez une boum. Dites ce que chacun doit faire.

▶ Marc (ranger le salon)
   Il faut que Marc range le salon.

1. nous (décorer les murs)

   _____

2. vous (apporter la radiocassette)

   _____

3. toi (préparer les sandwichs)

   _____

4. Pauline (laver les verres)

   _____

5. Éric et Alice (écrire les invitations)

   _____

6. moi (choisir la musique)

   _____

7. nous (téléphoner aux voisins)

   _____

B 4. Pourquoi?

Votre camarade veut savoir pourquoi vous faites certaines choses. Répondez-lui
en disant ce que vous devez faire. Dans vos réponses, utilisez l'une des expressions
suggérées ou votre imagination.

▶ Tu étudies beaucoup?
   Oui, il faut que je réussisse à l'examen de maths.

1. Tu vas à la bibliothèque?

   _____

2. Tu rentres chez toi?

   _____

3. Tu cherches ton stylo?

   _____

4. Tu vas au stade?

   _____

5. Tu vas au centre commercial?

   _____

6. Tu vas à l'auto-école?

   _____

7. Tu te couches tôt ce soir?

_____

- **aider mes parents**
- **passer le permis de conduire**
- **écrire une lettre**
- **choisir un cadeau pour l'anniversaire d'un copain**
- **courir un peu**
- **réussir à l'exam de maths**
- **rendre des livres**
- **partir demain à sept heures**

B 5. Que faire?

Analysez chaque situation et dites ce que les personnes doivent faire.
Commencez vos phrases par **il faut que** . . . **ou il ne faut pas que.**

▶ Jacques veut maigrir. (manger du gâteau? manger modérément?)

Il ne faut pas qu'il mange de gâteau. Il faut qu'il mange

modérément.

1. Stéphanie a un rendez-vous avec un ami qui n'est pas à l'heure.
   (partir? attendre? sortir avec un autre garçon?)

   _____

   _____

2. Philippe a cassé *(broke)* la nouvelle radiocassette de son frère.
   (inventer une histoire? dire la vérité? s'excuser?)

   _____

   _____

3. Mes parents veulent aller au restaurant, mais il y a une tempête
   de neige *(snowstorm)*. (sortir? dîner à la maison?)

   _____

   _____

4. Je veux aller au concert avec mes amis, mais je n'ai pas d'argent.
   (travailler ce weekend? demander de l'argent à mes parents?
   rester chez moi?)

   _____

   _____

5. Nous sommes dans un hôtel qui brûle *(is burning)*.
   (rester calmes? sauter *(jump)* par la fenêtre? téléphoner à la police?)

   _____

   _____

SERVICES D'URGENCE

Police **17**

Pompiers **18**

Writing

UNITÉ
9

6. Communication

A. La liste des choses à faire Faites une liste de quatre choses que vous devez faire et dites quand vous devez les faire. Vous pouvez utiliser les suggestions suivantes.

• **finir (quoi?)**	• **lire (quoi?)**	• **rendre visite (à qui?)**
• **choisir (quoi?)**	• **écrire (à qui?)**	• **rendre (quoi? à qui?)**
• **téléphoner (à qui?)**	• **répondre (à qui?)**	• **parler (à qui?)**

▶ Il faut que je choisisse un cadeau pour l'anniversaire de ma soeur. _____

▶ Il faut aussi que je lise Macbeth avant lundi. _____

1. _____

2. _____

3. _____

4. _____

B. Problèmes et conseils Choisissez trois des personnes suivantes. Étudiez leurs problèmes ou leurs situations et donnez à chacun des conseils. Utilisez votre imagination (mais n'utilisez pas le subjonctif des verbes **être, avoir, aller** ou **faire**.)

- Marc est toujours fatigué.
- Jean-Paul veut maigrir.
- Catherine a besoin d'argent.
- Thomas veut améliorer *(to improve)* son français.
- Isabelle veut rester en forme.
- Juliette veut organiser un pique-nique ce weekend.
- Alain veut être populaire avec les filles.
- Alice veut impressionner *(to impress)* son nouveau copain.

NOM: _____

Il faut que tu ... _____

_____

_____

NOM: _____

Il faut que tu ... _____

_____

_____

NOM: _____

Il faut que tu ... _____

_____

_____

Leçon 36 Merci pour la leçon

A 1. Obligations personnelles?

Dites si oui ou non vous devez faire les choses suivantes. Suivant le cas,
commencez vos phrases par **il faut que** ou **il ne faut pas que.**

▶ Tu dois aller chez le dentiste ce weekend?

_____ Non, il ne faut pas que j'aille chez le dentiste ce weekend._____

_____ (Oui, il faut que j'aille chez le dentiste ce weekend.)_____

1. Tu dois faire tes devoirs tous les jours?

_____

2. Tu dois être à l'heure pour le dîner?

_____

3. Tu dois faire la vaisselle ce soir?

_____

4. Tu dois aller en classe demain matin?

_____

5. Tu dois avoir une bonne note à l'examen de français?

_____

6. Tu dois être poli(e) avec tes professeurs?

_____

A 2. Le groupe de touristes

Vous êtes chargé(e) d'un groupe d'étudiants qui va en France. Dites à chaque
personne ce qu'elle doit faire avant le départ. Complétez les phrases avec
le subjonctif des verbes **être, avoir, aller** ou **faire.** Soyez logique!

1. Il faut que vous _____ vos valises.

2. Il faut que Corinne _____ à l'agence de voyage pour acheter son billet.

3. Il faut que tu _____ tes billets d'avion avec toi.

4. Il faut que nous _____ à l'aéroport en taxi.

5. Il faut que Philippe et Marc _____ à l'heure.

6. Il faut que tu _____ ton passeport.

7. Il faut que Stéphanie _____ à l'aéroport à sept heures.

8. Il faut que vous _____ calmes pendant le décollage *(take-off)*.

Writing

UNITÉ
9

Nom _____

B 3. D'accord

Votre camarade français(e) vous demande s'il/si elle peut faire certaines choses. Acceptez ou refusez. Selon le cas, commencez vos phrases par **Oui, je veux bien que...** *(I accept)* ou **Non, je ne veux pas que...**

▶ Je peux regarder tes photos?

Oui, je veux bien que tu regardes mes photos. (Non, je ne

veux pas que tu regardes mes photos.)

1. Je peux téléphoner à ton copain?

_____

2. Je peux lire ton journal *(diary)*?

_____

3. Je peux écrire dans ton livre de français?

_____

4. Je peux aller au ciné avec toi?

_____

B 4. Oui ou non?

Dites ce que les personnes suivantes veulent ou ne veulent pas que d'autres personnes fassent.

▶ mes copains (je / être généreux avec eux?)

Mes copains veulent que je sois généreux (généreuse) avec eux.

▶ le prof (les élèves / être en retard?)

Le prof ne veut pas que les élèves soient en retard.

1. je (mes copains / aller au cinéma avec moi?)

_____

2. mes parents (je / réussir à mes examens?)

_____

3. Hélène (son copain / aller au concert avec une autre fille?)

_____

4. Le docteur Lasanté (M. Legros / faire du sport?)

_____

5. je (tu / être impatient avec moi?)

_____

6. les voisins (nous / faire du bruit la nuit?)

_____

5. Communication: Souhaits *(Wishes)*

Choisissez trois des personnes suivantes et faites un souhait pour chaque personne. Commencez vos phrases par **Je voudrais que** . . . ou **Je ne veux pas que** . . .

mon copain	mon frère	mes cousins
ma copine	ma soeur	mes grands-parents
le professeur	ma tante	mes voisins

▶ Je voudrais que mes grands-parents restent en bonne santé.

▶ Je ne veux pas que le professeur donne un examen trop difficile.

- _____
- _____
- _____

Writing

UNITÉ 9

Reading and Culture Activities

Unité 1

Aperçu culturel

Prenez votre manuel de classe et relisez les pages 30 et 31.
Ensuite, complétez les paragraphes avec les mots suggérés.

algériens	**cinéaste**	**campagne**	**comptable**
mannequin	**pays**	**vietnamienne**	**ville**

1. La France est un _____ de 60 millions d'habitants. Tous *(all)*
les Français ne sont pas d'origine européenne. Les parents de Mylène, par exemple,
sont _____. Monsieur Nguyen est d'origine _____.

2. Aujourd'hui Vincent Dulac et sa soeur Véronique vont au lycée. Quelle profession
est-ce qu'ils veulent avoir plus tard? Vincent ne veut pas être _____
comme sa mère. Il veut être _____ comme Jérôme de Missolz.
Véronique veut être _____ comme Inès de la Fressange.

3. Monsieur et Madame Laroche n'habitent pas dans une _____, mais
dans un petit village. En été, leurs petits-enfants viennent chez eux, parce qu'ils
aiment passer les vacances à la _____.

F*LASH* culturel

La majorité des Français sont catholiques.

• Quelle est la deuxième religion en France?
  A. La religion protestante.
  B. La religion juive.
  C. La religion musulmane *(Moslem)*.
  D. La religion bouddhiste.

Pour vérifier votre réponse, allez à la page 250. ▐▐▐➤

Reading and Culture

UNITÉ 1

DOCUMENTS

> Read the following documents and select the correct completion for each of the accompanying statements. Place a check in the corresponding box.

1. On téléphone à cette personne si . . .

- ☐ on est malade *(sick)*.
- ☑ on a un problème légal.
- ☐ on veut étudier le russe.

> **Maître Caroline Raïevsky**
>
> **avocat**
> _____
>
> 15, avenue de Messine
> 75008 Paris   Tél. 01.43.67.84.02

> *Et flop… me voilà! Je m'appelle*
>
> **Isabelle**
>
> et j'ai vu le sourire de mes parents
> et de ma soeur pour la première fois
> le 17 juillet 1999
>
> *Sylvie, Juliet et Zoë*
> *BOUTRON*
> *Clinique*   *125, rue Mermoz*
> *Velpeau*   *37000 Tours*

2. Dans ce document, on annonce . . .

- ☐ un mariage.
- ☑ une naissance.
- ☐ un changement d'adresse.

3. Beaucoup d'étudiants qui visitent la France vont dans les auberges de jeunesse *(youth hostels)*. Voici un bulletin d'inscription *(membership form)* pour l'association française des auberges de jeunesse.

- Une information qui n'est PAS demandée est . . .
  - ☐ le nom et le prénom
  - ☑ la profession des parents
  - ☐ le numéro de téléphone

> **FÉDÉRATION UNIE DES AUBERGES DE JEUNESSE**
> (à renvoyer à l'adresse précisée en dernière page)
>
> **IMPORTANT :**
> Nous retourner la fiche dûment
> complétée et signée.   Merci.
>
> **BULLETIN D'INSCRIPTION**
> (à remplir lisiblement)   Référence :
>
> NOM
> PRÉNOM   Sexe
> PHOTO   ADRESSE
> obligatoire   Code Postal   VILLE
> Date de naissance   à
> Tél. domicile   Tél. travail
> Profession
>
> NATIONALITÉ : _____   N° carte d'identité_____
> N° de passeport_____   délivré   à _____   le_____

4. Lisez cette annonce .

- Cette annonce est . . .

  ☑ une offre d'emploi.

  ☐ une demande d'emploi.

  ☐ un message personnel.

- La personne qui a mis cette annonce veut travailler . . .

  ☐ dans un bureau.

  ☑ chez des gens.

  ☐ pour une compagnie internationale.

- Elle cherche un job . . .

  ☐ permanent.

  ☑ temporaire.

  ☐ qui demande beaucoup d'expérience professionnelle.

> ETUDIANTE FRANÇAISE,
> 16 ans, expérience enfants,
> responsable, excellentes références,
>
> *cherche*
> *poste* **AU PAIR**
>
> dans famille américaine,
> de préférence,
> régions de San Francisco
> ou de Boston
> Disponible: juin — août.
>
> Téléphoner à Christine
> (011 - 33) 04-78-51-42-05 (Lyon)

---

5. Lisez le message suivant.

- La personne qui a téléphoné veut . . .

  ☐ changer une date.

  ☑ confirmer un rendez-vous.

  ☐ parler à Mme Lescot.

- Ce message a été pris *(was taken)* par . . .

  ☐ un enfant pour ses parents.

  ☐ un(e) étudiant(e) pour un(e) camarade de chambre.

  ☐ un(e) secrétaire pour son (sa) patron(ne).

MESSAGE

DATE: _5 février_   HEURE: _13h15_

PENDANT VOTRE ABSENCE

M. ☐ MME ☑ MLLE ☐ _LESCOT_ A TÉLÉPHONÉ.

SOCIÉTÉ: _LAGARDE_

TÉLÉPHONE: _04-42-05-21-34_

MESSAGE: _a téléphoné pour changer_
le rendez-vous de mardi prochain.
Veuillez rappeler.   S.V.P.

C'est la vie

1. La carte d'identité scolaire

La majorité des élèves français ont une «carte d'identité scolaire». Cette carte leur donne de nombreux avantages. Avec une carte d'identité scolaire, on obtient des réductions sur les prix des billets de cinéma, de théâtre, de concerts et de musées. On paie moins cher quand on voyage en train ou en autobus.

■ Regardez cette carte d'identité scolaire.

CARTE D'IDENTITÉ SCOLAIRE

ANNÉE 19 _99_ 20 _00_

Nom: _PINEAU_

Prénoms: _CAROLINE MARIE_

Né _e_ le _21-10-85_

à _Paris_

Domicile: _135, rue Jeanne d'Arc_
37100 Tours

Signature de l'Élève

Nom de l'Établissement _Collège Saint Grégoire_
86 Rue de la Tour

Je soussigné M _me P. Chastel_ certifie que
M _ademoiselle Caroline Pineau_

est Élève de mon Établissement.

Signature: _P. Chastel_

• Comment s'appelle l'élève? _Caroline Marie Pineau_

• Où habite-t-elle? _135, rue Jeanne d'Arc 37100 Tours_

• Quelle est sa date de naissance? _21-10-85_

• Quel âge a-t-elle maintenant? _17_

• À quelle école va-t-elle? _Collège Saint Grégoire_

Nom _____

2. Études professionnelles

Vous avez décidé de faire des études professionnelles en France.

■ Faites votre choix parmi les trois écoles suivantes.

• Comment s'appelle l'école que vous avez choisie?

Lycée Privé de L'Est Parisien

• Quelles sont les professions que cette école prépare?

Secrétariat, Gestion, Biochimie, Biologie

• Pourquoi avez-vous choisi cette école?

Je veut être une biochimist.

C'est la vie *(continued)*

3. Entre amis

Il n'est pas toujours facile de trouver l'ami(e) idéal(e). ***Dateline France*** propose de vous aider grâce à *(thanks to)* l'ordinateur *(computer)*.

Dans le questionnaire suivant, on vous demande d'analyser votre personnalité.

■ Remplissez *(Fill out)* ce questionnaire.

DATELINE: L'ORDINATEUR QUI FAIT LE BONHEUR.

REMPLISSEZ CE QUESTIONNAIRE.

M. ☐ Mme ☐ Mlle ☑

Nom AZUOMA

Prénom Yrma

N° et Rue 28 High St. Apt 1

Code Postal 07055

Ville PASSAIC

Âge 16

Couleur de cheveux ~~Brown~~ MARRON

Profession Etudiant

Je suis plutôt
- ☐ Exubérant (e)
- ☑ Intellectuel (le)
- ☐ Simple
- ☑ Volontaire
- ☑ Conciliant (e)
- ☐ Rêveur (se)
- ☑ Actif (ve)
- ☑ Drôle
- ☑ Sérieux (se)
- ☐ Réservé (e)

J'aime
- ☑ Parler
- ☐ Ecouter
- ☐ Ne rien faire
- ☑ Voyager
- ☑ Faire du sport
- ☐ La pop music
- ☑ Le cinéma
- ☐ La lecture
- ☐ La mode
- ☑ L'argent

Retourner ce questionnaire rempli à:
Dateline France 15. avenue Victor Hugo – 75116 PARIS

---

volontaire *strong-willed*   **conciliant** *conciliatory, willing to make peace*   **rêveur** *dreamer*

---

*F*LASH culturel: *Réponse*

C. Il y a 2,5 millions de Musulmans en France (ou 5% de la population). Les Musulmans français sont généralement d'origine nord-africaine.

4. Amitiés internationales

Avec le club «Amitiés internationales», les jeunes de différents
pays peuvent correspondre et échanger leurs idées.

■ Lisez les annonces suivantes.

Amitiés internationales

Étudiante suisse
16 ans, sportive (tennis, ski, volley), désire
correspondre avec des filles ou garçons de toute
nationalité pour échanger posters et cassettes.
Sandra   B. P. # 421

Jeune Africaine (Sénégal)
15 ans, aimerait correspondre avec étudiants
américains parlant français, pour échanger nos
idées. J'aime la musique, la nature et les animaux.
Aya   B. P. # 403

Je suis français, d'origine algérienne.
J'ai 14 ans et j'étudie l'anglais. J'aimerais
correspondre avec des étudiants américains
ou canadiens pour échanger CDs et cassettes.
J'aime le jazz, le rap, et les chansons
folkloriques.
Ahmed   B.P. # 398

Garçon vietnamien,
16 ans, habitant en France depuis cinq ans.
J'aime la moto, la musique et les films américains.
J'aimerais correspondre avec jeunes de mon
âge pour échanger photos d'acteurs et d'actrices.
Mai Van Le   B.P. # 429

Je suis espagnole
et j'étudie l'anglais. J'adore le cinéma et les
boums. J'aimerais correspondre avec des élèves
américains ou anglais pour perfectionner mon
anglais. Joindre photo, s.v.p.
Letitia   B.P. #537

Je m'appelle Christophe.
J'ai 15 ans et j'habite à Paris. Je collectionne
les cartes postales, les pin's et les tee-shirts.
J'aimerais correspondre avec jeunes de mon
âge pour faire des échanges.
Christophe   B.P. # 473

■ Choisissez un(e) correspondant(e).

• Quel est le prénom de votre
correspondant(e)?

  Christophe

• Pourquoi avez-vous choisi ce (cette)
correspondant(e)?

  Il est mon âge

■ Maintenant, écrivez votre annonce
personnelle dans la case ci-contre.

ANNONCE

Texte: *J'ai 15 ans cuisi.
Jétudie la français.
Je fait du basket-ball,
softball, volleyball.
Jaime le garcons.*

Nom: *Azcona*

Prénom: *Yrma*   Age: *15*

Adresse: *28 High St. Apt 1*

Ville: *Passaic, NJ*

Code postal: *07055*

Reading and Culture

UNITÉ 1

C'est la vie (continued)

5. Offres d'emploi

- La compagnie qui a mis cette annonce recrute . . .
  - ☐ des ingénieurs.
  - ☑ des comptables.
  - ☐ des spécialistes de l'électronique.

- Les candidats intéressés par l'annonce doivent . . .
  - ☐ être français.
  - ☑ parler anglais.
  - ☐ envoyer une photo.

- Les deux personnes engagées *(hired)* vont . . .
  - ☐ travailler en Suisse.
  - ☑ gagner beaucoup d'argent.
  - ☐ avoir un contrat pour 5 ans.

Société internationale d'Ingénierie - Électronique

recherche
2 personnes
pour son service COMPTABILITÉ
de Genève

Expérience: 5 ans minimum
Langues: anglais (indispensable),
allemand ou italien

Écrire avec curriculum vitae
à TECHNOLAB
Service recrutement
89015 Lyon Cedex

■ Voici certaines compagnies françaises internationales. Indiquez la spécialité de ces compagnies. (Certaines compagnies ont plusieurs spécialités.)

Chanel						
Michelin						
Perrier						
Peugeot-Citroën						
Renault						
St. Laurent						

Nom _____

Si un jour vous habitez en France, vous chercherez peut-être du travail.
Voici certaines offres d'emploi qui intéressent les étudiants.
Lisez attentivement ces annonces.

■ Choisissez un job parmi les six offres d'emploi.
- Indiquez le numéro de l'annonce. ~~5~~ 6
- Expliquez pourquoi vous avez choisi ce job et pourquoi vous êtes qualifié(e).

Je suis une etudiante. Je ne travailler pas
en ~~tr~~ les jours de l'ecole. Samedi après-midi et
~~magasi~~ superb.

1.

SOCIÉTÉ DE PRESSE
Spécialiste de magazines
pour jeunes
recrute
**ÉTUDIANTS(ES)
DYNAMIQUES**
pour
TELEMARKETING
à temps partiel

Prenez rendez-vous main-
tenant
de 9 heures à 18 heures
01.43.87.03.04

2.

CLUB DE SPORT
pour adolescents
cherche

MONITEURS / MONITRICES
pour ses cours d'été

Sports enseignés:
volleyball, basketball
tennis, golf
gymnastique, judo
natation, voile

Écrire à:
LEMANS-SPORTS
23, bd Jean Jaurès
74500 Évian-les-Bains

3.

_Société de Production
de CINÉMA
cherche étudiant(e)s
pour petits rôles
dans films publicitaires_

Joindre photo

Écrire à:
PUBLIFILM
Tour Gan
92015 Paris - La Défense

6.

MAGASIN DE DISQUES
cherche
VENDEUR OU VENDEUSE
pour samedi après-midi
_Ambiance de travail
sympathique_

Écrire à: Le Pop'Music Shop
24, rue de Bordeaux
37000 Tours

4.

Famille suisse
cherche
jeune fille / homme au pair
parlant anglais, sérieux,
responsable
pour s'occuper de 2 enfants
de 8 et 10 ans

- Bonnes conditions de logement
- Minimum: 6 mois
- Références exigées

Mme Favre
102, rue Marignac
1206 Genève

5.

AGENCE DE VOYAGES
cherche
JEUNE HOMME/FILLE
**parlant anglais et
espagnol**
pour travail à mi-temps
Bon salaire
Écrire à:
EuropTours S.A.
2, place de l'Opéra
75002 Paris

Reading and Culture

UNITÉ 1

Textes

📖 READING HINT

When you encounter a new text, you should first read it over quickly to become familiar with its general meaning. Then, once you have identified the topic, you should read the text over a few more times to try to understand the details.

Although you may not know all the words in the selections below, you should be able to understand the main points by using the above technique.

■ Read the following selections and select the correct completion for each of the accompanying statements. Place a check in the corresponding box.

Allô, allô!

Le mot «téléphone» vient de deux mots grecs: **télé** qui signifie «à distance» et **phone** qui signifie «voix». Par définition, le téléphone est un instrument qui permet la transmission de la voix humaine à distance. C'est un Français, Charles Bourseul, qui en 1854 a découvert le principe de la téléphonie, mais c'est un Américain, Alexander Graham Bell, qui a construit le premier appareil téléphonique en 1876.

Né il y a plus de 100 ans, le téléphone est aujourd'hui un objet nécessaire de la vie moderne. Aujourd'hui, tout le monde, ou presque, a le téléphone. En moyenne, chaque Français téléphone 500 fois par an, pour un prix de 50 centimes par communication. Les Français téléphonent moins souvent que les Anglais (700 fois), les Japonais (935 fois) et les Canadiens (1700 fois). Les champions de la communication téléphonique sont les Américains qui, en moyenne, utilisent le téléphone 1950 fois par an.

---

1. Dans le premier paragraphe, l'invention du téléphone est décrite du point de vue . . .
   - ❑ économique.
   - ❑ technique.
   - ☑ historique.

2. Par analogie à *téléphone*, le mot *télévision* signifie . . .
   - ❑ magazine visuel.
   - ❑ transmission des images à distance.
   - ☑ technique moderne de communication.

3. Les Japonais utilisent le téléphone plus souvent (*more*) que . . .
   - ❑ les Américains.
   - ☑ les Anglais.
   - ❑ les Canadiens.

4. Pour le téléphone, les Français dépensent en moyenne (*on the average*) . . . par an.
   - ❑ 75€
   - ❑ 250€
   - ☑ 380€

FRANCE TELECOM
600 AGENCES
PARTOUT
EN FRANCE
TELECARTE 120

The following article describes a French organization called
"Les Médecins du monde" — *"Doctors of the World ."*

Les Médecins du monde

Dans les 100 dernières années, la médecine a fait des progrès considérables. Malheureusement, ces progrès ne sont pas partagés également par tous les pays. Dans certains pays en voie de développement, la mortalité infantile est encore très élevée et les épidémies trop fréquentes.

Pour aider ces pays, un médecin français, le professeur Bernard Kouchner, a créé une organisation privée appelée «Médecins du monde». L'objectif de cette organisation est d'envoyer des volontaires dans les régions où il y a une urgence médicale, et plus spécialement dans les pays d'Afrique et d'Asie, en Somalie ou au Bangladesh, par exemple.

Pour participer aux missions de «Médecins du monde», il n'est pas nécessaire d'être médecin ou infirmier. Il suffit d'être une personne de bonne volonté et de croire en la solidarité des peuples de la terre.

MEDECINS DU MONDE
62, rue Marcadet
75018 Paris   France

1. Les principaux bénéficiaires des progrès de la médecine sont . . .
 ❑ les «Médecins du monde».
 ❑ les habitants des pays développés.
 ❑ les habitants des pays sous-développés.

2. Les «Médecins du monde» travaillent principalement . . .
 ❑ à Paris.
 ❑ en Europe.
 ❑ en Afrique et en Asie.

3. Les volontaires de l'organisation «Médecins du monde» vont en Somalie ou au Bangladesh pour . . .
 ❑ prendre des vacances.
 ❑ aider les gens.
 ❑ faire des recherches scientifiques.

Reading and Culture

UNITÉ
1

INTERLUDE 1: Le concert des Diplodocus

Le jeu des 5 erreurs

The following text is a summary of the story «Le concert des Diplodocus».
This summary contains five errors. First reread the original story in your student
book on pages 74–78. Then read the following summary carefully. Look for the
five errors and explain each of them in French.

Après le dîner, Catherine met son manteau pour sortir.
Sa mère veut savoir où elle va. Catherine répond qu'elle
va chez sa copine Suzanne pour étudier. Elle promet de
rentrer à minuit.

Catherine va chez Suzanne. Là, elle rencontre son
copain Jean-Michel. Jean-Michel a deux billets pour le
concert des Diplodocus. Il invite Catherine qui décide
d'aller au concert avec lui.

Il y a beaucoup de monde au concert des Diplodocus. Il y
a aussi des journalistes de la télévision. Une journaliste
interviewe Catherine. Catherine dit qu'elle
adore les Diplodocus et qu'elle va
souvent à leurs concerts.

Après le concert, Catherine rentre chez
elle en taxi. Ses parents sont en train de
regarder la télévision dans leur chambre.
Qu'est-ce qu'ils regardent? Le concert
des Diplodocus . . . et l'interview de
Catherine. Catherine est très embarrassée!

Les 5 erreurs (Si c'est nécessaire, utilisez une feuille de papier séparée.)

1ère erreur _____

2ème erreur _____

3ème erreur _____

4ème erreur _____

5ème erreur _____

DISCOVERING FRENCH · BLANC

Unité 2

Aperçu culturel

Prenez votre manuel de classe et relisez les pages 94 et 95.
Ensuite, complétez les paragraphes avec les mots suggérés.

campagne	cours	jeunes	magasins
matin	promenade	retrouvé	

Philippe et sa soeur Nathalie habitent à Annecy et ils vont
au lycée Berthollet. Samedi _____, ils sont allés
au lycée parce qu'ils ont classe ce jour-là. Samedi après-midi,
Nathalie est allée à la Maison des _____ où elle
suit un _____ de théâtre. Après, elle a fait
les _____ avec une copine, mais elle n'a rien
acheté. Philippe, lui, est allé au café où il a _____
ses copains.

Philippe et Nathalie ont passé le dimanche avec leurs parents.
Ils sont allés à la _____ et ils ont fait une longue
_____ dans la forêt. Ils sont rentrés à la maison
pour le dîner.

LES MAISONS DES JEUNES ET DE LA CULTURE
MJC des Marquisats : 52, av. des Marquisats, © 04 50 45 08 80
MJC de Novel : place Annapurna, © 04 50 23 06 12
MJC des Romains : 28 avenue du Stade, © 04 50 57 30 97
Maison de l'Enfance : place des Rhododendrons, © 04 50 57 33 12

Flash culturel

La Tour Eiffel reçoît 5 millions de visiteurs par an. C'est
le monument parisien le plus visité par les touristes. La fameuse
tour métallique a été construite par Gustave Eiffel, le pionnier
de l'utilisation du fer *(iron)* dans la construction des grandes
structures.
  • À la construction de quel monument américain est-ce
    que Gustave Eiffel a participé?
    A. Le Brooklyn Bridge.   C. L'Arche de Saint Louis.
    B. L'Empire State Building.   D. La Statue de la Liberté.

Pour vérifier votre réponse, allez à la page 258. ▌▌▶

Reading and Culture

UNITÉ 2

DOCUMENTS

> Read the following documents and select the correct completion for each of the accompanying statements. Place a check in the corresponding box.

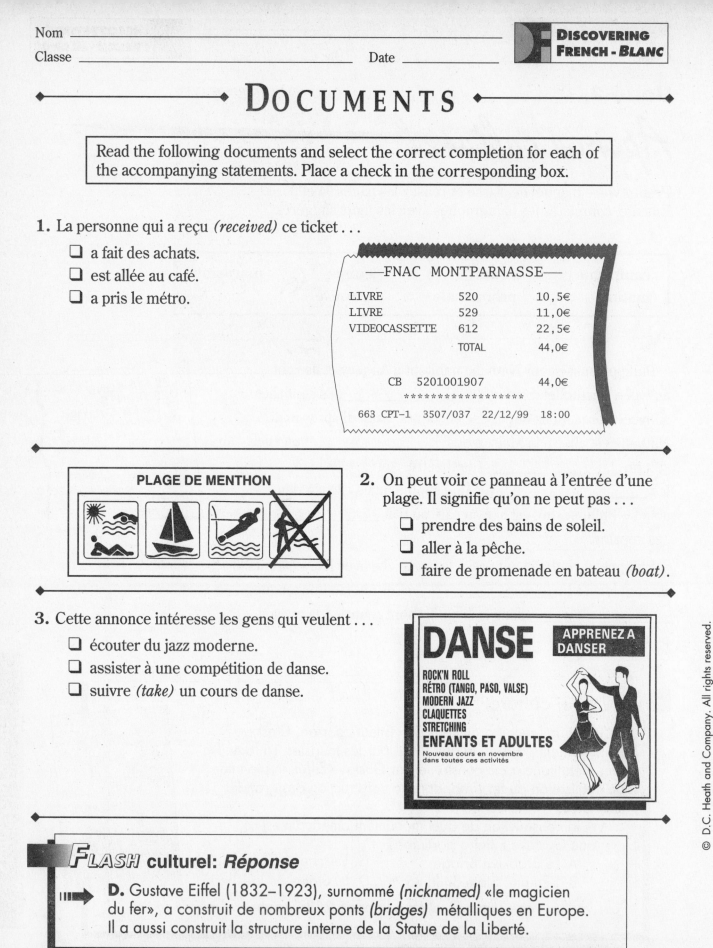

1. La personne qui a reçu *(received)* ce ticket . . .

❑ a fait des achats.

❑ est allée au café.

❑ a pris le métro.

```
——FNAC  MONTPARNASSE——

LIVRE            520         10,5€
LIVRE            529         11,0€
VIDEOCASSETTE    612         22,5€
                 TOTAL       44,0€

    CB   5201001907          44,0€
    * * * * * * * * * * * * * * * * *
663 CPT-1  3507/037  22/12/99  18:00
```

PLAGE DE MENTHON

2. On peut voir ce panneau à l'entrée d'une plage. Il signifie qu'on ne peut pas . . .

❑ prendre des bains de soleil.

❑ aller à la pêche.

❑ faire de promenade en bateau *(boat)*.

3. Cette annonce intéresse les gens qui veulent . . .

❑ écouter du jazz moderne.

❑ assister à une compétition de danse.

❑ suivre *(take)* un cours de danse.

DANSE **APPRENEZ A DANSER**

ROCK'N ROLL
RÉTRO (TANGO, PASO, VALSE)
MODERN JAZZ
CLAQUETTES
STRETCHING
ENFANTS ET ADULTES
Nouveau cours en novembre
dans toutes ces activités

🎞 *FLASH* culturel: *Réponse*

➡ **D.** Gustave Eiffel (1832–1923), surnommé *(nicknamed)* «le magicien du fer», a construit de nombreux ponts *(bridges)* métalliques en Europe. Il a aussi construit la structure interne de la Statue de la Liberté.

4. On va au Palais des Sports si on veut . . .

❑ voir des clowns et des acrobates.

❑ assister à un match de hockey.

❑ dîner dans un restaurant russe.

PALAIS DES SPORTS (PORTE DE VERSAILLES)

**LE CIRQUE
DE MOSCOU** **TF1**

sur Glace

DU 10 NOVEMBRE 1999 AU 13 JANVIER 2000
LOCATION: 01 48 28 40 90 ET 01 48 78 75 00

5. On doit contacter la Cavale si
on a envie de . . .

❑ faire des randonnées à pied.

❑ faire des promenades à cheval.

❑ visiter une ferme.

6. Le weekend, on peut aller à la Maison
du Semnoz si . . .

❑ on aime la nature.

❑ on veut faire une promenade à cheval.

❑ on veut aller à la pêche.

LA CAVALE

Initiation aux sports équestres,
promenades grâce à 18
chevaux. Promenades au bord
du lac ou en forêts, découverte
d'un site en calèche pour
enfants, adultes groupes,
handicapés.

**Tous les jours départ 9h et 14h
(se présenter 15 mn avant le
départ). Sur demande: le soir
départ 17h30. Bivouac le jeudi
et le vendredi. Se renseigner après
19h au 50 52 64 21.**

*École primaire
74320 Sevrier
☎ 04 50 52 64 21*

LE SEMNOZ, FORETS ET MONTAGNES AUX PORTES D'ANNECY

■ **La Maison du Semnoz et le
Jardin Alpin** qui, à 20 mn d'Annecy, permet, par un cheminement facile, de reconnaître une
centaine de plantes de montagne que l'on peut retrouver dans
tout l'alpage. L'exposition présente toute la vie de la montagne :
• la forêt, les animaux
• le monde souterrain, grottes,
rivières souterraines, archéolo-
gie
• la vie dans la mare, un aqua-
rium où vivent des tritons et des
grenouilles rousses
• l'hiver, reconnaître les traces
d'animaux dans la neige

**Ouverture tous les jours du 28. 06
au 30.08 de 12h à 18h30. Juin et
septembre : réservé aux écoles et
aux groupes sur réservation
au 04 50 67 37 34. Entrée libre.**

*M. Rouillon ☎ 04 50 67 37 34
et (juillet et août seulement)
04 50 01 19 41.*

Reading and Culture

C'est la vie

À la Villette

Horaires

LA CITÉ

du mardi au dimache: de 10h à 18h - Femée le lundi

• **La médiathèque:**

du mardi au dimanche: de 12h à 20h

• **L'inventorium:**

séances du mardi au vendredi: 11h, 12h 30, 14h, 15h 30

séances des weekend et jour fériés: 12h, 13h 30, 15h, 16h 30

• **Le planétarium:**

du mardi au dimanche

séances: 10h 30, 12h 30, 14h, 15h 30, 17h

• **Le cinéma Louis-Lumiére:**

programme quotidien au 01 40 35 79 40

Cité des Sciences et de l'Industrie   30, avenue Corentin-Cariou - 75019 Paris

Répondeur: 01.40.05.80.00   Minitel: 3615 code Villette

Métro: Porte de la Villette Parc-auto: quai de la Charente et boulevard Mac-Donald

La Cité des Sciences

Le Parc de la Villette est un grand parc situé au nord-est de Paris. Dans ce parc, il y a le plus grand musée scientifique d'Europe. Ce musée s'appelle la Cité des Sciences et de l'Industrie. Créé spécialement pour les enfants et les adolescents, il offre un très grand nombre d'attractions pour les jeunes Parisiens qui y viennent très nombreux le weekend.

☆ **La médiathèque**

C'est une bibliothèque multimédia: livres, audiovisuels, logiciels.

☆ **L'inventorium**

L'inventorium est réservé aux enfants de 3 à 12 ans. Là, ils découvrent, en jouant, le monde scientifique d'aujourd'hui.

☆ **Le planétarium**

Un simulateur astronomique, des dizaines de projecteurs, des rayons laser, une sonorisation tridimensionnelle permettent de voyager dans l'espace. On vient ici découvrir l'univers.

☆ **Le cinéma Louis-Lumière**

Ce cinéma présente un programme de films scientifiques qui change chaque semaine.

cité pass.

Cité des Sciences et de l'Industrie

Imaginez que vous êtes élève dans un lycée parisien.

■ Un samedi, vous voulez aller à la Cité des Sciences.

• Quel transport public est-ce que vous prenez?

_____

• À quelle station est-ce que vous descendez?

_____

■ Vous voulez connaître le programme des films présentés au cinéma Louis-Lumière.

   • À quel numéro téléphonez-vous?

_____

■ Vous avez besoin de renseignements (*information*) pour un projet scientifique.

   • Où allez-vous?

_____

   • Quel jour est-ce que vous ne pouvez pas aller là-bas?

_____

Cité des Sciences et de l'Industrie

30, avenue Corentin-Cariou
75019 Paris
Tél. : 01 40 05 70 00
Métro : porte de la Villette
Autobus : 150, 152, 250A, PC.

■ Votre petit frère veut apprendre comment utiliser un ordinateur.

   • Où va-t-il?

_____

■ Avec vos copains, vous voulez savoir comment fonctionne le système solaire.

   • Où allez-vous?

_____

la géode

• **La planète bleue**
Des images filmées lors de missions des navettes spatiales américaines. Jusqu'au 7 juillet, tous les jours, toutes les heures, de 10 h à 21 h (sauf lundi: dernière séance à 18 h). Du 8 juillet au 31 août, tous les jours, toutes les heures, de 13 h à 20 h (sauf lundi: dernière séance à 18 h).

• **Rolling Stones at the Max**
Un moment exceptionnel: sur scène avec les Rolling Stones en concert. Jusqu'au 31 août, du mardi au dimanche à 21 h.

• **L'eau et les hommes**
Le combat perpétuel de l'homme pour son élément vital, l'eau. Avec, en avant-programme, La mante religieuse. Jusqu'au 31 août, tous les jours, à 10 h, 11 h et 12 h.

À la Géode

   À côté de la Cité des Sciences, il y a un immense globe de couleur métallique. Ce globe s'appelle «La Géode». C'est une salle de cinéma équipée d'un écran hémisphérique géant de 1000 m^2 où sont projetés des films OMNIMAX. Grâce au son multidirectionnel et aux effets spéciaux, les spectateurs ont vraiment l'impression de voyager dans le son et l'espace.

   Voici le programme des films de la Géode. Choisissez l'un de ces trois films et expliquez votre choix.

■ Je vais voir_____

_____

parce que_____

_____

Reading and Culture

UNITÉ
2

Textes

📖 READING HINT

When you encounter a new text, you should first read it over quickly to become familiar with its general meaning. Then, once you have identified the topic, you should read the text over a few more times to try to understand the details.

Although you may not know all the words in the selections below, you should be able to understand the main points by using the above technique.

■ Read the following selections and select the correct completion for each of the accompanying statements. Place a check in the corresponding box.

Vive le jazz!

D'origine afro-américaine, le jazz est devenu rapidement une musique universelle. Ses sources sont nombreuses: le «negro spiritual», chant religieux des esclaves noirs, le «blues», chant plein d'émotion et de mélancolie, le «ragtime», un style de piano qui reprend sur un rythme syncopé les danses populaires de la fin du 19e siècle.

Le jazz est né vers 1900 dans les villes du Sud des États-Unis, et particulièrement à la Nouvelle Orléans. De la Nouvelle Orléans, il est monté à Kansas City et à Chicago, puis il est arrivé à Harlem qui, dans les années 1930, est devenu la capitale du jazz.

C'est vers 1920 que le jazz est arrivé à Paris, introduit par des musiciens venus en tournée européenne. Immédiatement, cette nouvelle musique a connu un succès extraordinaire!

Le succès du jazz a repris après la guerre avec l'arrivée des soldats noirs de l'armée américaine venue libérer l'Europe. Cette période (1945-1955) a été la grande période du jazz en France. C'est à cette époque que tous les grands du jazz sont venus en concert à Paris: Louis Armstrong, Duke Ellington et leurs orchestres, Ella Fitzgerald, la «reine du scat», Mahalia Jackson, la superbe chanteuse de «negro spirituals». . . Certains musiciens, comme le grand Sidney Béchet, ont décidé de se fixer définitivement en France, peut-être parce qu'ils y étaient plus appréciés que dans leurs pays d'origine.

Plus tard, le jazz a donné naissance à d'autres styles et à d'autres formes de musique, comme le «rock and roll», le «soul music», le «rhythm and blues» et, plus récemment, le «rap». Aujourd'hui comme hier, le jazz et ses variantes restent une musique populaire chez les Français de tout âge.

1. Le jazz a été créé par des musiciens
   américains d'origine . . .
   ❑ africaine.
   ❑ française.
   ❑ hispanique.

2. De ces trois types de musique, le plus
   ancien (oldest) est . . .
   ❑ le jazz.
   ❑ «le rag-time».
   ❑ le «soul music».

3. Le jazz est né il y a approximativement . . .
   ❑ 50 ans.
   ❑ 100 ans.
   ❑ 200 ans.

4. Le «blues» est un chant généralement . . .
   ❑ triste.
   ❑ joyeux.
   ❑ religieux.

5. Le «rag-time» est un style de musique qui . . .
   ❑ est joué sur clarinette.
   ❑ est venu avant le jazz.
   ❑ est très populaire en France.

6. Le jazz a été introduit en France . . .
   ❑ il y a environ (about) 75 ans.
   ❑ par les soldats de l'armée américaine.
   ❑ par Ella Fitzgerald et Mahalia
   Jackson.

Reading and Culture

UNITÉ
2

Textes *continued*

S'il vous plaît, monsieur!

—S'il vous plaît, monsieur, pour aller à l'Arc de Triomphe? C'est loin d'ici?

—Ah oui, c'est en haut des Champs-Élysées.

—Alors, je ne peux pas aller là-bas à pied?

—Non, vous devez prendre le métro.

—Est-ce qu'il y a une station près d'ici?

—Oui, la station Odéon, place de l'Odéon.

—Et où est-ce que je descends?

—À Étoile.

—Merci, monsieur.

—À votre service, mademoiselle.

1. Cette conversation a lieu (*takes place*) ...
   ❑ à l'Arc de Triomphe.
   ❑ dans la rue.
   ❑ dans une station de métro.

2. La première personne qui parle est probablement ...
   ❑ une touriste qui visite Paris.
   ❑ une personne qui connaît bien Paris.
   ❑ une personne qui veut aller au cinéma.

3. Le monsieur conseille (*advises*) à cette personne de (d') ...
   ❑ aller à pied.
   ❑ prendre un taxi.
   ❑ utiliser les transports publics.

Nom _____

LE MÉTRO

Toutes les grandes villes du monde ont un problème commun qui est le problème de la circulation. Comment transporter le maximum de gens en un minimum de temps entre les différents quartiers d'une grande ville? Les ingénieurs urbains ont résolu ce problème en créant des trains métropolitains souterrains ou «métros».

Le métro est un train rapide qui circule généralement sous terre. Le premier métro a été inauguré à Londres en 1863. C'était un train à vapeur. Peu après, des lignes de métro ont été mises en service dans les grandes villes américaines: New York (1868) d'abord, puis Chicago (1892) et Boston (1897). (C'est à cette époque que la traction électrique a remplacé la traction à vapeur.)

Le métro de Paris date de 1900. Au cours des années, il a été modifié et amélioré. En 1964, un nouveau système de transport, le RER, a été inauguré. Ce train super-rapide relie le centre de Paris avec toutes les banlieues. Avec le RER, on traverse Paris en moins de dix minutes.

1. Le mot «métro» est une abbréviation de . . .

❏ métronome.

❏ système métrique.

❏ train métropolitain.

2. Le métro de Paris a été construit . . .

❏ en 1964.

❏ avant le métro de Londres.

❏ après le métro de New York.

3. Si on veut circuler très rapidement *(fast)* dans la région parisienne, on prend . . .

❏ l'autobus.

❏ le métro.

❏ le RER.

NEW-LOOK

A partir de Janvier 1991, la Carte Orange change de style. Toujours accompagnée d'un coupon, elle est au format carte de crédit, plus moderne et plus pratique.

Demandez votre nouvelle carte et complétez-la vous-même en suivant le mode d'emploi avec :
- votre photo d'identité,
- vos nom et prénom,
- votre adresse,
- votre signature.

MULTI-TRANSPORTS

Bus Toutes les lignes de la RATP y compris Orlybus, Noctambus, Balabus, Montmartrobus et les services urbains payants. Toutes les lignes de transport privées affiliées à l'APTR ou à l'ADATRIF circulant à l'intérieur de la région Ile-de-France.

Metro Toutes les lignes du Métro 1 à 13 y compris le funiculaire de Montmartre.

Rer Toutes les lignes du RER A-B-C-D dans les limites de la région Ile-de-France.

Train Toutes les lignes SNCF dans les limites de la région Ile-de-France.

Reading and Culture

UNITÉ 2

INTERLUDE 2: Camping de printemps

Le jeu des 5 erreurs

Voici un résumé de l'histoire «Camping de printemps». Dans ce résumé il y a cinq erreurs. D'abord relisez l'histoire (pages 134–139 de votre manuel de classe). Puis lisez attentivement le résumé de cette histoire. Découvrez les cinq erreurs et expliquez-les brièvement.

Pour son anniversaire, Jean-Christophe a reçu une tente. Ce weekend, il a décidé de faire du camping en Normandie. Il a proposé cette idée à ses deux cousins Vincent et Thomas qui ont accepté. Le soir avant le départ, Jean-Christophe a pris une carte de la région et il a choisi un itinéraire. Puis, il a préparé ses affaires pour le voyage.

Jean-Christophe, Vincent et Thomas sont partis en scooter samedi matin. À midi, ils ont fait un pique-nique. Vers six heures, ils se sont arrêtés près d'un lac. Malheureusement, il y avait beaucoup de moustiques. Alors, les garçons sont remontés sur leurs scooters et ils sont repartis.

Un peu plus loin, ils ont trouvé une jolie prairie et ils se sont arrêtés là. Peu après, un troupeau° de cinquante vaches est arrivé dans la prairie. Alors, les garçons ont été à nouveau obligés de partir!

Finalement, ils ont trouvé un endroit près d'une forêt. C'est là qu'ils ont installé leur tente. Ils ont préparé un bon dîner, et après le dîner, ils ont chanté un peu. Puis, ils sont allés dans la tente pour dormir.

Vers six heures du matin, les garçons ont entendu des explosions. Bang! Poum! Bang! Bang! Poum! Alors, ils sont sortis de la tente et ils ont vu des hommes armés. Le chef de ces hommes a demandé à Jean-Christophe ce qu'il faisait ici. Jean-Christophe a dit qu'ils faisaient du camping. Alors, l'homme a ordonné aux garçons de partir. Les trois garçons ont démonté la tente et ils sont partis. Quand ils sont sortis de la forêt, ils ont vu une pancarte avec l'inscription:

Propriété privée
Terrain de chasse°
Interdit au public

NORMANDIE

troupeau *herd*   **chasse** *hunting*

Les 5 erreurs (Si c'est nécessaire, utilisez une feuille de papier séparée.)

1ère erreur _____

2ème erreur _____

3ème erreur _____

4ème erreur _____

5ème erreur _____

Unité 3

Aperçu culturel

Prenez votre manuel de classe et relisez les pages 142 et 143.
Ensuite, complétez les paragraphes avec les mots suggérés.

bonbons	**boucherie**	**courses**	**éclair**	
fermiers	**marché**	**oeufs**	**pain**	**pâtisserie**

1. Quand elle rentre chez elle après les classes, Caroline passe

   souvent par la _____. Là, elle achète un _____

   ou une brioche. Quand elle a assez d'argent, elle achète aussi

   des _____.

2. Cet après-midi, Monsieur Martin va faire les _____.

   D'abord, il va aller à la boulangerie pour acheter du _____.

   Ensuite, il va aller à la _____ où il va acheter un kilo de rosbif.

3. En général, Madame Rémi achète le beurre et les _____

   à la crémerie de son quartier. Le mercredi, elle va au _____

   où elle peut acheter les produits des _____ de la région.

FLASH culturel

Aujourd'hui le lait, les fromages et les jus de fruits sont
généralement «pasteurisés». La «pasteurisation» est un
procédé qui permet la conservation de beaucoup de produits.
C'est un procédé d'origine française.

- Quelle est l'origine de ce nom?
  A. C'est le nom d'une ville.
  B. C'est le nom d'un laboratoire.
  C. C'est le nom d'un savant (scientist).
  D. C'est le nom d'une chaîne de supermarchés.

Pour vérifier votre réponse, allez à la page 270. ▐▐▶

**alsace
lait**
**BEURRE
EXTRA-FIN PASTEURISE**

BEURRE PASTEURISE
Poids net 15 g

Reading and Culture

UNITÉ
3

DOCUMENTS

Read the following documents and select the correct completion for each of the accompanying statements. Place a check in the corresponding box.

1. Pour acheter ce produit, on va . . .
- ❑ dans une boucherie.
- ❑ dans une boulangerie.
- ❑ dans une crémerie.
- ❑ chez un marchand de fruits.

montorval
YAOURT NATURE

BEAUMONT
le plaisir au quotidien

jus de RAISIN ROUGE

1L

2. Quand on va au supermarché, on trouve ce produit dans la section . . .
- ❑ des desserts.
- ❑ des fruits et légumes.
- ❑ des boissons alcoolisées.
- ❑ des boissons non-alcoolisées.

3. Dans ce magasin, on peut acheter . . .
- ❑ du beurre.
- ❑ des épices.
- ❑ des gâteaux.
- ❑ du fromage.

E. Fahy

TRAITEUR
PÂTISSERIE NOUVELLE
BOULANGERIE FINE
COCKTAIL - LUNCH

32 variétés de pains
25 salades composées
35 variétés de sandwichs

Ouvert en juillet-août, sauf semaine du 15 août
165, rue du Faubourg-Saint-Honoré -Paris 8ᵉ 01 45 63 34 34

```
    * LA GRANDE EPICERIE DE PARIS *
       OUVERT DU LUNDI AU SAMEDI

    PAINS POILANE             1,5€
    PAINS POILANE             1,5€
    FROMAGE COUPE            14,5€
    FROMAGE COUPE            10,7€
    FRUITS ET LEGUMES         1,4€
    BEURRE CHARENTE/P.        1,6€
    FRAISE 1L                 3,5€
    FRUITS ET LEGUMES         2,3€
    CONCOMBRE                 1,0€

    ****            TOT      38,0€
        ESPECES              38,0€

    26/06/99 11:03 4680 07 0124 138
    DE 8H30 A 21H-LUNDI ET VENDREDI 22H
    MERCI DE VOTRE VISITE A BIENTOT
```

4. La personne qui a rapporté *(brought back)* ce ticket est allée . . .
- ❑ dans une boulangerie.
- ❑ dans un supermarché.
- ❑ dans un café.
- ❑ dans un restaurant.

LE PETIT PONT

1, rue du Petit - Pont - 75005 Paris
01.43.54.23.81

❧ AVOCAT VINAIGRETTE	3,5€
❧ CHAMPIGNONS A LA GRECQUE	4,0€
❧ COQUILLE DE THON MAYONNAISE	4,1€
❧ CAROTTES RAPEES	2,8€
❧ CELERI REMOULADE	2,8€
❧ SAUCISSON SEC PUR PORC, AVEC BEURRE	3,5€
❧ OEUF MAYONNAISE	2,8€

5. Cette liste est une liste de . . .
- ❑ desserts.
- ❑ légumes.
- ❑ hors-d'oeuvre.
- ❑ salades.

- Marquez avec ✓ tous les plats qu'une personne végétarienne peut choisir.

6. Votre amie Christine vous a donné la recette *(recipe)* de son plat favori. Voici la liste des ingrédients. Lisez cette liste, et puis répondez aux questions.

- Le clafoutis aux cerises est . . .
  - ❑ un dessert.
  - ❑ un hors-d'oeuvre.
  - ❑ une salade de fruits.
  - ❑ un plat de viande.

- Pour acheter tous les ingrédients nécessaires, on doit aller dans . . .
  - ❑ une boucherie.
  - ❑ une boulangerie.
  - ❑ un supermarché.
  - ❑ une pâtisserie.

Clafoutis aux cerises

Ingrédients:

3 tasses de cerises

4 oeufs

1 1/2 tasse de lait

1/2 tasse de farine

1/4 tasse de sucre

2 cuillères à café

d'extrait de vanille

Recette (voir verso)

- Ce plat a un léger goût *(slight taste)* de . . .
  - ❑ café.
  - ❑ caramel.
  - ❑ vanille.
  - ❑ fraise.

Reading and Culture

UNITÉ
3

C'est la vie

1. Le choix d'un restaurant

En France, il y a toutes sortes de restaurants. Il est midi et vous avez envie de déjeuner.

Dites quel restaurant vous allez choisir si . . .

NOM DU RESTAURANT

• vous voulez manger un plat de spaghettis

_____

• vous voulez manger un bon steak.

_____

• vous êtes au régime *(on a diet)*

_____

• vous aimez le poisson

_____

• vous aimez la cuisine orientale

_____

---

*F*LASH culturel: *Réponse*

C. Louis Pasteur (1822–1895) est un chimiste et biologiste français. Inventeur de la «pasteurisation», il a aussi découvert l'origine des maladies contagieuses et le principe théorique de la vaccination. L'Institut Pasteur à Paris continue son oeuvre. C'est un des plus grands établissements scientifiques du monde. Un des savants de cet institut, le professeur Luc Montagnier, a isolé le virus du SIDA *(AIDS)* en 1984.

2. Petit déjeuner au Saint-Léger

Vous voyagez au Canada avec votre famille. Aujourd'hui, vous êtes à l'hôtel Saint-Léger. Demain matin, vous allez prendre le petit déjeuner dans votre chambre.

■ Indiquez . . .

- votre nom
- le nombre de personnes de votre famille
- l'heure où vous voulez être servis

■ Indiquez aussi votre choix de petit déjeuner . . .

- jus de fruit
- oeufs
- viande
- pâtisserie
- confiture
- boisson

Hotel Saint – Léger

Nous vous suggérons de choisir votre petit déjeuner dès maintenant

Nom (en lettres moulées):_____

No de chambre:_____   Nbre de personnes:_____

Servir entre

○ 6:30–7:00   ○ 8:00–8:30   ○ 9:30–10:00
○ 7:00–7:30   ○ 8:30–9:00   ○ 10:00–10:30
○ 7:30–8:00   ○ 9:00–9:30   ○ 10:30–11:00

Votre choix de
○ *Jus d'orange frais*   *ou* ○ *Jus de pamplemousse*   *ou* ○ *Jus de pomme*
○ *Jus de tomate*

○ *Deux oeufs, frits*   *ou* ○ *Mollets*   *ou* ○ *Brouillés*
○ *Avec jambon*   *ou* ○ *Bacon*   *ou* ○ *Saucisses*

○ *Croissant*   *ou* ○ *Pâtisserie danoise*   *ou* ○ *Roties*
○ *Muffin*

○ *Confiture d'oranges*   *ou* ○ *Confiture de fraises*   *ou* ○ *Miel*

○ *Café*   ○ *Thé avec lait*   ○ *Lait*
○ *Décaféiné*   ○ *Thé avec citron*   ○ *Lait écrémé*
○ *Chocolat chaud*

3. À la crêperie Saint-Michel

La crêperie Saint-Michel est située à Paris. Regardez le choix de crêpes.

- Dans quelle crêpe est-ce qu'il y a de la viande?

_____

- Dans quelle crêpe est-ce qu'il y a du poisson?

_____

- Dans quelle crêpe est-ce qu'il y a de la glace?

_____

- Quelle crêpe est-ce que vous préférez?
  Combien coûte-t-elle?

_____

Crêperie Saint-Michel
Crêpes "Maison"

Crêpe au fromage . . . . .3,5€

Crêpe au chocolat . . . . . . .3,5€

Crêpe au sucre . . . . .2,2€

Crêpe à la confiture . . . . . .2,8€
Abricot, fraise

Crêpe Saint-Michel . . . . . . .6€
Tomate, salade, thon, olives

Crêpe complète . . . . .5€
Jambon épaule, Gruyère, oeuf

Crêpe Belle-Epoque . . . . . . .6€
Banane fruit, glace vanille

Reading and Culture

UNITÉ 3

C'est la vie _(continued)_

4. Chez Jeannette

Vous dînez «Chez Jeannette». Regardez bien la liste des plats du jour.

- Quels sont les différents poissons au menu?

  _____

- Quelles sont les différentes viandes?

  _____

- Quel plat allez-vous choisir?

  _____

- Que signifie «Nos assiettes sont garnies»?
  - ❑ Les assiettes du restaurant sont décorées.
  - ❑ Les plats sont servis avec des légumes.
  - ❑ Le service est compris dans l'addition.

Chez Jeannette
Cuisine française

PLAT DU JOUR: 7 EUROS
Saumon Grillé
Brochette de Poulet
Demi-poulet rôti
Côtelettes de porc aux pommes
Escalope de veau
Filet de sole meunière
Pièce de boeuf au vin

Nos assiettes sont garnies

5. Au fast-food

Les «fast-foods» sont maintenant très populaires en France.
Regardez l'annonce à la page suivante.

- Comment s'appelle ce fast-food?

  _____

- Dans quelle ville est-il situé?

  _____

- Quelle est sa spécialité?

  _____

- Quand est-ce qu'il est fermé *(closed)*?
  - ❑ le samedi
  - ❑ le dimanche
  - ❑ le matin avant 10 heures
  - ❑ le soir après 10 heures

- Lisez la description du sandwich «BIG» et marquez avec un ✓ les ingrédients qu'il contient.
  - ❑ salade
  - ❑ tomate
  - ❑ moutarde
  - ❑ mayonnaise
  - ❑ poivrons *(green peppers)*
  - ❑ viande de boeuf
  - ❑ fromage
  - ❑ ketchup
  - ❑ oignons

Reading and Culture

UNITÉ 3

C'est la vie (continued)

6. Cuisine et langage

La cuisine française a une réputation universelle. Ceci explique pourquoi certains termes d'origine française sont utilisés dans le vocabulaire de la cuisine internationale. Les mots soulignés, par exemple, sont utilisés en anglais aussi bien qu'en français. Connaissez-vous leur sens?

1. Marc aide sa mère avec le dîner. Il prépare une vinaigrette. Qu'est-ce qu'il fait?

   ❑ une omelette
   ❑ un plat de légumes
   ❑ une salade de fruits
   ❑ une sauce pour la salade

2. Alice regarde le menu et commande le filet mignon. Qu'est-ce qu'elle a choisi?

   ❑ un steak
   ❑ un plat de poisson
   ❑ une tarte aux fruits
   ❑ une boisson exotique

3. Comme entrée, Julien a choisi le consommé. Qu'est-ce qu'il a commandé?

   ❑ un jus de tomate
   ❑ une tarte à l'oignon
   ❑ une soupe à base de viande
   ❑ des hors-d'oeuvre variés

4. Pour le dessert, Sandrine a commandé un parfait? Qu'est-ce qu'elle va manger?

   ❑ un gâteau
   ❑ une tarte
   ❑ une crème glacée
   ❑ une salade de fruits

5. Vincent met des croûtons dans sa salade. Qu'est-ce qu'il met?

   ❑ du poivre et du sel
   ❑ des feuilles (leaves) de laitue (lettuce)?
   ❑ des tranches de jambon
   ❑ des petits cubes de pain grillé

6. Cet après-midi, Christine a acheté des éclairs. Dans quel magasin est-elle allée?

   ❑ une boucherie
   ❑ une pâtisserie
   ❑ un magasin de fleurs
   ❑ un magasin de légumes

7. Monsieur Dumont est allé dans un restaurant où il a très bien déjeuné. Après le repas il a félicité (congratulated) le chef. À quelle personne est-ce qu'il a parlé?

   ❑ le serveur
   ❑ le propriétaire (owner)
   ❑ le cuisinier (cook)
   ❑ le réceptionniste

7. Une recette: La salade niçoise

Cette salade s'appelle«salade niçoise» parce que sa recette vient de Nice, une ville située dans le sud de la France. Aujourd'hui, la salade niçoise est un plat très populaire dans toute la France. Elle est particulièrement appréciée en été quand il fait chaud.

On peut commander une salade niçoise comme hors d'oeuvre. Quand on n'a pas très faim ou quand on est pressé *(in a hurry)*, une salade niçoise peut constituer aussi tout un repas. C'est un plat simple, équilibré *(balanced)* délicieux et facile à faire. Voici sa recette:

Salade Niçoise (pour 4 personnes)

Prenez un grand bol.

Dans ce bol, mettez quelques feuilles de salade.

Coupez° quatre tomates en tranches et mettez-les dans le bol.

Ajoutez° d'autres feuilles de salade.

Coupez deux oeufs durs° en tranches et ajoutez-les à la salade.

Ajoutez aussi des anchois, du thon et, si vous voulez, du jambon coupé en cubes.

Ajoutez du sel et du poivre.

Sur cette salade, versez° une cuillère de vinaigre et trois cuillères d'huile.

Mettez la salade au réfrigérateur une demi-heure.

Votre salade est prête°. Vous pouvez la servir.

Bon appétit!

---

coupez *cut* **ajoutez** *add* **durs** *hard-boiled* **versez** *pour* **prête** *ready*

La liste des courses

Vous avez invité trois amis à dîner.
Vous allez faire une salade niçoise.
Préparez la liste des courses.
Sur cette liste, écrivez le nom
de tous les ingrédients nécessaires.

La liste des courses

Reading and Culture

UNITÉ
3

Textes

■ Read the following selections and select the correct completion for each of the accompanying statements. Place a check in the corresponding box.

le grondin

croûtons

tomates

ail

huile d'olive

oignons

La bouillabaisse

La bouillabaisse est un plat d'origine provençale. (La Provence est la région du sud-est de la France située le long de la Méditerranée.)

Essentiellement, la bouillabaisse est une soupe de poisson. Pour faire une bouillabaisse traditionnelle on doit, en principe, utiliser trois poissons typiquement méditerranéens: la rascasse, le congre et le grondin. En réalité, beaucoup de gens utilisent d'autres poissons, comme, par exemple, la sole ou le haddock. On peut aussi ajouter d'autres produits de la mer: crabes, crevettes, moules, etc. . . . La chose la plus importante est que tous ces produits, poissons et crustacés, soient parfaitement frais.

La préparation de la bouillabaisse comprend beaucoup d'autres ingrédients typiques de la cuisine provençale: tomates, oignons, ail, thym, laurier, sel, poivre et, bien sûr, huile d'olive qui doit être de très bonne qualité. La bouillabaisse est servie dans des assiettes à soupe où l'on a mis des croûtons ou des tranches de pain.

Aujourd'hui, la bouillabaisse est servie non seulement en Provence, mais aussi à Paris, à Strasbourg, à Lyon et dans tous les grands restaurants de poisson du monde. La réputation de la bouillabaisse est universelle.

1. La bouillabaisse est d'origine . . .
   ❑ espagnole.
   ❑ française.
   ❑ allemande.
   ❑ italienne.

2. La bouillabaisse est . . .
   ❑ un dessert.
   ❑ un gâteau provençal.
   ❑ un plat de légumes.
   ❑ un plat de poisson.

3. On mange la bouillabaisse . . .
   ❑ avec un couteau.
   ❑ avec une cuillère.
   ❑ avec une fourchette.
   ❑ dans une tasse.

4. La rascasse est . . .
   ❑ une épice.
   ❑ une sorte de crabe.
   ❑ un poisson de la Méditerranée.
   ❑ un poisson de l'Atlantique.

5. Un produit utilisé dans la cuisine provençale typique est . . .
   ❑ le sucre.
   ❑ le vinaigre.
   ❑ le paprika.
   ❑ l'huile d'olive.

la rascasse

thym

crabes

le congre

laurier

moules

crevettes

Les Français et l'eau minérale

L'eau minérale est la boisson favorite des Français. Ils en boivent au café, au restaurant, chez eux aux repas, et à tout moment de la journée. En fait, ce sont les champions du monde de la consommation d'eau minérale. En moyenne, chaque Français (hommes, femmes et enfants) boit 85 litres d'eau minérale par an.

Les eaux minérales sont les eaux naturelles qui contiennent des éléments chimiques (calcium, potassium, sodium, magnésium, etc. . . .) considérés bons pour la santé. Il y a une très grande variété d'eaux minérales. On compte en effet plus de 1.200 sources différentes en France. Ces sources sont généralement situées dans les zones de montagne: Vosges (Vittel, Contrexéville), Alpes (Évian), Massif Central (Vichy). Beaucoup de ces sources ont été découvertes par les Romains et sont utilisées depuis 2.000 ans.

La plus célèbre source d'eau naturelle est probablement la source Perrier située à Vergèze dans le Sud de la France. L'eau et le gaz carbonique sont extraits séparément de cette source, puis recombinés et mis en bouteille. Aujourd'hui, l'eau Perrier est exportée dans tous les pays du monde.

1. En moyenne, les Français boivent . . .
   - ❏ une bouteille d'eau minérale par repas.
   - ❏ un litre d'eau minérale par jour.
   - ❏ sept litres d'eau minérale par mois.
   - ❏ moins *(less)* d'eau minérale que les Anglais.

2. Les eaux minérales sont bonnes pour la santé parce que (qu') . . .
   - ❏ c'est de l'eau pure.
   - ❏ elles contiennent des éléments nécessaires pour le corps *(body)*.
   - ❏ elles sont produites dans des régions montagneuses.
   - ❏ elles sont mises dans des bouteilles propres *(clean)*.

3. La consommation d'eau minérale en France est . . .
   - ❏ un phénomène récent.
   - ❏ une tradition ancienne.
   - ❏ réservée aux sportifs.
   - ❏ interdite aux jeunes enfants.

4. L'eau Perrier contient . . .
   - ❏ du phosphore.
   - ❏ des extraits de fruits.
   - ❏ du gaz carbonique naturel.
   - ❏ du gaz carbonique artificiel.

Reading and Culture

UNITÉ 3

INTERLUDE 3: Quatre surprises

Le jeu des 5 erreurs

Voici un résumé de l'histoire «Quatre surprises». Dans ce résumé il y a cinq erreurs. D'abord relisez l'histoire (pages 184–188 de votre manuel de classe). Puis lisez attentivement le résumé de cette histoire. Découvrez les cinq erreurs et expliquez-les brièvement.

Paul et David sont deux étudiants américains qui sont en vacances en France. Malheureusement, ils ne connaissent pas beaucoup de monde ici. Un jour, Paul téléphone à Nathalie, une copine de sa cousine Christine. Nathalie invite Paul et David à déjeuner chez elle, et elle donne son adresse à Paul. Paul inscrit la date du 8 juillet dans son carnet.

Le 8 juillet, Paul et David sont allés chez Nathalie. Ils sont entrés dans l'immeuble où elle habite et ils ont pris l'ascenseur°. Ils ont sonné à une porte marquée «Descroix», mais personne n'a répondu. David a vu une enveloppe sous un tapis. Dans l'enveloppe, Paul a trouvé les clés de l'appartement. Alors, Paul et David sont entrés dans l'appartement.

Dans l'appartement, Paul et David ont trouvé un excellent repas. Ils ont mangé du saumon fumé, du poulet rôti, de la salade et toutes sortes de fromage. Comme dessert, ils ont mangé du gâteau. Après le repas, ils se sont assis sur le sofa et ils ont regardé la télévision.

À trois heures, une dame est entrée dans l'appartement et elle a demandé aux deux garçons ce qu'ils faisaient chez elle. Paul a dit qu'ils attendaient Nathalie. La dame a répondu qu'elle était la grand-mère de Nathalie et elle a expliqué aux garçons leur erreur.

Alors, Paul et David sont montés chez Nathalie. Nathalie a été très surprise de voir les deux garçons. Elle a offert aux garçons de la tarte aux pommes, mais ils n'ont pas accepté.

ascenseur *elevator*

Les 5 erreurs (Si c'est nécessaire, utilisez une feuille de papier séparée.)

1ère erreur _____

2ème erreur _____

3ème erreur _____

4ème erreur _____

5ème erreur _____

Unité 4

Aperçu culturel

Prenez votre manuel de classe et relisez les pages 192 et 193.
Ensuite, complétez les paragraphes avec les mots suggérés.

acteur	billets	chanson	film	musée
queue	rôle	salle	spectateurs	

1. Philippe a rendez-vous avec Pauline. D'abord, ils vont aller

   au _____ d'Orsay. Ensuite, ils vont aller au cinéma.

   Ils vont voir *Cyrano*, un _____ avec

   Gérard Depardieu, leur _____ favori, qui joue

   le _____ principal.

2. Catherine et Mélanie ont des _____ pour le concert

   de Patrick Bruel, une vedette de la _____ française.

   Maintenant, elles font la _____ devant la _____

   de concert. Quand Patrick Bruel chante, il y a toujours

   beaucoup de _____ .

> Musée d'Orsay
> 1, rue de Bellechasse
> 75007 PARIS
> Tél. 01.45.49.48.14
>
> 10 h à 18 h (jeudi jusqu'à 21 h 45)
> dimanche de 9 h - 18 h
> fermé le lundi
> Métro: Solférino,
> R.E.R. Musée d'Orsay

*F*LASH **culturel**

À Paris, on va au Musée d'Orsay admirer les oeuvres
des grands artistes français du 19e siècle, en particulier
les impressionnistes (Monet, Manet, Cézanne, Renoir, Van Gogh).

- Le Musée d'Orsay, très populaire aujourd'hui, n'a pas
  toujours été un musée. Qu'est-ce que c'était *(was)* avant?
  A. Une résidence royale.   C. Une gare *(train station)*.
  B. Un théâtre.   D. Un jardin couvert *(covered)*.

Pour vérifier votre réponse, allez à la page 284. ⅠⅠⅠ➡

Musée
d'Orsay
petit
guide

Reading and Culture

UNITÉ 4

DOCUMENTS

Read the following documents and select the correct completion for each of the accompanying statements. Place a check in the corresponding box.

1. On téléphone à cette agence si on veut voir . . .

❑ un film.

❑ une pièce.

❑ une exposition.

**ALLO !
AGENCE
CHEQUE
THEATRE**

33, rue Le Peletier
75009 PARIS
01.42.46.72.40

Réservez les meilleures
places de spectacle :

THEATRE, VARIETES,
CONCERTS, BALLETS,
ZENITH, BERCY

PAR ABONNEMENT
sans aucun déplacement
téléphonez à l'Agence
et allez directement
au spectacle

2. Si on aime le cinéma, on peut voir un film à la télé à . . .

❑ 2 heures 30.

❑ 3 heures 05.

❑ 6 heures 10.

JEUDI 6 JUIN

12.30	**TÉLÉVISION RÉGIONALE** Voir lundi.
12.45	**JOURNAL**
13.00	**SPORTS 3 IMAGES** **Spécial Roland-Garros**
14.30	**REGARDS DE FEMME** *Magazine féminin.* *Présentation: Aline Pailler.* Invitée: **Régine Dhoquois**, qui a dirigé la rédaction de l'ouvrage «La Politesse» dans la collection «Morales» (éd. Autrement).
15.00	**FLASH**
15.05	**LES DIAMANTS DE L'OUBLI** *Film TV américain de Walter E. Graumann.*
17.25	**AMUSE 3** **Bonjour les bébés - 17.35 Bouli -** **17.40 Huckleberry Finn.**
18.10	**C'EST PAS JUSTE** *Émission proposée par Agnès Vincent.* *Présentation: Vincent Perrot.* Invité: **Jean-Pierre Coffe.**
18.28	**FLASH**
18.30	**QUESTIONS POUR UN CHAMPION**

3. On va à l'endroit indiqué pour . . .

❑ assister à un concert.

❑ rencontrer des chanteurs.

❑ voir une exposition sur le rock.

LE MUSEE DU ROCK

40 ANS
DE LEGENDE
ET DE MUSIQUE

40 YEARS
OF ROCK MUSIC
AND HISTORY

A 5 MINUTES
DU
MUSEE
DU LOUVRE

A 5 MINUTES
DU
CENTRE
POMPIDOU

FORUM DES HALLES
PORTE DU LOUVRE
TÉL : 01 40 39 92 89

**SELECTION DES RADIOS FM
A PARIS**

Musique classique
 • France Musique 91.7 mHz
Variétés et informations
 • NRJ   100.3 mHz
 • Europe 2   103.5 mHz
 • RFM   103.9 mHz
Chansons années 60
 • Radio Nostalgie   105.1 mHz
Informations
 • France Info   105.5 mHz

4. Cette liste présente les principales stations de radio françaises.

• Quand on veut écouter un opéra, on met . . .
  ❑ France Musique.
  ❑ Radio Nostalgie.
  ❑ France Info.

• Sur NRJ, les jeunes Français peuvent écouter . . .
  ❑ des sonates de Chopin.
  ❑ leurs chanteurs préférés.
  ❑ les matchs de foot.

5. Les personnes qui ont vu cet événement ont assisté à . . .
  ❑ un débat politique.
  ❑ une revue musicale.
  ❑ un match international.

6. *Le Salaire de la Peur* est un classique du cinéma français. Selon la description, c'est . . .
  ❑ un western.
  ❑ un film d'action.
  ❑ une comédie musicale.

LES ÉQUIPES
(Ce soir à Milan, à 17 heures)

ALLEMAGNE
(Maillot blanc)

Illgner (1)
Berthold (14) Augenthaler (5) Buchwald (6) Reuter (2)
Haessler (8) Matthäus (10) Bein (15) Pfluegler (19)
Voeller (9)   Klinsmann (18)

●

Estrada (7)   Rincon (19)
Fajardo (20) Valderrama (10) Ga. Gomez (8) Alvarez (14)
Gi. Gomez (3) Escobar (2) Perea (15) Herrera (4)
Higuita (1)

COLOMBIE
(Maillot rouge)

Arbitre : **Alan Snoddy (Irlande du Nord)**

■■ FRANCE

Henri-Georges Clouzot _____

LE SALAIRE DE LA PEUR

Avec Charles Vanel, Yves Montand, Folco Lulli, Véra Clouzot (1953) 130 mn. N et B.

Cinq hommes convoient un chargement de nitroglycérine sur des routes accidentées d'Amérique centrale... Un suspense habilement entretenu par une mise en scène d'exception. Palme d'or à Cannes en 1953.

THEATRE HEBERTOT 01 43 87 23 23
L'ECOLE DES FEMMES
MOLIERE
avec France Inter
Mise en scène
JEAN-LUC BOUTTE avec **JACQUES WEBER**
BAR, PETIT REPAS A PARTIR DE 19 H

7. *L'École des Femmes* est le nom d'. . .
  ❑ une pièce.
  ❑ un film féministe.
  ❑ une école à Paris.

Reading and Culture

UNITÉ 4

DISCOVERING
FRENCH - BLANC

C'est la vie

1. Le ciné à la télé

Les chaînes françaises de télévision présentent un très grand nombre
de films français ou étrangers.

■ Voici une sélection des films de la semaine. Regardez la sélection
des films et choisissez un film que vous voudriez voir.

• Comment s'appelle ce film?

_____

• Quel genre de film est-ce?

_____

• Qui joue dans ce film?

_____

• À quelle heure est le film?

_____

• Sur quelle chaîne de télévision?

_____

• Pourquoi avez-vous choisi ce film?

_____

**TOUS LES FILMS
DE LA SEMAINE**

A VOIR★ A ENREGISTRER★★ A CONSERVER★★★

Cette nouvelle présentation a été conçue pour vous
permettre de découper et de coller sur vos cassettes vidéo
fiches techniques de chaque film.

**DIM
20.50
FR3**

CROCODILE DUNDEE II ★
De John Cornell
Aventures (1988). Le premier film de l'épopée
australienne avait battu tous les records de recette
et ce second volet avait fait encore mieux, avec
exactement la même équipe mais également **Paul
Hogan**, qui est une vraie star en Australie, et **Linda
Koslowski**.
Durée: 1 h 47.

**LUN
23.00
CANAL+**

LA SOUPE AUX CHOUX ★
De Jean Girault
Comédie (1981). Dans un hameau du Bourbonnais,
deux paysans rencontrent un «envahisseur»,
La caricature du monde rural est appuyée, mais le
spectacle de **Louis de Funès** dégustant une soupe
aux choux avec un extraterrestre interprété par
Jacques Villeret ne manque pas de saveur.
Durée: 1 h 35.

**MAR
20.50
TF1**

LE JUSTICIER SOLITAIRE
De William A. Fraker
Western (1981). Dans le Far-West de 1876, un
homme seul, John Reid dit le «Lone Ranger»,
personnage devenu mythique aux U.S.A., décide
de se dresser contre des bandits. A noter, la
musique de John Barry, l'inventeur du thème de
James Bond et de «Mission Impossible». Avec
Klinton Splisbury. *Durée: 1 h 34.*

**JEU
20.35
M6**

L'ARME FATALE ★★
De Richard Donner
Policier (1987). Un policier noir au bord de la retraite
doit faire équipe avec une jeune tête brûlée.
Ex-vétérans du Vietnam, ils vont démanteler un
réseau de trafiquants de drogue composé d'anciens
agents des forces spéciales de l'armée. Avec **Mel
Gibson, Danny Glover, Gary Busey**.
Durée: 1 h 45.

**VEN
23.05
CANAL+**

JEAN GALMOT, AVENTURIER ★★
d'Alain Maline
Aventures (1990). Un homme débarque à Cayenne
en 1906 pour y faire fortune. Il sera amené à
combattre le racisme et défendre les Droits de
l'Homme en Guyane. Avec **Christophe Malavoy**.
Durée: 2 h 45.

2. Les jeunes Français et la télévision

Comme les jeunes Américains, les jeunes Français adorent regarder la télévision. Les jeunes de 10 à 14 ans sont les téléspectateurs les plus assidus. Ils passent en moyenne 2 heures 30 par jour devant la télévision. Selon un sondage, 80% d'entre eux déclarent l'aimer passionnément.

Après 15 ans, les jeunes Français sont moins enthousiastes. À 17 ans, 35% seulement déclarent s'intéresser à la télévision. À cet âge, ils préfèrent écouter de la musique dans leur chambre ou sortir avec leurs copains.

Le choix des émissions varie aussi avec l'âge. Voici ce qu'ils regardent par ordre de préférence:

Les jeunes de 10 à 14 ans

Ils aiment . . .
♦ les films
♦ les dessins animés
♦ les séries américaines
♦ les émissions pour enfants

Ils n'aiment pas du tout . . .
♦ les concerts de musique classique
♦ le théâtre
♦ les émissions artistiques
♦ les émissions scientifiques

Les jeunes de 15 à 19 ans

Ils aiment . . .
♦ les films
♦ la nature, la vie des animaux
♦ les variétés
♦ les sports
♦ les concerts de rock, jazz, folk

■ Interviewez trois ami(e)s d'âge différent et demandez à chacun(e) quels types d'émissions il/elle préfère. Chacun(e) va donner trois choix.

	Personne 1	Personne 2	Personne 3
Nom			
Âge			
1er choix			
2e choix			
3e choix			

C'est la vie *(continued)*

3. À Bercy

Paris a un palais des sports très moderne qui s'appelle Bercy. À Bercy, on peut assister à un grand nombre de matchs nationaux ou internationaux, et aussi à toutes sortes d'événements musicaux et culturels. C'est ici que les jeunes Parisiens viennent écouter les grandes stars de la chanson française et étrangère.

• À quel numéro téléphonez-vous si vous voulez des renseignements sur un spectacle?

_____

• À quel numéro téléphonez-vous si vous voulez réserver des billets?

_____

Regardez le programme des activités de Bercy et choisissez trois spectacles différents que vous aimeriez voir:

• un événement sportif
• un événement musical
• un autre événement

Pour chaque événement, donnez la raison de votre choix à la page suivante.

*F*LASH culturel: *Réponse*

➡ **C.** L'ancienne gare d'Orsay a été rénovée et transformée en musée. Ce musée a été ouvert au public en 1987. Il reçoit 3 millions de visiteurs par an.

PALAIS OMNISPORTS PARIS BERCY

8, boulevard de Bercy, 75012 PARIS Télex: 212 824 POBP

LOCATIONS
01 43 46 12 21
RENSEIGNEMENTS
01 43 42 01 23

19 NOVEMBRE à 15 h 30 et 20 h
Grand Prix de Paris de Danse Sportive

26 NOVEMBRE à 21 h
Football Américain (arena football):
Los Angeles Cobras contre Chicago Bruisers

5 NOVEMBRE au 8 JANVIER
CIRQUE DE MOSCOU
Le célèbre «Clown aux chats»,
Iouri KOUKLATCHEV
avec ses quarante chats savants
animera le programme.

24 JANVIER au 12 FÉVRIER
Le BALLET NATIONAL d'ESPAGNE
Pour la première fois en France

7–8 FÉVRIER
Tournoi de Paris de Football Indoor

12 FÉVRIER à 15 h
Mega Free

25 et 26 FÉVRIER
Championnat du Monde de Hand-Ball

14 au 16 AVRIL
Internationaux de Gymnastique

16 MAI au 3 JUIN
«CARMEN»
Opéra de Georges BIZET
(17 séances - Relâche le lundi)
Mise en scène de Pier Luigi Pizzi

14 JUIN à 20 h
Récital Luciano PAVAROTTI

Début JUILLET
FESTIVAL DE JAZZ

⚽ ***Événement sportif***

Nom de l'événement _____

Date _____

Pourquoi? _____

♪ ***Événement musical***

Nom de l'événement _____

Date _____

Pourquoi? _____

❓ ***Autre événement***

Nom de l'événement _____

Date _____

Pourquoi? _____

Textes

Read the following selections and select the correct completion for each of the accompanying statements. Place a check in the corresponding box.

le 18 janvier
Mon cher Jean-Jacques,
  Merci de ton invitation.
Malheureusement je ne peux pas aller à ta
boum samedi. C'est l'anniversaire de mon
cousin Christophe et je vais dîner chez lui.
Après, nous allons aller à un concert à Bercy.
  Je vais te téléphoner dimanche après-
midi.
              Amitiés,
              Christine

Christine écrit à Jean-Jacques pour . . .

❑ l'inviter à un concert.

❑ accepter son invitation.

❑ refuser poliment son invitation.

Reading and Culture

UNITÉ
4

Textes *(continued)*

La chanson en France

Comme les jeunes Américains, les jeunes Français sont passionnés par la musique. Chaque année, ils achètent des millions de CDs et de cassettes qu'ils écoutent sur leurs radio-cassettes, leurs mini-chaînes et leurs walkmans. Et quand leurs finances le leur permettent, ils vont au concert écouter leurs groups favoris.

Le rock reste la musique préférée des jeunes de 15 à 19 ans. Les grands succès de la chanson française et étrangère s'appellent les «tubes».

La chanson française d'aujourd'hui a une inspiration à la fois traditionnelle et internationale. Par exemple, la chanson rock et le «rap» (chantés en français, bien sûr) viennent des États-Unis. Le «zouk», chanté en créole, exprime la joie, l'humour et la fierté des Martiniquais. Le «raï», popularisé par Cheb Khaleb, est algérien. Chanté en français ou en arabe et accompagné d'instruments traditionnels d'Afrique du Nord, le raï traduit la mélancolie mais aussi la joie et l'espoir de la jeunesse algérienne immigrée. Et quand Manu Chao chante, c'est non seulement en français, mais aussi en arabe, en espagnol et même en anglais. Tous ces nouveaux courants enrichissent la chanson française qui aujourd'hui est devenue multiculturelle, comme la France elle-même.

1. Ce texte décrit l'aspect . . . de la chanson en France aujourd'hui.
- ❏ commercial
- ❏ politique
- ❏ multiculturel

2. Les jeunes Français d'aujourd'hui préfèrent écouter . . .
- ❏ du jazz.
- ❏ du rock.
- ❏ de la musique classique.

3. Un «tube» est . . .
- ❏ un instrument de musique.
- ❏ une chanson très populaire.
- ❏ un style de musique.

4. Le «raï» et le «zouk» sont des exemples de . . .
- ❏ danses folkloriques.
- ❏ musique traditionnelle.
- ❏ la diversité de la chanson française d'aujourd'hui.

INTERLUDE 4: Un Américain à Paris

Le jeu *des* 5 erreurs

Voici un résumé de l'histoire «Un Américain à Paris». Dans ce résumé il y a cinq erreurs.
D'abord relisez l'histoire (pages 234–238 de votre manuel de classe). Puis lisez attentivement
le résumé de cette histoire. Découvrez les cinq erreurs et expliquez-les brièvement.

Harry Hapless est un touriste américain qui aime beaucoup la France,
mais qui ne connaît pas bien les habitudes françaises. Pendant son
dernier voyage, il a commis un certain nombre d'erreurs.

Quand il est arrivé, par exemple, il voulait aller dans une
banque pour changer des dollars, mais il ne savait pas que ce jour-
là les banques étaient fermées. Un autre jour, il est allé au cinéma
en taxi et il a oublié de donner un pourboire au chauffeur de taxi
qui était furieux.

Un soir, Jacques Lachance, un ami de collège,
l'a invité à dîner. Harry Hapless a acheté un énorme
bouquet de roses pour Madame Lachance qui a trouvé
ce cadeau un peu trop personnel.

Un autre jour, Harry Hapless a pris rendez-vous
chez un dentiste, mais il a fait une erreur dans la date
du rendez-vous et quand il est allé chez le dentiste,
celui-ci (= le dentiste) était en train de peindre son
appartement.

Finalement, le jour du départ est arrivé. Harry Hapless a
déjeuné dans un bon restaurant et, après, il est allé dans
les magasins pour acheter des souvenirs. Puis, il est retourné
à l'hôtel et il a pris un bus pour aller à l'aéroport. Là, il a pris
l'avion, très content d'avoir fait un si beau voyage!

PARIS-NEW YORK 18 h 05

Les 5 erreurs (Si c'est nécessaire, utilisez une feuille de papier séparée.)

1ère erreur _____

2ème erreur _____

3ème erreur _____

4ème erreur _____

5ème erreur _____

Unité 5

Aperçu culturel

Prenez votre manuel de classe et relisez les pages 254 et 255.
Ensuite, complétez les paragraphes avec les mots suggérés.

alpinisme	**parapente**	**patinage**
planche à voile	**ski**	**VTT**

Caroline habite à Annecy dans les Alpes françaises.
Elle adore les sports. En hiver, quand il y a de la neige,
elle fait du _____. En été, elle fait
de la _____ sur le lac d'Annecy.
Elle fait aussi de l'_____ comme Catherine
Destivelle qu'elle admire beaucoup. Et, bien sûr, elle aime faire
des promenades en montagne avec son _____.

L'été prochain, Caroline va suivre *(take)* des leçons
de _____. Quand on pratique ce sport, on a
l'impression de voler comme un oiseau!

Ce soir, elle va regarder les championnats d'Europe
de _____ artistique. Elle espère que
Surya Bonaly va gagner!

ECOLE DELTA PARAPENTE

SAMOENS

DEPUIS 1973, L'EXPÉRIENCE POUR VOTRE PROGRESSION EN TOUTE SÉCURITÉ ET EFFICACITÉ

PREMIÈRE ÉCOLE FRANÇAISE DE VOL LIBRE

Flash culturel

Pierre de Coubertin est un Français très célèbre dans
l'histoire du sport.

- Pourquoi?
  - A. Il a inventé le parapente.
  - B. Il a défini les règles *(rules)* du football.
  - C. Il a créé les Jeux Olympiques modernes.
  - D. Il a gagné dix marathons.

Pour vérifier votre réponse, allez à la page 291. ▐▐▐▶

Reading and Culture

UNITÉ 5

DOCUMENTS

> Read the following documents and select the correct completion for each of the accompanying statements. Place a check in the corresponding box.

1. Les jeunes qui vont à cette école apprennent à . . .

❑ skier.

❑ nager.

❑ faire du ski nautique.

centre sportif des Vernets

Ville de Genève, Service des Sports

ÉCOLE DE NATATION DU JEUDI

pour jeunes gens et jeunes filles nés entre 1985 et 1990

1) Natation: initiés et moyens (pas d'adaptation à l'eau)

2) Natation: perfectionnement.

Début 3 et 10 mai

Inscription à la caisse de la piscine; 2 mois; 2€ (entrées comprises). ✆ 02 43 25 50.

Nombre de places limitées.

Direction des cours: M.N.Wildhaber

2. La personne qui a mis cette annonce veut vendre . . .

❑ une radiocassette.

❑ une bicyclette.

❑ des skis de compétition.

À VENDRE

VTT

21 vitesses

excellente condition

prix à débattre

téléphoner à David Lévy

entre 16h et 19h

03 88 22 61 32

3. Lisez ce panneau *(sign)* qui se trouve à l'entrée du Parc de Grammont.

• Dans le Parc de Grammont, on peut faire . . .

❑ du patin à roulettes.

❑ de la marche à pied.

❑ de la planche à voile.

• On ne peut pas faire . . .

❑ de vélo.

❑ d'équitation.

❑ de promenades.

PARC DE GRAMMONT
Règlement

• L'accès du parc est strictement réservé aux promeneurs et aux cyclistes.

• Il est interdit aux motos et aux chevaux.

Dr. Véronique AZÉMA

oculiste

consultations
sur rendez-vous

45, avenue du Général Leclerc
75013 Paris
Tél. 01.45.22.31.65

4. On va chez le docteur Azéma si . . .

❑ on a la grippe.

❑ on a mal au ventre.

❑ on a mal aux yeux.

5. Avec ce produit, on peut . . .

❑ se laver les mains.

❑ se laver les cheveux.

❑ se brosser les cheveux.

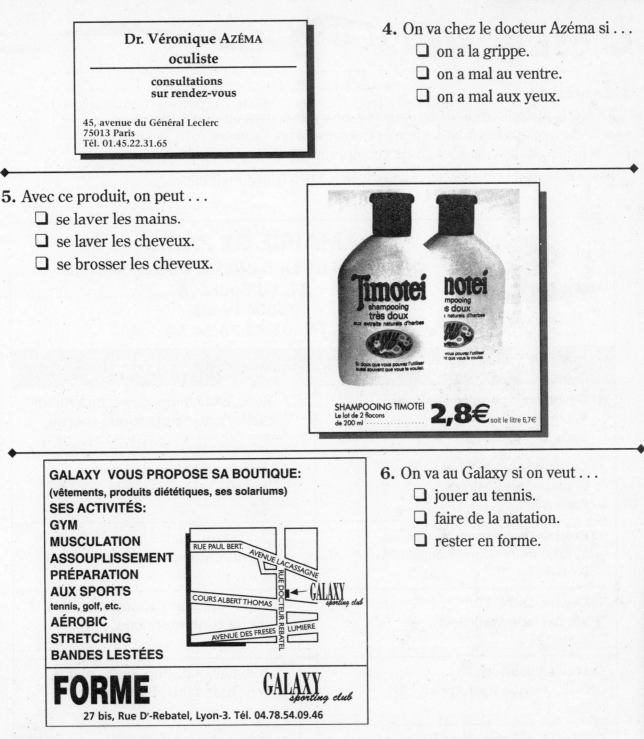

Timotei shampooing très doux
aux extraits naturels d'herbes

Si doux que vous pouvez l'utiliser
aussi souvent que vous le voulez.

motei mpooing s doux
naturels d'herbes

vous pouvez l'utiliser
nt que vous le voulez.

SHAMPOOING TIMOTEI
Le lot de 2 flacons
de 200 ml .... **2,8€** soit le litre 6,7€

GALAXY VOUS PROPOSE SA BOUTIQUE:
(vêtements, produits diététiques, ses solariums)
SES ACTIVITÉS:
GYM
MUSCULATION
ASSOUPLISSEMENT
PRÉPARATION
AUX SPORTS
tennis, golf, etc.
AÉROBIC
STRETCHING
BANDES LESTÉES

RUE PAUL BERT.
AVENUE LACASSAGNE
RUE DOCTEUR REBATEL
COURS ALBERT THOMAS
← **GALAXY** sporting club
AVENUE DES FRESES
LUMIERE

FORME

GALAXY sporting club

27 bis, Rue Dr-Rebatel, Lyon-3. Tél. 04.78.54.09.46

6. On va au Galaxy si on veut . . .

❑ jouer au tennis.

❑ faire de la natation.

❑ rester en forme.

FLASH **culturel:** *Réponse*

⎯► **C.** Pierre de Coubertin (1863–1937) a dédié sa vie *(dedicated his life)*
au développement des sports. C'est lui qui a rétabli les Jeux Olympiques
modernes. Les premiers jeux ont eu lieu à Athènes en 1896. De 1896 à
1925, Pierre de Coubertin a été le Président du Comité international des
Jeux Olympiques.

Reading and Culture

UNITÉ
5

C'est la vie

1. En été à Paris

En été, la mairie *(city hall)* de Paris organise des programmes d'activités sportives et culturelles pour les jeunes qui passent les vacances dans la capitale. Ces activités ont lieu dans les divers centres sportifs de la ville.

Voici certains de ces centres et les activités qu'on peut y pratiquer.

**DIRECTION DE LA JEUNESSE
ET DES SPORTS**

MAIRIE DE PARIS
DIRECTION DE LA JEUNESSE ET DES SPORTS
**24, bd Bourdon
75004 PARIS
Tél. 01.42.76.54.54**

CENTRE D'ACTIVITÉ	ACTIVITÉS
✪ **Gymnase Suzanne Berlioux** 4, place de la Rotonde Paris 1er	Judo, badminton, danse, basketball, volleyball, gymnastique sportive
✪ **Centre Saint-Michel** 9, place Saint-Michel Paris 6e	Danse africaine, danse rock, théâtre, poterie, photo, vidéo
✪ **Centre La Grange-aux-Belles** 55, rue de la Grange-aux-Belles Paris 10e	Aquagym, danse modern'jazz, gymnastique, karaté, stretching
✪ **Centre Saint-Eloi** 25, passage Stinville Paris 12e	Natation, patin à roulettes, vélo, danse contemporaine
✪ **Stade Elisabeth** 7-15, avenue Paul Appel Paris 14e	Baseball, natation, judo, tennis, tennis de table, badminton
✪ **Centre d'Animation Point du Jour** 1, rue du Général Malleterre Paris 16e	Piano, danse-jazz, guitare, photo, peinture, yoga
✪ **Base nautique du Parc des sports** Choisy-le-roi 94	Voile, planche à voile, canoë-kayak

**Pour tous renseignements:
Allo-Sports 01.42.76.54.54**

Imaginez que vous passez les vacances d'été à Paris.

■ Vous voulez des renseignements *(information)*
sur les programmes d'activités organisés
par la ville.

• À quel numéro allez-vous téléphoner?

_____

■ Vous voulez participer à six activités différentes.

• Choisissez ces activités et inscrivez-les dans le
tableau.

• Indiquez votre niveau *(level)* personnel pour chaque
activité.

(Note: débutant = *beginner;* moyen = *average*)

• Choisissez le centre où vous allez aller.

ACTIVITÉS	NIVEAU				CENTRE
	débutant	moyen	bon	supérieur	
1.					
2.					
3.					
4.					
5.					
6.					

Reading and Culture

UNITÉ
5

C'est la vie *(continued)*

2. Vacances au Canada

Avec ses forêts, ses plages, ses parcs et ses montagnes, le Canada est un endroit idéal pour passer les vacances.

La région de Lanaudière, située au nord de Montréal, offre toutes sortes de possibilités aux personnes qui pratiquent les sports d'été ou d'hiver. C'est dans cette région que se trouve le centre «L'Engoulevent».

CENTRE
L'Engoulevent

Situé au coeur de Lanaudière, à 45 minutes de Montréal, le Centre L'Engoulevent constitue une destination idéale pour les amants de la nature et de plein air...

bonjour! **Région touristique de Lanaudière**

L'ÉTÉ
- Île privée sur le lac Pontbriand pour la baignade, la planche à voile, le canot, le pédalo, la pêche, la plongée ou le bain de soleil
- Sentiers pour randonnée pédestre, vélo de montagne, observation de la nature, pique-niques
- Refuge pour camping sauvage
- Tennis
- Randonnée en carriole

L'HIVER
- Ski de fond et raquette
- Ski alpin
- Luge scandinave
- Randonnée en traîneau
- Patinage

Réservation et information:
(514) 834-5481 ou le 1-800-363-8652

4000, rue des Neiges, Rawdon, J0K 1S0

Cabane Chez Pépère → 5

...LA VRAIE NATURE DE LANAUDIÈRE

Nom _____

■ Votre famille a décidé de passer une semaine de vacances au centre
«L'Engoulevent». Choisissez la saison (été ou hiver) sur la base des
sports que vous aimez pratiquer. Choisissez aussi un mois de cette
saison et une semaine de ce mois. Complétez la lettre de réservation.

adresse de l'hôtel →
← votre adresse

date →

_____

Monsieur / Madame
   J'ai lu votre brochure avec intérêt et j'aimerais

nombre de chambres →
réserver_____ chambres pour la semaine

dates de réservation →
du _____ au _____ _____. Je vous
serai obligé(e) de confirmer cette réservation par écrit.
   En vous remerciant, je vous prie d'agréer, Monsieur /
Madame, l'expression de mes sentiments distingués.

_____ ← signature

■ Vous êtes maintenant au centre «L'Engoulevent». Écrivez une lettre
à votre meilleur(e) ami(e) où vous décrivez vos activités et les
activités des personnes de votre famille.

QUÉBEC — CANADA

Distributeur Emile Kirouac Enr., 226 - 7e Rue, Québec, Canada

Canada

post card - carte postale

Reading and Culture

UNITÉ 5

DISCOVERING
FRENCH - *BLANC*

Textes

■ Read the following selections and select the correct completion for each of the accompanying statements. Place a check in the corresponding box.

Main gauche ou main droite?

Dix pour cent (10%) des élèves français écrivent de la main gauche. Cette proportion est plus importante qu'autrefois et tend à augmenter. Pourquoi cette progression? Simplement parce que les gauchers sont aujourd'hui considérés comme des gens «normaux» et qu'à l'école on ne les oblige plus à écrire de la main droite. On observe le même phénomène dans les écoles américaines où la proportion des gauchers est passée de 2% en 1900 à 13% aujourd'hui.

Des études scientifiques ont aussi montré la supériorité des gauchers dans certains sports. Parmi les champions de tennis et de football, par exemple, la proportion des gauchers est beaucoup plus élevée que dans l'ensemble de la population.

1. Les «gauchers» sont des personnes qui . . .
   - ❑ ne savent pas écrire.
   - ❑ utilisent de préférence la main gauche.
   - ❑ sont très maladroites *(clumsy)*.

2. Aux États-Unis, la proportion des élèves qui écrivent de la main droite est de . . .
   - ❑ 60%.
   - ❑ 87%.
   - ❑ 98%.

3. Selon l'article, un grand nombre de champions de football . . .
   - ❑ sont américains.
   - ❑ jouent du pied gauche.
   - ❑ touchent le ballon avec les deux mains.

Le marathon

Le marathon est une très grande course d'endurance. Cette course, longue de 42,2 kilomètres, se dispute généralement sur une route et non pas dans un stade. Pour courir un marathon, il faut avoir une résistance exceptionnelle, beaucoup d'énergie . . . et beaucoup d'entraînement!

L'origine du marathon remonte à l'Antiquité. La course doit son nom à une bataille qui a eu lieu en 490 avant Jésus-Christ dans la plaine de Marathon en Grèce. Au cours de cette célèbre bataille, les Grecs ont arrêté une très grande armée d'invasion venue de Perse. Le général grec a envoyé un soldat pour annoncer cette grande victoire au peuple d'Athènes. Ce soldat a couru sans s'arrêter la distance de 42 kilomètres séparant Marathon et Athènes. Arrivé à Athènes, il a annoncé la victoire, puis il est tombé sur le sol, mort d'épuisement. C'est pour commémorer l'exploit de ce courageux soldat que le marathon a été créé.

le marathon de Paris

BOIS DE BOULOGNE
DÉPART
ARRIVÉE: 42,195 km

5 km
40 km
10 km
15 km
35 km
20 km
25 km
30 km

BOIS DE VINCENNES

Samedi 14 mai
Organisé par l'Association Marathon de Paris sous le patronage de la Mairie de Paris.
Départ: 18 heures, avenue Foch, arrivée avenue Foch.
Fin des contrôles d'arrivée: 23 heures.
Renseignements et inscription:
Marathon de Paris,
10, boulevard Murat, 75016 Paris.
Tél.: 01-46-51-74-82.

Aujourd'hui le marathon est un grand événement international. Chaque année, des milliers d'athlètes venus d'Afrique, d'Asie, d'Europe et d'Amérique disputent cette course organisée dans les grandes villes du monde. Il y a un marathon à New York, à Paris, à Montréal, à Tokyo . . .

Le marathon le plus spectaculaire est évidemment le marathon olympique qui a lieu tous les quatre ans. C'est le dernier événement des Jeux Olympiques. Ce jour-là, des milliers de spectateurs et des centaines de millions de téléspectateurs attendent avec émotion l'entrée de l'athlète victorieux dans le stade olympique.

1. Le marathon doit son nom à . . .
   ❑ un héros mythologique.
   ❑ un événement militaire.
   ❑ un général grec.

2. Le soldat décrit dans le second paragraphe était (was) . . .
   ❑ un messager.
   ❑ un athlète professionnel.
   ❑ un soldat de l'armée perse.

3. Aujourd'hui, le marathon est une course . . .
   ❑ réservée aux athlètes grecs.
   ❑ populaire dans le monde (world) entier.
   ❑ pratiquée uniquement (only) aux Jeux Olympiques.

Reading and Culture

UNITÉ 5

INTERLUDE 5: Le véritoscope

Le jeu des 5 erreurs

Voici un résumé de l'histoire «Le véritoscope». Dans ce résumé il y a cinq erreurs.
D'abord relisez l'histoire (pages 290–294 de votre manuel de classe). Puis lisez
attentivement le résumé de cette histoire. Découvrez les cinq erreurs et expliquez-
les brièvement.

> Monsieur Dumas est le directeur d'une agence de publicité. Un jour, Julien, le
> comptable de l'agence, lui a annoncé une mauvaise nouvelle. Quelqu'un a pris 2 000
> francs dans la caisse. Monsieur Dumas a décidé de découvrir qui est responsable de
> ce vol. Pour cela, il a demandé à un copain ingénieur de fabriquer une machine spé-
> ciale. Le copain de Monsieur Dumas est resté chez lui le weekend et il a fabriqué
> une machine appelée «véritoscope».
>
> Lundi matin, Monsieur Dumas a apporté cette machine à son bureau et il a
> convoqué tous ses employés. Il leur a expliqué la situation et il a demandé si
> quelqu'un a pris de l'argent dans la caisse. Personne n'a répondu. Alors, Monsieur
> Dumas leur a montré sa machine et il a expliqué son fonctionnement. Il a ensuite
> demandé à ses employés s'ils voulaient se soumettre au test de vérité. Tout le monde
> a accepté à l'exception de Madeleine qui n'est pas venue au bureau ce jour-là.
>
> Monsieur Dumas est resté dans la
> salle de réunion. Tour à tour, les
> employés ont mis la main dans l'eau
> et ils ont dit: «Ce n'est pas moi
> qui ai pris l'argent!» Quand le
> tour de Julien est arrivé, une
> lampe s'est allumée. Alors,
> tout le monde a compris qui
> était le voleur!

Les 5 erreurs (Si c'est nécessaire, utilisez une feuille de papier séparée.)

1ère erreur _____

2ème erreur _____

3ème erreur _____

4ème erreur _____

5ème erreur _____

Unité 6

Aperçu culturel

Prenez votre manuel de classe et relisez les pages 298 et 299.
Ensuite, complétez les paragraphes avec les mots suggérés.

banlieue	**chambre**	**cuisine**	**étages**	**immeuble**
individuelle	**jardin**	**privé**	**salle de bains**	

1. Sylvie et sa famille habitent à Nanterre, dans la _____
de Paris. Ils ont un appartement dans un grand _____
de 15 _____. Le weekend, Sylvie va souvent chez ses
grands-parents qui habitent à la campagne dans une maison
_____ avec un petit _____ autour.

2. Il est sept heures. Thomas se lève. Il veut aller dans
la _____, mais elle est occupée. Alors, il va dans
la _____ pour prendre son petit déjeuner.

3. Après le dîner, Florence aide sa mère avec la vaisselle. Puis, elle
va dans sa _____ écouter de la musique. C'est son
domaine _____ où personne n'a le droit *(right)* d'entrer.

FLASH **culturel**

Les échanges culturels, artistiques et techniques entre la France
et les États-Unis sont nombreux. C'est, par exemple, un architecte américain, I. M. Pei, qui a récemment dessiné les plans
de la Pyramide du Louvre à Paris. À l'inverse, il y a 200 ans,
c'est un architecte français qui a dessiné les plans d'une
grande ville américaine.

• **Quelle est cette ville?**

A. Boston   C. La Nouvelle Orléans

B. San Francisco   D. Washington

Pour vérifier votre réponse, allez à la page 303. IIII➡

Reading and Culture

UNITÉ
6

DOCUMENTS

Read the following documents and select the correct completion for each of the accompanying statements. Place a check in the corresponding box.

CROZATIER
Meubles & Décoration

185, av. Jean Jaurès - 78800 HOUILLES
A côté d' Atac - **01 39 68 44 19**

Forum, en face de Castorama
78310 COIGNIERES
01 34 61 79 71

1. Chez Crozatier, on peut acheter . . .
- ❏ une baignoire.
- ❏ un grille-pain.
- ❏ des étagères.

LE FOUR À MICRO-ONDES

Hotpoint

- Système micro-ondes Dual Wave
- Capacité de 1.4 pi ^{3}.
- Dimensions de l'ère spatiale.
- Minuterie de 60 minutes à 2 vitesses.
- Niveau d'énergie variable.
- Garantie prolongée.

2. On utilise l'objet décrit dans l'annonce quand on . . .
- ❏ fait la cuisine.
- ❏ prend un bain.
- ❏ fait des calculs rapides.

Laver le linge et la vaisselle avec **Miele**

Cuisinières - Frigos - Aspirateurs
AndréMaréchal
2, av. de Chamoix 1207 Genève

AGENCE **Miele**
Prix, qualité, service IMBATTABLES

Eau chaude Chauffage électricité gaz mazout avec **cipag**

3. On va chez André Maréchal si on veut . . .
- ❏ redécorer le salon.
- ❏ moderniser l'équipement de la cuisine.
- ❏ acheter des meubles pour la salle à manger.

3 P 75 m²

CHAMBRE 2 408 x 290 CHAMBRE 1 419 x 311

PL.
S. de B. 300 x 170 PL. SEJOUR 467 x 436

ENTREE

W.-C. PL. CUISINE 601 x 170

4. Dans cet appartement, il y a . . .
- ❏ deux étages.
- ❏ un salon–salle à manger.
- ❏ une salle de bains pour chaque chambre.

PANTHÉON

dans immeuble ancien
STUDIO meublé
salle de bains/kitchenette

550€/mois
+ charges
Agence Immobilière LaFarge
tél: 01.44.31.65.12

5. Vous allez passer une année à Paris. Vous cherchez un appartement. Vous avez vu l'annonce suivante dans une agence immobilière *(real estate agency)*.

• Un studio est . . .
  ❑ un petit appartement.
  ❑ un grand appartement.
  ❑ une maison individuelle.

• «Panthéon» est le nom . . .
  ❑ de l'immeuble.
  ❑ d'un quartier de Paris.
  ❑ de l'agence immobilière.

6. Beaucoup de Français vont dans le magasin IKEA pour acheter des objets pour leur maison.

• Chez IKEA, on peut acheter . . .
  ❑ un réfrigérateur.
  ❑ un système d'air conditionné.
  ❑ un lit et un bureau.

• D'après l'annonce, les choses qu'on achète chez IKEA sont . . .
  ❑ assez chères.
  ❑ en matière synthétique.
  ❑ faciles à transporter.

CHEZ IKEA, ON NE REMUE PAS D'AIR

En concevant des meubles prêts à monter qui peuvent être conditionnés dans des paquets plats, on gagne de la place au stockage comme au transport. Chez IKEA, pas d'énormes caisses pleines d'air! Ça vous permet d'acheter des meubles de qualité à petit prix, et de les caser sans problème dans votre voiture.

Reading and Culture

UNITÉ 6

C'est la vie

1. À Genève

Vous allez passer un an à Genève avec vos parents. Vous cherchez un logement.
Dans le journal, il y a quatre annonces intéressantes. Quel logement allez-vous choisir?

- Où est situé le logement que vous avez choisi?

_____

- Quel type de logement est-ce?

_____

- Combien de chambres et combien de salles de bains est-ce qu'il y a?

_____

- Quel est le loyer *(rent)*?

_____

- Quelles sont les caractéristiques intéressantes de ce logement?

_____

- Est-ce qu'il y a un problème? (Si oui, quel problème?)

_____

• Pourquoi avez-vous choisi ce logement?

_____

_____

2. Achats

Vous avez loué cet appartement qui n'est pas meublé *(furnished)*.
Pour chaque pièce, faites une liste des meubles et autres objets
d'ameublement *(furnishings)* que vous allez acheter pour cet appartement.

À Acheter

● chambre 1

chambre 2

◉ séjour

cuisine

◉

CHAMBRE 1
11,80 m²

CUISINE
7,60 m²

WC

BAINS

ENTRÉE

PL

CHAMBRE 2
14,00 m²

SÉJOUR
25,40 m²

TERRASSE
18,00 m²

FLASH **culturel:** *Réponse*

IIII➡ **D.** Pierre l'Enfant (1754–1825) était l'un des nombreux volontaires
français qui ont combattu pendant la Révolution américaine. C'est lui qui
a dessiné les plans de la ville de Washington en 1791.

Reading and Culture

UNITÉ
6

C'est la vie (continued)

3. À l'hôtel

A. Au Canada

Quand on visite un pays *(country)*, on loge généralement dans un hôtel.
Cet été, vous allez visiter le Canada avec votre famille. Regardez l'annonce suivante:

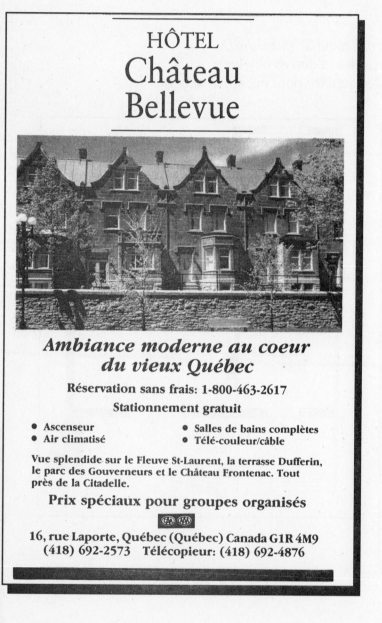

HÔTEL
Château Bellevue

Ambiance moderne au coeur du vieux Québec

Réservation sans frais: 1-800-463-2617

Stationnement gratuit

- Ascenseur
- Air climatisé
- Salles de bains complètes
- Télé-couleur/câble

Vue splendide sur le Fleuve St-Laurent, la terrasse Dufferin, le parc des Gouverneurs et le Château Frontenac. Tout près de la Citadelle.

Prix spéciaux pour groupes organisés

16, rue Laporte, Québec (Québec) Canada G1R 4M9
(418) 692-2573   Télécopieur: (418) 692-4876

- Dans quelle ville est situé l'Hôtel Château Bellevue?

_____

_____

- À quel numéro est-ce qu'on doit téléphoner pour réserver une chambre?

_____

_____

- Parmi les avantages offerts par l'Hôtel Château Bellevue, quel est le plus important pour vous personnellement?

_____

_____

- Quels sont les avantages importants pour les autres membres de votre famille?

_____

_____

_____

_____

B. À Strasbourg

Strasbourg est la capitale de l'Alsace, une province située à l'est de la France.
Siège *(seat)* du Parlement Européen, c'est un important centre international.
C'est aussi une ville très touristique.

- Vous êtes invité(e) à un congrès international à Strasbourg. Vous avez décidé de réserver une chambre à l'Hôtel Arcade.

  - À quel numéro est-ce que vous téléphonez?

  _____

  - Quelle est l'adresse de l'hôtel?

  _____

  Cherchez l'hôtel sur la carte et marquez cet hôtel avec un crayon rouge.

- Vous arrivez de Paris en train. Cherchez la gare *(train station)* sur la carte.
  - Allez-vous aller à votre hôtel à pied ou en taxi?

  _____

- Maintenant vous avez envie de visiter la ville.
  - Quels endroits est-ce que vous allez visiter?

  _____

  Marquez ces endroits en rouge.

Reading and Culture

UNITÉ
6

Textes

■ Read the following selections and select the correct completion for each of the accompanying statements. Place a check in the corresponding box.

L'ascenseur

Selon la petite histoire, le premier ascenseur a été construit au château de Versailles en 1743. C'était une machine qui fonctionnait manuellement. Son usage était réservé au roi Louix XV qui pouvait aller du rez-de-chaussée au premier étage sans se fatiguer.

Le premier ascenseur destiné au public est l'invention d'un ingénieur américain Elisha Otis. Cet ascenseur fonctionnait à la vapeur et il était équipé d'un système de sécurité qui garantissait la protection des passagers en cas d'accident. Le premier ascenseur de ce type a été installé en 1857 dans un grand magasin de New York.

L'invention d'Otis a eu une influence considérable sur l'architecture urbaine moderne. Elle a permis, en particulier, la construction de gratte-ciel dans le centre des grandes villes et la construction d'immenses complexes résidentiels dans leur banlieue.

1. Ce texte traite de l'invention de . . .
   ❑ l'ascenseur.
   ❑ la machine à vapeur.
   ❑ la climatisation.

2. Une caractéristique importante de l'invention d'Elisha Otis était qu'elle . . .
   ❑ ne polluait pas.
   ❑ n'était pas dangereuse à utiliser.
   ❑ fonctionnait grâce à *(thanks to)* un ordinateur.

3. Selon le texte, cette invention a mené à *(led to)* la construction de . . .
   ❑ voitures électriques.
   ❑ gratte-ciel *(skyscrapers)*.
   ❑ trains à grande vitesse.

Le «gadget»

Qu'est-ce que c'est qu'un «gadget»? Pour les Américains, c'est un instrument mécanique ou électrique, généralement assez petit, qu'on utilise dans la vie courante. Un ouvre-boîte, par exemple, est un gadget.

Quelle est l'origine du mot «gadget»? Les linguistes ne sont pas d'accord. Certains pensent que ce mot américain est en réalité d'origine française et qu'il est lié à la construction de la Statue de la Liberté. Cette fameuse statue est un don du peuple français au peuple américain. Elle est l'oeuvre du sculpteur français Auguste Bartholdi. Sa construction a commencé à Paris en 1881. L'atelier où travaillait Bartholdi était la propriété d'un certain monsieur Gaget. Ce monsieur Gaget avait l'esprit d'entreprise. Il a eu l'idée de fabriquer des reproductions miniatures de la Statue de la Liberté et de les exporter aux États-Unis. Bien sûr, chaque petite statue portait son nom: «Gaget et Compagnie». Les Américains ont trouvé ce nom amusant. Ils l'ont adopté en le transformant en «gadget».

Dans les années 1950, le mot «gadget» est passé dans la langue française. Pour les Français, il désigne toutes sortes de petits objets nouveaux et amusants.

1. Le sujet principal du texte est . . .
- ❑ l'origine du mot «gadget».
- ❑ la production de gadgets en France.
- ❑ la construction de la Statue de la Liberté.

2. D'après le texte, le mot «gadget» est dérivé . . .
- ❑ du mot français «galette».
- ❑ du nom propre «Gaget».
- ❑ d'un mot français qui signifie «petit instrument».

3. Monsieur Gaget était . . .
- ❑ un sculpteur.
- ❑ un homme d'affaires.
- ❑ l'architecte de la Statue de la Liberté.

4. Dans le texte, on apprend que la Statue de la Liberté . . .
- ❑ a coûté beaucoup d'argent.
- ❑ a été construite en France.
- ❑ a été inaugurée en 1876.

Reading and Culture

UNITÉ 6

INTERLUDE 6: La maison hantée

Le jeu des 5 erreurs

Voici un résumé de l'histoire «La maison hantée». Dans ce résumé il y a cinq erreurs. D'abord relisez l'histoire (pages 336–340 de votre manuel de classe). Puis lisez attentivement le résumé de cette histoire. Découvrez les cinq erreurs et expliquez-les brièvement.

Jean-François Dupré a 21 ans. Il habite à Paris où il est étudiant. Quand il était plus jeune, il habitait à Marcillac, un petit village où sa mère était sous-directrice de la banque locale. Jean-François allait à l'école du village où il avait un excellent copain qui s'appelait Benoît.

Un jour, Jean-François et Benoît ont décidé de visiter une vieille ferme abandonnée à deux kilomètres du village. Les habitants du village disaient qu'elle était hantée. La raison de cette légende est qu'un ancien fermier y avait été assassiné.

Les deux garçons sont arrivés à la ferme vers six heures et demie. À cette heure-là, il commençait à faire noir . . . Les garçons ont voulu ouvrir la porte mais elle était fermée. Heureusement, la fenêtre de la cuisine était ouverte et c'est par cette fenêtre qu'ils sont entrés. Jean-François a pris sa lampe de poche et les deux garçons ont exploré le salon et la salle à manger.

Jean-François est monté au premier étage, mais Benoît, qui avait un peu peur, est resté au rez-de-chaussée. Jean-François a entendu un bruit qui venait du grenier. Alors, il est monté dans le grenier. Là, il a vu une chouette. C'était le fameux fantôme. Il a ouvert la fenêtre et la chouette est partie dans la nature. Ensuite il est descendu et il a retrouvé Benoît qui attendait dans le jardin et les deux garçons sont rentrés au village.

Les 5 erreurs (Si c'est nécessaire, utilisez une feuille de papier séparée.)

1ère erreur _____

2ème erreur _____

3ème erreur _____

4ème erreur _____

5ème erreur _____

Unité 7

Aperçu culturel

Prenez votre manuel de classe et relisez les pages 344 et 345. Ensuite, complétez les paragraphes avec les mots suggérés.

boutique	**couturiers**	**s'habiller**	**mode**
pointure	**puces**	**soldes**	**style**

1. Patrick est dans une _____ de chaussures. Il aime
   beaucoup le _____ de ces chaussures-ci.
   Malheureusement *(unfortunately)*, elles ne sont pas à sa _____.

2. Catherine est invitée à une boum de Mardi Gras. Pour cette occasion,
   elle va _____ dans le style de 1900. Cet après-midi,
   elle va aller au Marché aux _____, où elle espère
   trouver une vieille robe de cette époque *(period)*.

3. Caroline adore lire les magazines de _____. Elle aime
   regarder les collections présentées par les grands _____.
   Bien sûr, ces vêtements sont beaucoup trop chers pour elle! Comme *(Since)*
   elle n'a pas beaucoup d'argent, elle attend la période des _____
   pour acheter ses vêtements.

*F*LASH **culturel**

La fameuse chemise Lacoste a été créée en France en 1932. Reconnaissable à son emblème de crocodile, cette chemise est aujourd'hui portée dans le monde entier.

- Qui était René Lacoste, son créateur?
  - A. Un couturier.   C. Un musicien.
  - B. Un joueur de polo.   D. Un champion de tennis.

Pour vérifier votre réponse, allez à la page 313. ⓘ➡

LACOSTE

Reading and Culture

UNITÉ 7

DOCUMENTS

Read the following documents and select the correct completion for each
of the accompanying statements. Place a check in the corresponding box.

1. On trouve ces choses au rayon des ...
- ❏ raquettes de tennis.
- ❏ vêtements de sport.
- ❏ vêtements d'hiver.

TENNIS dessus synthétique, semelle caoutchouc cousue, blanc/vert, du 28 au 38 **12€**

SURVETEMENT 100% polyamide, coloris assortis, du 6 au 14 ans **23€**

PANTALON DE SURVETEMENT 100% polyamide, vert/ marine/violet/bleu, du 6 au 16 ans **9€**

2. Dominique Aurientis est le nom d'une boutique parisienne.
- • Ici on peut acheter ...
  - ❏ une bague.
  - ❏ un imper.
  - ❏ un manteau.
- • On peut aussi acheter ...
  - ❏ des chaussures en cuir.
  - ❏ un foulard en soie.
  - ❏ une chemise en coton.

Dominique
Aurientis
PARIS

Bijoux
Accessoires

3. Mod' Chic est une boutique de mode.
- • Cette boutique vend ...
  - ❏ des vêtements de sport.
  - ❏ des vêtements d'hommes.
  - ❏ des vêtements de femmes.

- • Mod' Chic annonce à sa clientèle ...
  - ❏ des soldes.
  - ❏ sa collection de printemps.
  - ❏ la fermeture *(closing)* de sa boutique.
- • Pour chaque type de vêtement, l'annonce indique ...
  - ❏ le style.
  - ❏ le tissu.
  - ❏ la couleur.
- • Le vêtement le moins cher est ...
  - ❏ la jupe.
  - ❏ le chemisier.
  - ❏ le tailleur.

Mod/Chic
120 Avenue de Strasbourg
du 1er au 15 avril seulement

Jupes laine	~~54€~~	38€
Chemisiers soie	~~61€~~	46€
Tailleurs velours	~~153€~~	107€

Détaxe à l'exportation   fermé le lundi

4. Cette annonce décrit les caractéristiques
d'un vêtement <u>excepté</u> . . .

❑ sa couleur.

❑ son prix.

❑ sa taille.

COUNTRY

MARQUE EXCLUSIVE MONOPRIX

PANTALON FLANELLE,
70% LAINE, 30% polyester.

Gris foncé ou gris moyen_____**35€**

5. Voici une publicité pour un pantalon.

• Ce pantalon est en . . .

❑ laine.

❑ velours côtelé.

❑ fibre synthétique.

• Ce pantalon n'existe pas en . . .

❑ jaune.

❑ bleu.

❑ vert.

PANTALON SUEDE CUP'S
ADULTE
85% polyester, 15% polyamide
1 poche couture, 1 poche zippée,
bas de Pantalon zippé, coloris noir,
royal, vert, marine ou violet
Toille 1 à 5

15€

6. Lisez ces publicités. Puis indiquez si les phrases sont vraies ou fausses.

50€
**mocassins homme à boucle
et franges en box.
Couleur: noir.
Du 39 au 45.
SERGIO VITTO.**

• On trouve cet article au rayon   vrai   faux
des chaussures homme.

• On peut choisir la pointure.   vrai   faux

• On peut choisir la couleur.   vrai   faux

45€
**parka en chambray
matelassé, col châle,
manches raglan,
fermetures pression,
100% coton.
Existe en bleu
ciel, noir, gris, kaki,
taille unique.
CAROLE
LAURENT.**

• Ce vêtement est en cuir.   vrai   faux

• On peut choisir la taille.   vrai   faux

• Ce vêtement existe en quatre   vrai   faux
couleurs différentes.

70€
Blouson Teddy Stanford,
doublé écossais,
70% laine cardée,
15% polyamide,
10% polyester,
5% autres fibres.
Existe en marine et
vert. Tailles 1 à 4.

• Ce blouson est en cuir.   vrai   faux

• On peut choisir la taille.   vrai   faux

• Ce blouson existe en cinq   vrai   faux
couleurs différentes.

• Il coûte soixante-dix euros.   vrai   faux

Reading and Culture

UNITÉ
7

C'est la vie

1. Shopping

Les boutiques ci-dessous vendent des marchandises différentes.
Chaque boutique est identifiée par un numéro: 1, 2, 3, 4, 5, 6.

1.

Bijouterie du Palais

maison fondée en 1910

grand choix de bijoux:
or et argent
• réparation de bijoux anciens
• achat et vente de diamants

12, place du Palais

2.

Maroquinerie Saint-André

Venez voir notre grande
sélection d'articles de cuir

121, rue Victor Hugo

3.

La Pagode

articles de soie directement
importés d'Orient
boutique fermée le lundi

22, place du Grand Marché

4.

Marthe Mercadier

opticienne diplômée

vient d'ouvrir
sa nouvelle boutique

40, avenue de la République

Venez nous consulter pour votre
choix de lunettes et de lentilles
de contact

5.

Les chaussures Bally

sont en vente
chez Jean-Louis

le chausseur sachant chausser

ville▲▲sport▲▲montagne

61, rue Nationale

6.

— Fred Aston —

le spécialiste
de
vêtements de sport
été - hiver

53, rue de Bordeaux

Écrivez le numéro de la boutique où vous pouvez acheter les articles suivants.

ARTICLE	BOUTIQUE
• des lunettes de soleil	
• un portefeuille	
• des bottes en caoutchouc	
• un foulard en soie	
• des boucles d'oreille	

ARTICLE	BOUTIQUE
• un survêtement	
• une ceinture	
• une bague	
• un maillot de bain	
• un sac en cuir	

2. Aux Galeries Modernes

Vous êtes aux Galeries Modernes. Dites à quel étage vous devez aller dans les circonstances suivantes:

a. Vous voulez acheter des boucles d'oreille pour l'anniversaire de votre soeur.

étage_____

b. Vous avez besoin d'un diction-naire français-anglais.

étage_____

c. Vous avez acheté un lecteur de cassettes qui ne marche pas. Vous voulez l'échanger.

étage_____

d. Vous voulez acheter une lampe pour votre bureau.

étage_____

e. Vous voulez voir les nouveaux modèles de lunettes de ski.

étage_____

f. Vous voulez acheter des gants pour l'anniversaire de votre oncle.

étage_____

g. Vous voulez acheter un service *(set)* de verres pour le mariage de votre cousin.

étage_____

h. Vous voulez acheter un collier pour l'anniversaire d'une copine.

étage_____

✦ Les Galeries Modernes ✦

6e	**cafétéria - restaurant self service**
5e	**meubles - literie**
4e	**tv - hi-fi - électronique photo - optique**
3e	**chaussures vêtements de sport**
2e	**mode homme bagagerie**
1e	**mode femme - lingerie**
Rez-de-chaussée	**parfumerie - bijouterie librairie - papeterie**
Sous-sol	**arts de la table meubles de cuisine électroménager**

*F*LASH culturel: *Réponse*

▸ D. René Lacoste est l'un des plus grands champions de tennis français. Avec lui, l'équipe de France a gagné six fois la Coupe Davis entre 1927 et 1932. Les joueurs américains, contre qui il jouait, l'ont nommé «The Crocodile». Voilà pourquoi il a choisi cet emblème pour la marque de chemise qu'il a fondée en 1932.

Reading and Culture

UNITÉ 7

C'est la vie *(continued)*

3. Les Cadeaux

Vous avez passé un mois en France. Avant de partir, vous voulez acheter des cadeaux pour vos amis et pour les membres de votre famille. Vous allez à La Boîte à cadeaux. Regardez la liste des objets qui sont proposés.

La Boîte à cadeaux

49, rue du Four

Tél. 01-44-31-65-34

PULLS, pure laine d'agneau.
Bleu roi, jaune, marine, rouge,
gris ou vert. _____ **15€**

FOULARDS, soie 28 x 160 cm.
Violet, jaune, marine, turquoise,
noir, rouge ou vert. _____ **23€**

CRAVATES unies, 70% laine,
30% polyamide. Bleu, violet,
jaune, marine, noir, rouge,
gris chiné ou vert. La paire _____ **5€**

CRAVATES, polyester _____ **10€**

CRAVATES, soie _____ **15€**

CEINTURES, coton et viscose.
Marine, noir ou vert._____ **9€**

BAGUES, plastique.
Bleu, jaune, rouge ou crème. _____ **3€**

BOUCLES D'OREILLE double créoles.
Gris ou bronze._____ **5€**

SAC à rabat, vinyl.
Noir, havane ou vert. _____ **25€**

BRACELETS, plastique._____ **3€**

BRACELETS, métal doré ou
argenté. _____ **3€**

Maintenant, faites votre liste de cadeaux. Pour cela indiquez . . .

- le nom de cinq personnes à qui vous allez offrir quelque chose
- le cadeau que vous allez acheter pour chaque personne
  (Pour chaque objet, indiquez un détail, par exemple, la couleur ou la matière que vous allez choisir.)
- le prix de chaque article.

Puis, faites le total de vos achats.

	Liste Des Cadeaux	
Pour...	Article	Prix
1.		
2.		
3.		
4.		
5.		
Prix Total		

4. Chez Auchan

Auchan est un centre commercial où on peut acheter beaucoup d'objets différents. Avec l'argent que vous avez gagné, vous avez décidé d'acheter quelque chose. Choisissez l'un des objets representés et payez par chèque. Établissez votre chèque au nom de «Auchan».

Auchan
M A U R E P A S
CENTRE COMMERCIAL PARIWEST

RADIO CASSETTE CD SANYO MCD Z2
Lecteur de cassette stéréo, radio 3 gammes d'ondes, lecteur CD programmable. **Garantie 1 an.**

152€

BALADEUR HAMPTON W 32
Baladeur lecteur de cassette stéréo, radio 2 gammes d'ondes, PO FM, livré avec casque. **Garantie 1 an.**

16€

BALADEUR AIWA HSG 15
Baladeur lecteur de cassette, autostop, bass boost, livré avec casque Aiwa. **Garantie 1 an.**

24€

RADIO CASSETTE KAISUI KR 350
Lecteur de cassette mono, radio 3 gamme d'ondes, fonctionne sur piles ou secteur. **Garantie 1 an.**

24€

RADIO CASSETTE SABA RCR 575
Lecteur de cassette stéréo, radio 3 gammes d'ondes, fonctionne sur piles ou secteur. **Garantie 1 an.**

60€

B.P.F. _____ ← Prix

BANQUE PARISIENNE INTERNATIONALE

_____ ← Prix en lettres

à _____ ← Nom du magasin

47 av Montaigne _____ le _____ 19____ ← Date
75008 Paris

193217   030100<7038   024003826227

← Signature

Reading and Culture

UNITÉ 7

C'est la vie *(continued)*

5. Mode et langage

Certaines expressions françaises contiennent des noms de vêtements ou de textiles.
Lisez les phrases suivantes et cherchez le sens des expressions soulignées. Faites
un cercle autour de la lettre correspondante: a, b ou c.

Puis, vérifiez vos réponses à la page 317.

1. Vous avez couru un marathon? <u>Chapeau!</u>

   a. Bravo!

   b. Ce n'est pas vrai!

   c. Vous êtes très courageux!

2. Oh là là, j'ai <u>les jambes en coton</u>!

   a. Je me sens faible.

   b. J'ai mal aux pieds.

   c. Je porte de nouvelles chaussettes.

3. Notre équipe de foot a de bons joueurs,
mais la semaine dernière <u>elle a pris
une veste</u>.

   a. Elle a changé d'uniforme.

   b. Elle a gagné le championnat.

   c. Elle a perdu un match important.

4. Marie-Jeanne <u>se constitue un bas</u> *(stocking)*
de laine.

   a. Elle économise *(saves)* son argent.

   b. Elle apprend à tricoter *(to knit)*.

   c. Elle porte des chaussettes d'hiver.

5. <u>C'est bonnet blanc et blanc bonnet!</u>
  a. C'est injuste *(unfair)*!
  b. C'est la même chose!
  c. C'est très intéressant!

6. Monsieur Martin dîne chez son patron.
<u>Il est dans ses petits souliers.</u>
  a. Il est intimidé.
  b. Il parle beaucoup.
  c. Il porte ses nouvelles chaussures.

7. Philippe a <u>retourné sa veste.</u>
  a. Il est parti.
  b. Il a changé d'opinion.
  c. Il a acheté une autre veste.

8. Julien est très susceptible. <u>Mets des gants</u> quand tu vas lui dire la vérité.
  a. Protège-toi.
  b. Sois honnête.
  c. Sois diplomate.

Réponses: 1-a, 2-a, 3-c, 4-a, 5-b, 6-a, 7-b, 8-c

Reading and Culture

UNITÉ
7

Textes

■ Read the following selections and select the correct completion for each of the accompanying statements. Place a check in the corresponding box.

INFORMATION

La compagnie suisse Swatch vient d'ouvrir une nouvelle boutique en France. Cette boutique, située rue Royale à Paris, offre une collection de 90 modèles de montres et de lunettes à un prix moyen de 46€. Parmi ses premiers clients, on a noté la présence de beaucoup de touristes japonais, allemands, italiens et . . . même suisses!

CHRONO CHIC
Swatch lance, pour la fête des Pères, le chronographe (77€ maximum)! Très élégant avec son bracelet de cuir ou de plastique, il existe en cinq versions: Sand Storm, Skipper, Signal Flag, Black Friday et Skate Bike suivant le look du papa, classique ou branché. Cette montre a les fonctions start-stop, split, plus une échelle de tachymètre. D. G.

En vente chez royal Quartz, 10 rue Royale. 75008 Paris. Tél. : 01.42.60.58.58. Ouvert du lundi au samedi de 9h30 à19h. Toutes cartes de crédit.

Suite p.132

1. Dans cet article, la compagnie Swatch annonce . . .
  ❑ des soldes.
  ❑ une nouvelle collection de montres.
  ❑ l'ouverture *(opening)* d'une boutique à Paris.

2. Cette compagnie vend . . .
  ❑ des bijoux.
  ❑ des accessoires.
  ❑ des vêtements de sport.

Le jean

Le «jean» a une origine véritablement multinationale. Ce vêtement, au nom d'origine italienne, a été créé aux États-Unis par un immigrant d'origine allemande avec du tissu d'origine française. Le jean est né en Californie vers 1850. Son créateur, Oscar Lévi-Strauss, était un marchand originaire de Bavière. Un jour, il a eu l'idée de tailler des pantalons dans la toile de tente qu'il vendait aux chercheurs d'or. La toile de coton qu'il utilisait, le «denim», venait de Nîmes, ville située dans le sud de la France. Cette toile était aussi utilisée dans la fabrication des costumes des marins de Gênes. Le mot «jean» est dérivé du nom de cette ville italienne.

Aujourd'hui, ce vêtement solide, confortable et bon marché est devenu l'uniforme des jeunes du monde entier.

PANTALON JEAN, 100% coton
35€

Jean Western, 5 POCHES 100% coton
30€

1. Le thème principal de ce texte est . . .
   - ❏ l'histoire du jean.
   - ❏ la fabrication du jean.
   - ❏ la mode des jeunes.

2. La création du jean coïncide avec . . .
   - ❏ la Révolution américaine.
   - ❏ l'exploration française des Grands Lacs.
   - ❏ la découverte de l'or en Californie.

3. La ville de Nîmes en France a donné son nom à . . .
   - ❏ un tissu de coton.
   - ❏ une marque *(brand)* de jeans.
   - ❏ une ville de Californie.

4. Oscar Lévi-Strauss était . . .
   - ❏ un marin italien.
   - ❏ un immigrant allemand.
   - ❏ un créateur de mode français.

5. L'origine du mot «jean» vient . . .
   - ❏ du prénom français «Jean».
   - ❏ de l'expression «uniforme des jeunes».
   - ❏ de la ville italienne de Gênes *(Genoa)*.

Reading and Culture

UNITÉ 7

INTERLUDE 7: L'affaire des bijoux

Le jeu des 5 erreurs

Voici un résumé de l'histoire «L'affaire des bijoux». Dans ce résumé il y a cinq erreurs. D'abord relisez l'histoire (pages 380–389 de votre manuel de classe). Puis lisez attentivement le résumé de cette histoire. Découvrez les cinq erreurs et expliquez-les brièvement.

Depuis un mois, on signale des vols dans les bijouteries de Chatel-Royan. On pense que le voleur est un mystérieux homme blond qui parle français avec un accent russe.

Monsieur Rochet est le propriétaire d'une bijouterie qui s'appelle Top Bijou. Il demande à son employée de faire très attention. Un matin, deux personnes entrent dans la boutique de Monsieur Rochet: une vieille dame et un jeune homme blond. Ce jeune homme porte des lunettes de soleil comme l'homme décrit dans le journal. Il demande à voir plusieurs bijoux. Il regarde des bagues assez bon marché, puis d'autres bagues ornées d'émeraudes et de diamants. Finalement, il achète un collier de perles qui coûte 77 000 euros et qu'il paie avec des traveller's chèques. La vieille dame regarde la scène, mais elle n'achète rien.

Après le départ du jeune homme et de la vieille dame, l'employée de Monsieur Rochet constate que les bijoux de la «collection Top Bijou» ont disparu. Monsieur Rochet téléphone immédiatement à la police qui arrête le jeune homme blond. Le journal local relate cette arrestation dans son édition du 6 août. Le jeune homme s'appelle Sven Ericsen. C'est un touriste suédois qui loge à l'hôtel Bellevue. Il nie être l'auteur du vol.

La vieille dame lit le journal, mais elle n'est pas satisfaite des explications qui y sont données. Elle téléphone à quelqu'un, puis elle va voir l'inspecteur Poiret chargé de l'enquête. Elle lui explique que Monsieur Ericsen n'est pas le voleur. D'abord, l'inspecteur ne la croit pas, mais la vieille dame dit qu'elle était dans la bijouterie et qu'elle a tout vu. L'inspecteur décide d'aller à la bijouterie avec la vieille dame qui explique où sont les bijoux. Elle accuse Monsieur Rochet d'avoir simulé le vol pour obtenir de l'argent d'une compagnie d'assurance.

Peu après, Monsieur Ericsen retourne chez lui avec les excuses de la police et la vieille dame reçoit une prime de 1 525 euros de la compagnie d'assurance.

Les 5 erreurs (Si c'est nécessaire, utilisez une feuille de papier séparée.)

1ère erreur _____

2ème erreur _____

3ème erreur _____

4ème erreur _____

5ème erreur _____

Unité 8

Aperçu culturel

Prenez votre manuel de classe et relisez les pages 402 et 403.
Ensuite, complétez les paragraphes avec les mots suggérés.

auberges	colonie	louer	mer
monde	pays	place	terrain

1. Quand elle était petite, Élisabeth Lamy allait en
_____ de vacances pendant l'été.
Maintenant, elle passe les vacances avec sa famille.
En général, les Lamy vont à la _____
où Élisabeth fait beaucoup de voile et de ski nautique.
Cette année, les Lamy vont faire du camping. Madame
Lamy a choisi un _____ de camping
près de Nice. Elle a téléphoné longtemps à l'avance
pour réserver une _____.

2. Bob est un étudiant américain qui visite la France. Comme il n'a pas beaucoup d'argent, il
loge dans les _____ de jeunesse. C'est une excellente occasion de rencontrer
les jeunes de tous les _____ du _____. Hier, Bob a rencontré
un étudiant italien avec qui il va visiter le château de Chenonceau le weekend prochain.
Ils vont _____ des vélos et partir tôt *(early)* samedi matin.

*F*LASH **culturel**

Pour aller en France, il n'est pas nécessaire d'aller à Paris.
On est en France à la Martinique, à Tahiti et à Saint-Pierre-
et-Miquelon.

- Où est situé Saint-Pierre-et-Miquelon?
  - A. En Afrique.
  - B. En Asie.
  - C. En Amérique du Nord.
  - D. En Amérique du Sud.

Pour vérifier votre réponse, allez à la page 325. ▶

Reading and Culture

UNITÉ 8

DOCUMENTS

Read the following documents and select the correct completion for each of the accompanying statements. Place a check in the corresponding box.

1. Cette annonce est une publicité pour . . .
   - ❏ un pays.
   - ❏ un sport.
   - ❏ une plage.

AU SÉNÉGAL
LES PLAGES SONT À VOUS

De juin à septembre, à 5 heures de la France, le Sénégal, c'est le véritable paradis des vacances. Le soleil, une mer tiède, des plages sûres, des activités sportives: voile, tennis, équitation, pêche sur l'une des côtes les plus poissonneuses. Un équipement hôtelier de grand confort et pour couronner le tout, la découverte d'un pays fascinant: le Sénégal, avec son folklore, ses rites ancestraux, et la chaleur proverbiale de son accueil. Été 1994: le bon moment pour découvrir le Sénégal.

2. Ce matin, Hélène Bertrand est passée à la poste pour envoyer le télégramme suivant.

Services spéciaux demandés : (voir au verso)	Inscrire en **CAPITALES** l'adresse complète (rue, n° bloc, bâtiment, escalier, etc...), le texte et la signature (une lettre par case ; **laisser une case blanche entre les mots**).

☎ N° 698 **TÉLÉGRAMME**	Nom et adresse	A N N I E V A T E L
		5 4 R U E B A L L U
		7 5 0 0 9 P A R I S

TEXTE et éventuellement signature très lisible : A R R I V E R A I   G A R E   M O N T P A R N A S S E
M E R C R E D I   1 8 H 4 5
A T T E N D S - M O I   S O R T I E   G A R E
M E R C I   H E L E N E

Pour avis en cas de non-remise, indiquer le nom et l'adresse de l'expéditeur (2) :
_____

- Dans le télégramme, Hélène annonce qu'elle va . . .
  - ❏ prendre le train.
  - ❏ voyager en avion.
  - ❏ louer une voiture.

- La personne qui va recevoir le télégramme doit . . .
  - ❏ acheter un billet de bus.
  - ❏ réserver une chambre d'hôtel.
  - ❏ chercher Hélène à la gare.

Nom _____

**DISCOVERING
FRENCH · BLANC**

Partez avec Air Canada.
Paris-Montréal
aller et retour:

400€
seulement.

*Tarif Apex: les services
d'une ligne régulière
pour un prix charter.*

Le tarif Apex vous offre tous les avantages d'un voyage sur ligne régulière, à un tarif réduit. Il suffit de réserver 60 jours à l'avance et de séjourner un minimum de 14 jours et un maximum de 45 jours. Profitez donc de ce tarif exceptionnel!

3. Cette publicité a paru dans un magazine français.

  • Pour le prix annoncé, on peut acheter . . .

  ❏ un billet de première classe.

  ❏ un aller Paris–Montréal

  ❏ un billet Paris–Montréal /
   Montréal–Paris.

  • Une personne intéressée par cette annonce doit . . .

  ❏ avoir un passeport canadien.

  ❏ voyager avec un groupe.

  ❏ rester au moins *(at least)* deux
   semaines au Québec.

CAMPING
au
bord de
la rivière inc.

ROUTE 138 • LA MALBAIE • QUÉBEC
418.665.4991   418.665.2768   G5A 1M8
INFORMATIONS ET TARIFS 2000
OUVERT DU 15 MAI AU 10 OCTOBRE

	tente	tente roulotte	roulotte
jour	12.00	14.00	14.00
sem.	72.00	84.00	84.00
mois	300.00	325.00	325.00
billet de saison: 15 mai au 1er oct.			475.00

RÈGLEMENTS

• Les campeurs doivent respecter l'aménagement des sites, les arbres et les constructions.

• Les animaux (chats, chiens, etc.) sont tolérés à condition qu'ils soient tenus attachés et qu'ils n'importunent pas les voisins.

• Les véhicules admis sur le terrain ne devront pas dépasser la vitesse de 10 km/h.

• Les visiteurs devront circuler à pied sur le terrain, leur véhicule n'étant pas admis.

4. Voici une annonce pour un terrain de camping au Québec.

  • Pour 300 dollars canadiens, on peut . . .

  ❏ acheter une tente.

  ❏ rester le mois d'août ici.

  ❏ acheter un billet de saison.

  • Dans ce camping, il est interdit de (d') . . .

  ❏ amener des chiens.

  ❏ couper *(to cut)* les arbres.

  ❏ faire des promenades à pied.

Reading and Culture

UNITÉ
8

C'est la vie

1. Voyages et vacances

VOYAGES & VACANCES
séjours et circuits

40 Cologne et le Rhin

Voyage individuel
Départs quotidiens du 4 mai au 5 octobre

300€

Mini-croisière
1er jour: Départ par le train de Paris-Est vers 23 h en couchettes de 2e classe.
2e jour: Arrivée à Mayence vers 7 h. Embarquement vers 8 h 15. Descente du Rhin de Mayence à Cologne (possibilité de déjeuner au restaurant à bord). Arrivée à Cologne vers 18 h. Logement à l'hôtel Mondial (ou équivalent).
3e jour: Petit déjeuner. Journée libre à Cologne. Départ par le train vers 23 h en couchettes de 2e classe.
4e jour: Arrivée à Paris-Nord vers 6 h 30.

41 Interlaken à la carte

Voyage individuel
Départs quotidiens du 1er avril au 31 octobre
À partir de

228€

Découverte de l'Oberland bernois en toute liberté
Voyage en train aller-retour, en places assises de 2e classe.
Séjour en demi-pension (2 nuits en chambre double) à Interlaken, en hôtel catégorie standard ou 1re catégorie.
Hôtel standard: **228€**
Hôtel 1re catégorie avec bains ou douche: **275€**

42 Venise par avion

Voyage individuel d'avril à octobre

345€

Départ de Paris le jour de votre choix. Retour à Paris le jour de votre choix (mais pas avant le dimanche suivant le départ).

Prix pour 2 jours à Venise (1 nuit): **345€** comprenant le voyage aérien en classe «vacances» (vols désignés), le logement en chambre double avec bains ou douche, le petit déjeuner.

43 Londres par avion

Voyage individuel d'avril à octobre

230€

Départ de Paris tous les jours.
Retour à Paris à partir du dimanche suivant l'aller.
Prix pour 2 jours (1 nuit): **230€** comprenant le voyage aérien en classe «vacances», le logement en chambre double, bains, TV radio, avec petit déjeuner britannique.

44 Séjour d'une semaine à Florence

Voyage individuel
Départs les samedis du 12 avril au 25 octobre

550€

hôtel 1 re catégorie

Samedi: Départ de Paris gare de Lyon vers 19 h 30 en couchettes de 2e classe.
Dimanche: Arrivée à Florence vers 8 h 45. Transfert libre à l'hôtel.
Séjour en logement et petit déjeuner jusqu'au samedi suivant.
Samedi: Départ de Florence vers 17 h 30 en couchettes de 2e classe.
Dimanche: Arrivée à Paris-Lyon vers 8 h 30.

Prix par personne: **550€** comprenant:
-Voyage aller et retour en couchettes de 2e classe. -6 nuits en logement et petit déjeuner (chambre double avec douche ou bains).

45 Deux semaines en Egypte
NOUVEAU

Départs de Paris:
8 juin
2 juillet
12 juillet
24 juillet
À partir de
1 500€

Une merveilleuse croisière du Caire à Assouan (ou vice-versa) vous permet de visiter l'Egypte dans les meilleures conditions : le Golden Boat vous propose 52 cabines extérieures climatisées, avec sanitaire privé, téléphone, vidéo, T.V., radio. A bord, piscine, bar, discothèque, boutiques, coiffeur, pont soleil. En été, la chaleur sèche de l'Egypte est de loin préférable à la chaleur humide des pays tropicaux ; de plus votre navire, les hôtels et les cars ont l'air conditionné. Les touristes sont néanmoins plus rares qu'en hiver ce qui vous permet de voyager dans des conditions optimales et de bénéficier des meilleurs services.

Vous avez passé six mois à Paris et avant de revenir aux États-Unis, vous avez décidé de faire un voyage.

Vous passez dans une agence de voyages qui vous propose six voyages différents. Choisissez un de ces voyages.

- Quel voyage avez-vous choisi? (Donnez le numéro de ce voyage.)

  _____

- Quel pays allez-vous visiter pendant ce voyage?

  _____

- Comment allez-vous voyager? *(un bateau = boat)*

  _____

- Combien de temps est-ce que le voyage dure *(last)*?

  _____

- Quel est le prix du voyage que vous avez choisi?

  _____

- Pourquoi avez-vous choisi ce voyage?

  _____

  _____

*F*LASH culturel: *Réponse*

➤ **C.** Saint-Pierre et Miquelon sont deux îles de l'Atlantique Nord. Elles sont situées à 25 kilomètres de Terre-Neuve *(Newfoundland)* au Canada. Saint-Pierre-et-Miquelon est la collectivité territoriale la plus proche *(close)* des États-Unis.

Reading and Culture

UNITÉ
8

C'est la vie (continued)

2. Vacances en Polynésie française

La Polynésie française est un territoire français situé dans le Pacifique Sud à 17 500 kilomètres de la France et à 7 000 kilomètres des États-Unis. C'est un groupe d'îles qui comprend *(includes)* Tahiti, Mooréa et Bora Bora. À cause de leur climat tropical et de leur beauté naturelle, ces îles sont devenues un paradis touristique.

Vous avez décidé de passer vos vacances en Polynésie.

■ **Le voyage**

• Avec quelle compagnie aérienne est-ce que vous irez à Tahiti?

_____

_____

• Combien coûte le voyage en avion?

_____

_____

• Combien de temps est-ce que vous devez rester, au minimum?

_____

_____

■ **Le séjour**

Vous avez choisi de rester à Bora Bora.

• Quelle est la distance approximative entre Tahiti et Bora Bora?

_____

_____

• Comment est-ce qu'on peut aller à Bora Bora?

_____

_____

• Qu'est-ce qu'on peut faire là-bas?

_____

_____

Reading and Culture

UNITÉ
8

Textes

■ Read the following selections and select the correct completion for each of the accompanying statements. Place a check in the corresponding box.

Ce texte est extrait d'une brochure touristique publiée par le gouvernement de Québec. Dans ce texte on apprend que . . .

❑ le Québec est une région touristique.

❑ les habitants du Québec représentent une grande variété multiculturelle.

❑ tous les habitants de Québec sont bilingues.

LANGUES

La langue officielle du Québec est le français, mais pour presque un million d'habitants de l'île, la langue maternelle n'est pas le français. De nos jours, 35 langues y sont bien vivantes de même que 30 religions, et les habitants de l'île ont des racines ancestrales dans 41 pays. On y parle couramment l'anglais, surtout dans la partie ouest: l'anglais est la langue maternelle de 18 pour cent de la population. L'italien, le grec et le chinois sont aussi des langues parlées par un bon nombre de Montréalais.

CAMEROUN

- Consulat du Cameroun : 147 bis, rue de Longchamp, 75116 Paris. Tél.: 01.45.03.21.06.
- Passeport avec visa.
- Vaccination anti-fièvre jaune obligatoire. Traitement anti-paludéen recommandé.
- L'unité de monnaie légale est le franc CFA (communauté financière africaine); 100 F CFA valant 15 centimes
- Heure locale: GMT + 1 (Paris: GMT + 1 en hiver, GMT + 2 en été).
- Emportez des vêtements légers en coton, toile ou gabardine et des chaussures confortables pour les visites dans le nord ainsi que des lainages. Pensez aussi à vous protéger du soleil : lunettes efficaces et chapeau.
- Souvenirs: les objets recouverts de fines perles sont très caractéristiques du Cameroun. Dans le sud, on trouve les bronzes et les cuivres bamoums et les très beaux masques bamilékés.
  Dans le nord, recherchez les poteries et vanneries kotokos.

1. D'après la carte, le Cameroun est un pays . . .
   ❑ d'Afrique.
   ❑ d'Asie.
   ❑ d'Europe.

2. L'objectif du texte est de . . .
   ❑ décrire le pays et ses habitants.
   ❑ décrire les coutumes du pays.
   ❑ donner des renseignements pratiques aux touristes.

L'Orient-Express

L'Orient-Express est peut-être le plus célèbre train du monde. C'était un train de luxe qui traversait l'Europe d'ouest en est. Les voyageurs montaient à Paris et descendaient à Istanboul, en Turquie, après un voyage de 3 200 kilomètres. Pendant le voyage, ils traversaient l'Allemagne, l'Autriche, la Hongrie, la Roumanie et la Bulgarie.

Le fameux train a été mis en service en 1883. À l'origine, les voyageurs devaient descendre du train à Bucarest (en Roumanie). Ils traversaient le Danube en bateau et puis ils reprenaient un autre train jusqu'au port de Varna sur la Mer Noire. De là, ils prenaient un steamer qui les transportait à Istanboul. Le voyage durait trois jours et demi. C'était une véritable aventure!

L'atmosphère fabuleuse de ce train a été reconstituée dans de nombreux romans et films, comme «Le Crime de l'Orient-Express» avec la grande actrice Ingrid Bergman.

Aujourd'hui, l'Orient-Express n'existe plus dans sa forme originelle. Il a été remplacé par une ligne plus rapide, mais beaucoup plus ordinaire qui s'arrête à Bucarest. En été, les touristes qui ont la nostalgie du passé peuvent aussi faire un circuit spécial Paris-Venise dans les luxueuses voitures de l'ancien Orient-Express.

1. L'Orient-Express est . . .
   - ❏ un train historique.
   - ❏ un train à grande vitesse.
   - ❏ un train qui traverse l'Asie.

2. Les premiers passagers de l'Orient-Express ont été confrontés par le problème suivant:
   - ❏ ils avaient besoin de visas.
   - ❏ il fallait *(was necessary)* changer de train pendant le voyage.
   - ❏ ils risquaient d'être attaqués par des bandits.

3. Ingrid Bergman est . . .
   - ❏ une actrice d'un film au sujet de l'Orient-Express.
   - ❏ l'auteur d'un roman policier sur l'Orient-Express.
   - ❏ une des premières passagères de l'Orient-Express.

4. L'Orient-Express du passé . . .
   - ❏ roule encore aujourd'hui.
   - ❏ a été remplacé par un train plus moderne.
   - ❏ est utilisé aujourd'hui uniquement comme un train de marchandises *(freight)*.

Reading and Culture

UNITÉ 8

DISCOVERING
FRENCH - *BLANC*

INTERLUDE 8: La chasse au trésor

Le jeu des 5 erreurs

Voici un résumé de l'histoire «La chasse au trésor». Dans ce résumé il y a cinq erreurs.
D'abord relisez l'histoire (pages 438–453 de votre manuel de classe). Puis lisez attentivement
le résumé de cette histoire. Découvrez les cinq erreurs et expliquez-les brièvement.

*Restaurant
du Lac
200 m →*

Bonjour! Je m'appelle Jean-Paul. J'ai décidé de participer à la
chasse au trésor. Samedi matin, j'ai pris mon sac à dos dans
lequel j'ai mis les objets indiqués à la case 0. Je suis monté sur
mon vélo et je suis parti.

À midi, je me suis arrêté près d'un lac et j'ai pris une photo
du lac. J'ai fait un pique-nique, puis je suis allé nager dans le lac. Ensuite j'ai fait une
petite promenade. Pendant la promenade j'ai trouvé un porte-monnaie dans lequel j'ai
trouvé un billet de 5 euros. J'ai pris le billet et j'ai continué ma promenade à vélo.

Au sommet d'une côte, j'ai vu une belle maison de pierre. Je me suis arrêté et j'ai
pris une photo. En faisant le tour de la maison, j'ai vu que la porte de la cuisine était
ouverte. Alors, je suis entré. Dans la cuisine, il y avait un buffet que j'ai ouvert. Dans
un tiroir, j'ai vu une assiette. Sur cette assiette il y avait un dessin représentant un
vieux marin et une inscription qui disait: «Souvenir de La Rochelle». J'ai trouvé
l'assiette amusante et je l'ai prise. Je suis remonté sur mon vélo et j'ai continué ma
promenade.

Peu après, il a commencé à pleuvoir. Alors, j'ai mis mon imper. La pluie a continué
et j'ai décidé de m'arrêter. J'ai vu une grange où je suis entré. Dans la grange, il y avait
une Mercedes noire. Sur le capot, il y avait un masque de ski que j'ai mis pour me
protéger contre la pluie. Quand je suis sorti de la grange, il ne pleuvait plus. Alors j'ai
mis le masque dans mon sac, j'ai ôté mon imper et j'ai continué.

Après quelques kilomètres, je suis arrivé à un rond-point avec deux routes
possibles différentes: une route nord et une route sud. J'ai pris la route sud et je
suis rentré chez moi, fatigué mais content de ma journée!

Les 5 erreurs (Si c'est nécessaire, utilisez une feuille de papier séparée.)

1ère erreur _____

2ème erreur _____

3ème erreur _____

4ème erreur _____

5ème erreur _____

Unité 9

Aperçu culturel

Prenez votre manuel de classe et relisez les pages 456 et 457.
Ensuite, complétez ces deux paragraphes avec les mots suggérés.

auto-école	contravention	course	essence
permis	pilotes	pneus	vitesse

1. Pour conduire une voiture, on doit avoir un _____.
Les jeunes Français apprennent généralement dans une
_____. Dans les villes, la _____
est limitée. Quand on ne respecte pas cette limitation, on peut avoir
une _____.

2. Chaque année, il y a une _____ automobile sur
le circuit du Mans. Les _____ qui y participent
conduisent pendant 24 heures. De temps en temps, ils s'arrêtent
pour changer les _____ et pour prendre
de l'_____.

*F*LASH **culturel**

Un explorateur français a fondé Détroit en 1701. Il a aussi
été gouverneur de Louisiane de 1712 à 1717. Aujourd'hui
une voiture américaine porte le nom de ce Français.

• Quelle est cette voiture?
  A. Chevrolet   C. Buick LeSabre
  B. Cadillac   D. Chrysler LeBaron

Pour vérifier votre réponse, allez à la page 336. ⅢⅢ➡

◆ DOCUMENTS ◆

Read the following documents and select the correct completion for each of the accompanying statements. Place a check in the corresponding box.

MUSEE NATIONAL DE l'AUTOMOBILE

COLLECTION SCHLUMPF

192 av. de Colmar - 68100 MULHOUSE -
Tél: 03 89 42 29 17 - Télécopie: 03 89 32 08 09

**BILLET
D'ENTREE
N⁰ 312678**

VALABLE POUR 1 ENTREE

1. On va ici si on veut . . .
   - ❏ vendre sa voiture.
   - ❏ acheter une voiture d'occasion *(used)*.
   - ❏ admirer des voitures anciennes.

---

2. On va ici si on veut . . .
   - ❏ acheter une moto.
   - ❏ apprendre à conduire une moto.
   - ❏ participer à une course de moto.

VOITURES PARIS

3ième **semaine gratuite**

	2 sem	3 sem
Cat. A Fiat Panda, 750 Fire	270	270
Cat. C Fiat Uno 45S, 5 portes	310	310

ROSEMONT 593-1010
RIVE-SUD 466-4777
LAVAL 662-7555
QUÉBEC 418-522-2791
SHERBROOKE 819-563-4474

Km illimité
Radio AM-FM et cassette
Taxes incluses
Assurances tous risques, conducteur
et passagers inclures

3. Voici une annonce qui a paru *(appeared)* dans un journal.
   - Cette annonce intéresse les personnes qui veulent . . .
     - ❏ acheter une voiture.
     - ❏ louer une voiture.
     - ❏ visiter Paris en taxi.
   - Les voitures proposées sont équipées d'. . .
     - ❏ un téléphone.
     - ❏ une radio.
     - ❏ un toit ouvrant.
   - Les prix indiqués ne comprennent pas *(do not include)* . . .
     - ❏ l'essence.
     - ❏ les assurances.
     - ❏ les taxes.

Permis de conduire
La majorité des permis de conduire étrangers sont valides au Canada. Pour obtenir plus d'information à ce sujet, veuillez communiquer avec la Société de l'assurance automobile du Québec en composant le (514) 873-8526.

Ceinture de sécurité
Au Québec, le port de la ceinture de sécurité est obligatoire pour le conducteur et tous les passagers sans exception.

Vitesse sur les autoroutes
Au Québec, la limite de vitesse sur les autoroutes est de 100 km/h.

4. Ce document a été publié au Québec.

- Les renseignements *(information)* dans ce document sont très importants pour . . .
  - ❏ les Québécois qui ont des voitures étrangères.
  - ❏ les touristes qui visitent le Québec en auto.
  - ❏ les jeunes Québécois qui apprennent à conduire.

- Quand on conduit au Québec, il faut . . .
  - ❏ avoir un passeport valide.
  - ❏ mettre sa ceinture de sécurité.
  - ❏ être assuré *(insured)* par une compagnie canadienne.

5. Europcar est une compagnie qui loue des voitures dans les principaux pays européens. Regardez la liste des voitures qu'on peut louer et marquez les voitures françaises de cette liste.

	Catégories et modèles		1 jour TTC	2 jours TTC	3 jours TTC	4 jours TTC
❏	A Renault Super 5 Five	•	84	118	138	168
❏	B Renault Clio	•	97	136	160	194
❏	C Renault 21	☐	136	190	224	271
❏	D Peugeot 605	☐	160	224	264	320
❏	E Mercedes 190E	☐	177	248	292	354
❏	G Renault 21 TX	• AUTOMATIQUE	132	184	217	264
❏	H Renault 25 V6	☐	210	294	346	419
❏	J Mercedes 190	☐	270	378	445	540
❏	K BMW 730 IA	☐	360	504	593	720
❏	M Golf Cabriolet	☐	192	268	316	384
❏	N Peugeot 205 GTI	☐	199	278	328	398
❏	P Renault 21 Nevada	•	159	270	318	386
❏	R Minibus	•	190	267	313	380
❏	S Renault Espace	☐	210	294	346	419

• Radio — ☐ Lecteur de cassettes — AC : Air conditionné

Renault 25
POUR VOUS EUROPCAR A CHOISI **RENAULT** ET D'AUTRES GRANDES MARQUES

Europcar
Location de voitures

Europcar Assistance
01.42.81.93.00.

Renseignements
Minitel 3614 code EUCAR
Minitel 3614 code EUROPCAR

Renseignements/Réservation
01.30.43.82.82

Reading and Culture

UNITÉ
9

C'est la vie

1. La France en auto

Imaginez que vous allez faire un voyage en France avec votre famille.
Vous êtes chargé(e) de louer une voiture.

■ D'abord indiquez vos préférences:

Marque:	**Transmission:**
❏ française ❏ étrangère	❏ manuelle ❏ automatique
Nombre de personnes:	**Autres caractéristiques souhaitées:**
❏ 2 personnes	(Choisissez deux caractéristiques.)
❏ 4 personnes	❏ radio ❏ air conditionné
❏ 5 personnes	❏ grand coffre ❏ lecteur de cassette
❏ plus de 5 personnes	

■ Maintenant regardez la liste des voitures et choisissez la voiture
qui a le maximum de caractéristiques souhaitées *(desired)*.

Applicable au 5 Avril			PLACES	PORTES	RADIO	CASSETTE	AIR CONDITIONNE	GRAND COFFRE	TARIFS	
CATEGORIES		MODELES							PAR JOUR €	PAR KM €
ECONOMIQUE	A	FORD FIESTA SUPER FESTIVAL RENAULT SUPER 5 FIVE PEUGEOT 205 JUNIOR UNO 45 FIRE OPEL CORSA GL	4	2	X				25	,3
	B	RENAULT SUPER 5 SL PEUGEOT 205 GL	4	4	X				26,2	,3
MOYENNE	C	FORD ESCORT 1,6 CL OPEL KADETT 1200 PEUGEOT 309 GL PROFIL RENAULT 11 GTL	5	4	X				30,3	,4
	D	FORD SIERRA 1800 CL PEUGEOT 405 GR RENAULT 21 GTS BMW 316	5	4	X	X		X	40,8	,5
SUPERIEURE	E	FORD SCORPIO 2.0 GLI "ABS" RENAULT 25 GTS OPEL OMEGA 2.0 I GL	5	4	X	X		X	46,9	,6
AUTOMATIQUES ECONOMIQUE	F	FORD ESCORT 1600 CL RENAULT 11	5	4	X			X	38,1	,5
SUPERIEURE	G	MERCEDES 190 E BMW 320 iA T.O.	5	4	X	X	X	X	60,6	,6
	H	MERCEDES 260 E	5	4	X	X	X	X	84,7	,8
MINIBUS	I	FORD TRANSIT RENAULT TRAFIC CONFORT	9	4	X	X		X	51,2	,5

- Quelle voiture avez-vous choisie?_____
- Quel est le coût de la location *(rental)* par jour?_____
- Quel est le coût supplémentaire par kilomètre?_____

■ Vous êtes maintenant à Paris. Vous avez décidé de faire
un voyage de six jours avec la voiture que vous avez louée.
Pendant ce voyage, vous allez visiter les cinq villes suivantes:

Bordeaux	Genève	Nice
Strasbourg	Toulouse	

- Indiquez votre itinéraire sur la carte.

- Complétez le tableau en indiquant le nom des villes où vous vous arrêterez chaque jour.
  Pour chaque jour, indiquez le nombre approximatif de kilomètres. (Utilisez un atlas.)

	départ	arrivée	kilomètres
1er jour	Paris		
2e jour			
3e jour			
4e jour			
5e jour			
6e jour		Paris	
		NOMBRE TOTAL DE KILOMÈTRES	

■ Déterminez le coût de location de la voiture en complétant le tableau suivant:

			prix / kilomètre		
nombre de kilomètres	☐	X	☐	=	☐
			prix / jour		
nombre de jours	☐	X	☐	=	☐
			TOTAL:	=	☐

Reading and Culture

UNITÉ
9

C'est la vie (continued)

2. Sur la route

C'est votre frère qui conduit la voiture. Sur la route vous voyez les panneaux de signalisation *(traffic signs)* suivants. Dites à votre frère ce qu'il doit faire ou ne pas faire.

1.
❏ Il faut que tu t'arrêtes.
❏ Il ne faut pas que tu t'arrêtes ici.
❏ Il ne faut pas que tu entres dans cette rue.

2.
❏ Il faut que tu tournes à gauche.
❏ Il ne faut pas que tu tournes à gauche.
❏ Il faut que tu mettes ta ceinture de sécurité.

3.
❏ Il faut que tu t'arrêtes à 50 mètres.
❏ Il faut que tu paies un péage *(toll)* de 8 euros.
❏ Il ne faut pas que tu conduises à plus de 50 kilomètres à l'heure.

4.
❏ Il ne faut pas que tu doubles *(pass)* les autres voitures.
❏ Il ne faut pas que tu stationnes à côté d'une autre voiture.
❏ Il faut que tu maintiennes une distance de sécurité.

5.
❏ Tu dois aller à mois de 100 kilomètres à l'heure.
❏ Tu peux aller à plus de 100 kilomètres à l'heure.
❏ Il y a une station-service à 100 mètres.

FLASH **culturel:** *Réponse*

➡ **B.** La Cadillac porte le nom d'Antoine de la Mothe Cadillac (1658–1730), fondateur de Détroit.

3. Une petite économique

Lisez la publicité et répondez aux questions suivantes.

Champion de France dès la 1ᵉʳᵉ année

RENAULT 21.

Accélérations 0 à 100 km/h: 9,7 s

Vitesse maximum: 217 km/h

Consommation aux 100 km:
6,7 litres à 90 km/h
8,1 litres à 120 km/h
10,8 litres en ville

Vive le sport

RENAULT
DES VOITURES
A VIVRE

Prix: À partir de 14.000€

• Quelle est la marque de cette voiture?

_____

• Quel est son prix en euros?

_____

• Quelle est sa consommation d'essence (en litres par 100 kilomètres) à la vitesse *(speed)* de 120 kilomètres/heure?

_____

• Aimeriez-vous conduire cette voiture? Pourquoi? (Pourquoi pas?)

_____

Reading and Culture

UNITÉ
9

INTERLUDE 9: Quelle soirée!

Le jeu des 5 erreurs

Voici un résumé de l'histoire «Quelle soirée!» Dans ce résumé il y a cinq erreurs.
D'abord relisez l'histoire (pages 486–492 de votre manuel de classe). Puis lisez
attentivement le résumé de cette histoire. Découvrez les cinq erreurs et expliquez-
les brièvement.

Olivier est allé au Rex-Palace où il a acheté deux billets pour un
concert. Il a téléphoné à Caroline, sa meilleure amie, pour l'inviter
au concert. Caroline a accepté l'invitation d'Olivier avec plaisir.

Quand il rentre chez lui, Olivier demande à son père s'il peut
emprunter sa voiture pour aller au concert. Son père refuse.
Alors, Olivier demande à sa mère s'il peut prendre sa voiture,
mais elle refuse aussi. Olivier a une idée. Il sait que ses parents
vont sortir chez les voisins ce soir. Alors, il attend leur départ.
Quand ils sont partis, il prend la voiture de son père, une
voiture de sport bleue toute neuve, et il va chercher Caroline
pour aller au concert.

Pendant l'entracte, Olivier va au parking. Là, il s'aperçoit que la voiture de son père
a eu un accident. Le feu arrière est endommagé. C'est une véritable catastrophe!
Il faut absolument qu'il trouve quelqu'un pour changer le feu. Heureusement
Olivier a un cousin, Jean-Jacques, qui est mécanicien. Il téléphone à Jean-Jacques
qui finit par accepter de l'aider. Puis, il retourne au concert où il explique la situation à Caroline. Caroline est très compréhensive et elle rentre chez elle en taxi.

Olivier va chez son cousin qui répare la voiture. Puis il rentre chez lui avant le
retour de ses parents, et il va se coucher. Le lendemain matin, Olivier se lève et va
dans la cuisine où il retrouve sa mère. Alors Madame Jamet lui explique ce
qui est arrivé hier après-midi. Elle lui a dit qu'elle a fait les courses et
qu'en rentrant dans le garage elle est rentrée dans la voiture de
son mari. Les deux voitures ont été endommagées. Voilà
donc pourquoi Monsieur et Madame Jamet étaient furieux
hier et qu'ils n'ont pas voulu prêter leur voiture à leur fils!

Les 5 erreurs (Si c'est nécessaire, utilisez une feuille de papier séparée.)

1ère erreur _____

2ème erreur _____

3ème erreur _____

4ème erreur _____

5ème erreur _____

Vocabulaire Pratique

French-English Vocabulary

This French–English Vocabulary lists words and expressions that appear in the Reading section of the Activity Book. The number that follows each entry indicates the unit in which the word or expression first appears. Verbs are listed in the infinitive form.

A

un **abonnement** subscription (4)
accidenté uneven, bumpy (4)
l' **accueil** *m.* welcome (8)
l' **action commerciale** *f.* commerce (1)
admettre to admit, let in (8)
l' **affiche: à l'affiche** on the bill (2)
l' **ail** *m.* garlic (3)
un **aller** one-way ticket (8)
l' **alpage** *m.* mountain pasture (2)
une **ambiance** atmosphere (2)
amélioré improved (2)
l' **aménagement** *m.* intended purpose (8)
animer to liven up (4)
anti-paludéen anti-malaria (8)
appuyé forced (4)
un **aspirateur** vacuum cleaner (6)
assidu regular (4)
l' **assouplissement** *m.* limbering-up or flexibility exercises (5)
un **atelier** workshop, studio (6)
augmenter to increase (5)
autrefois in the past (5)
un **avocat** avocado (3)
un **avocat (une avocate)** lawyer, attorney (1)

B

la **baignade** swimming (5)
un **baladeur** walkman (7)
bamiléké *area in Cameroun* (8)

bamoum *area in Cameroun* (8)
une **bande lestée** arm or leg weight (5)
la **banlieue** suburbs, outskirts (6)
une **bibliothèque** library (2)
la **biochimie** biochemistry (1)
le **bivouac** camping (2)
un **bouchon à vis** twist-off cap (3)
un **boucle** buckle (7)
le **box** box-calf *(type of leather)* (7)
brouillé scrambled (3)

C

une **caisse** cashier (5); box (6)
une **calèche** four-wheeled horse-drawn carriage (2)
un(e) **camarade de chambre** roommate (1)
le **canard laqué** Peking duck (3)
le **canot** canoeing *(Canadian)* (5)
le **caoutchouc** rubber (7)
un **cascadeur** stuntman (4)
caser to tuck away (6)
un **casque** headphone (7)
une **chaîne** channel (4)
un **champignon** mushroom (3)
un **chargement** cargo (4)
une **chaussette** sock (7)
un **chausseur** shoemaker, shoe store (7)
le **chausseur** *sachant chausser* *(lit.)* The shoemaker who knows to fit your shoe perfectly; *(loosely)* The shoe store for a perfect fit (7)

une **cheminée** fireplace (6)
un **cheminement** progression (2)
un **cinéaste** filmmaker (1)
un **circuit** tour, round trip (8)
    circuler à pied to get around on foot; walk (8)
un **coffre** trunk (9)
    composer to dial (9)
    composé prepared
    comprendre to consist of (3)
    compris included (3)
la **comptabilité** accounting (1)
un **concombre** cucumber (3)
un **concours** competitive examination (1)
    conditionné manufactured (6)
un **congre** eel (3)
    convoyer to escort; convoy (4)
une **coquille** scallop shell (3)
une **côtelette** chop (3)
une **couchette** railway berth (8)
    couramment fluently (8)
une **crevette** shrimp (3)
une **croisière** cruise (8)
un **crustacé** shellfish (3)
un **curriculum vitae** *(Latin)* résumé (1)

D

    débarquer to land (4)
    débattre to discuss; negotiate (5)
    déguster to taste (4)
    démanteler to break up (4)
    dépasser to exceed (8)
    détaxe free of tax (7)
    disponible available (1)
se **disputer** to take place (5)
un **don** gift (6)
    dont of which (4)
les **double créoles** *m.* double hoop earrings (7)
se **dresser contre** to stand up against (4)
    dûment duly (1)

E

l' **eau douce** *f.* fresh water (8)
    écossais plaid (7)
un **écran** screen (2)
    écrémé skim (3)
    efficace efficient (8)
l' **électroménager** *m.* electric housekeeping devices (7)
    élevé high (1)

une **émission** broadcast (4)
l' **ensemble** *m.* entirety, whole (5)
une **entrée** first course (3)
un **envahisseur** invader (4)
une **epopée** epic (4)
l' **épuisement** *m.* exhaustion (5)
l' **équipement hôtelier** *m.* hotel facilities (8)
l' **ère** *f.* era
    l'ère spatiale space age (6)
une **escalope** cutlet (3)
un **esclave** slave (2)
(en) **espèces** (payment in) cash (3)
une **étagère** shelf; a piece of furniture with shelves (6)
    étant being (8)
    étranger (étrangère) foreign (9)
    évidemment of course, obviously (5)
    exhaler to bring out (3)
    exiger to require (1)
    extrait extracted (3)

F

    faire: faire équipe avec to team up with (4)
        faire mal to hurt (4)
un **faré** traditional house in Tahiti (8)
une **fermeture pression** snap closure (7)
une **fiche** form (1)
la **fierté** pride (4)
se **fixer** to settle (2)
une **frange** fringe (7)
un **frigo** refrigerator (6)
un **funiculaire** cable railway (2)

G

une **garantie prolongée** unlimited guarantee (6)
la **gestion d'entreprise** (business) management (1)
    grâce à with the help of (2)
un **gratte-ciel** skyscraper (6)
    grec (grecque) Greek (1)
une **grenouille rousse** red frog (2)
un **grondin** sea robin *(kind of fish)* (3)
une **grotte** cave (2)

H

un **hameau** hamlet (4)
    havane tobacco brown (7)
une **histoire** story
    une petite histoire anecdote (6)

I

l' **IDHEC (Institut des hautes études ciné-matographiques)** *m.* Institute of Advanced Cinematography (1)
un **immeuble** building (6)
importuner to bother, trouble (8)
un **infirmier (une infirmière)** nurse (1)
l' **informatique** *f.* computer science (1)
l' **ingénierie** *f.* engineering (1)
un **initié** beginner (5)

J

un **jambon épaule** ham shoulder (3)
joindre to attach (1)

K

kotokos *area in Cameroun* (8)

L

le **lainage** woolens (8)
un **laurier** bay leaf (3)
un **lecteur de cassettes** cassette player (7)
une **liaison** link (8)
une **librairie** bookstore (7)
lié linked (6)
lisiblement legibly (1)
le **logiciel** software (2)
loin: de loin by far (8)
lors de at the time of (2)

M

un **maillot** jersey (4)
une **mante religieuse** praying mantis (2)
une **marque** make (9)
matelassé quilted (7)
le **mazout** heating oil (6)
meunière rolled lightly in flour and sautéed in butter (3)
mi-temps part-time (1)
les **micro-ondes: un four à micro-ondes** microwave oven (6)
une **mini-chaîne** compact stereo system (4)
une **minuterie** timer (6)
la **mise en scène** (film) direction (4)
mollet soft-boiled (3)
un **moniteur (une monitrice)** instructor, counselor (1)
une **moule** mussel (3)

mouvementé stormy (4)
un **moyen** intermediate student (5)
(en) **moyenne** on average (1)
la **musculation** body-building exercises (5)

N

une **navette spatiale** space shuttle (2)
néanmoins nevertheless (8)
un **niveau** level (1)

O

s' **occuper de** to take care of (1)
un **oculiste** eye specialist (5)
un **ouvre-boîte** can opener (6)

P

pair: au pair one who works, often as a babysitter, in exchange for board and lodging (1)
un **pamplemousse** grapefruit (3)
un **panneau** sign (2)
une **papeterie** stationery store (7)
paraître to appear (8)
parmi among (1)
partagé shared (1)
le **pédalo** pedal-boating (5)
une **pile** battery (7)
les **pin's** *m.* buttons with a popular saying on them (1)
une **pirogue** dugout canoe (8)
la **planche à voile** wind surfing (5)
un **plat à emporter** take-out dish (3)
la **plongée** diving (5)
poissonneux (poissonneuse) full of fish (8)
un **pont soleil** sun deck (8)
le **port** wearing (9)
préciser to specify (1)
prêt à monter ready to assemble (6)
profane irreverent (4)

Q

un **quartier** neighborhood (2)
quotidien(ne) daily (8)

R

une **racine** root (8)
une **randonnée** outing
une **randonnée à pied** hike (2)

une **randonnée en carriole** wagon ride (5)
une **randonnée en traîneau** sleigh ride (5)
rappé grated (3)
la **raquette** snowshoeing (5)
une **rascasse** scorpion fish (3)
un **réalisateur** film director (1)
réconstituer to reconstruct (8)
un **record de recette** earnings record (4)
la **rédaction** editing (4)
régler to pay, settle an account (8)
relier to link (2)
remonter to date back to, go back to (5)
une **rémoulade** dressing containing mustard,
    mayonnaise, and herbs (3)
remuer to move, stir up (6)
rénover to renovate, remodel (6)
reprendre to resume (2)
un **réseau** network (4)
la **retraite** retirement (4)
retransmis broadcast (4)
une **réunion** meeting (6)
une **roulotte** trailer (8)
une **rôtie** a piece of toast *(Canadian)* (3)

S _____

S.A. (société anonyme) limited partnership
    (1)
un **sac à rabat** collapsible bag (7)
un **sanitaire privé** private bath (8)
sans frais toll-free (6)
un(e) **scénariste** scriptwriter (1)
s.d.b. (salle de bains) bathroom (6)
le **secrétariat de direction** executive secretarial
    course (1)
selon according (1)
un **seminaire** seminar/conference (3)
un **sentier** path, track (5)
un **séjour** stay *(as on a trip)* (8)
séjourner to stay (8)
le **ski de fond** cross-country skiing (5)
soient be *(subjunctive)* (3)
un **sondage** survey (4)

une **source** spring (3)
sous-développé underdeveloped (1)
souterrain underground (2)
sûr safe; certain (8)
syncopé syncopated (2)

T _____

tailler to make clothes (7)
une **télécarte** telephone charge card (1)
une **tête brûlée** hothead (4)
le **thon** tuna (3)
tiède warm (8)
la **toile** linen (8); cloth (7)
(en) **tournée** on tour (2)
un **tournoi** tournament (4)
traduire to express, to translate (4)
une **tranche** slice (3)
un **transfert libre** free transfer or transport (8)
le **travail en effectifs limités** work in small
    groups (1)
un **triton** large marine mollusk (2)

U _____

unie solid *(color)* (7)

V _____

valable valid (9)
valant worth (8)
la **vannerie** basketwork (8)
la **vapeur** steam (2)
les **variétés** light musial entertainment (4)
le **vélo** cycling (5)
(au) **verso** on the back of the page (3)
veuillez *(subjunctive of* **vouloir***)* would you (1)
vivant alive (8)
la **voile** sailing (5)
le **vol** flight (8)
le **vol libre** hang gliding (5)
un **volet** part (4)
la **volonté: la bonne volonté** good will (1)
un **voyage aérien** airplane trip (8)

References/Credits

Encyclopédie de la Jeunesse; France Journal; Francoscopie; Journal français d'Amérique; The Guinness Book of World Records; Quid

Illustrations: Renée Andriana; Yves Calarnou; Abby Carter; Carlos Castellanos; Jean-Pierre Foissy; Marsha Goldberg; Timothy C. Jones; Aaron Koster; Claudette Lampert; Michele Locatelli; Heidi Lutts; Diana Maloney; Claude Martinot; Paul Meisel; Larry Ross; Lauren Scheuer; Élisabeth Schlossberg; David Shepherd; George Ulrich; Linda Weilblad

Photos: p. 329 (#1) Collection Commault, (#2) Sea Containers; p. 331 Stock Montage